U0950089

全民阅读

阅读新时代

主题征文优秀作品集（2024）

《中国出版》杂志社　编

人民出版社
接力出版社 Publishing House | 全国百佳图书出版单位 Top 100 Publishing Houses in China

责任编辑：冯瑶　王燕　童小伟
文字编辑：李绍青
美术编辑：马丽
责任校对：任校　李姝依　高雅　刘哲斐　阮萍

图书在版编目（CIP）数据

阅读新时代主题征文优秀作品集. 2024 /《中国出版》杂志社编. -- 北京 : 人民出版社 ; 南宁 : 接力出版社, 2025. -- ISBN 978-7-01-027469-0

Ⅰ. G252.17-53

中国国家版本馆 CIP 数据核字第 2025G7M038 号

阅读新时代主题征文优秀作品集（2024）

YUEDU XINSHIDAI ZHUTI ZHENGWEN YOUXIU ZUOPIN JI（2024）

人民出版社　接力出版社　出版发行

（100706　北京市东城区隆福寺街 99 号，530022　广西南宁市园湖南路 9 号）

北京科信印刷有限公司印刷　新华书店经销

2025 年 7 月第 1 版　2025 年 7 月北京第 1 次印刷

开本：710 毫米 ×1000 毫米　1/16　印张：20.5

字数：235 千字

ISBN 978-7-01-027469-0　定价：78.00 元

代序

让更多“非读者”成为读者

全国政协副主席、民进中央常务副主席　朱永新

全民阅读是构筑社会主义文化强国基石的关键所在，对民族精神的塑造发挥着不可估量的作用。读者作为阅读活动的核心要素，不仅是阅读行为的实践者，也是阅读推广活动的具体对象。

在推进全民阅读的过程中，我们注意到一个事实，即大部分全民阅读推广实践与研究均将关注点置于读者本身，却忽视了“非读者”（也称“非阅读群体”）的存在。

“非读者”并非文盲，而是指具备阅读能力却不愿意读书的人。这一群体的核心特征可概括为三点：有阅读能力、缺乏阅读意愿、阅读量和阅读频率严重不足。

自 20 世纪 60 年代“阅读回避者”概念提出以来，随着“非读者”在

人口中占据越来越大的比例，“非读者”问题也越来越受到阅读研究者的关注。2020年，由国际出版人协会和挪威出版商协会联合发布的一份名为《阅读很重要——调查和运动：如何挽留并发现读者》的报告显示，在过去20年中，全球读者对于纸质图书的阅读总量呈下降趋势，读书频率和阅读书籍数量逐年减少。而各国相关机构发布的阅读数据报告显示，韩国成年人阅读率从2019年的56%骤降至2023年的43%，美国46%的成年人一年未读一本书，德国有43%的人“一个月未读过书”，连学生阅读率居于世界前列的新加坡也出现了阅读率的下滑。欧盟统计局2022年阅读调查报告显示，欧盟国家的女性与男性“非读者”占比分别高达40%和56%。2023年，我国成年国民人均每天阅读纸质图书的时间仅为23.38分钟，可人均每天手机接触时长却高达106.52分钟！可见，相较于“从有到优”，解决“从无到有”以扩充读者基数，将“非读者”有效转化为积极的读者，是提升国民阅读素养与参与度的关键所在。

全民阅读研究工作的重要任务之一，就是要深层次揭示“非读者”的成因，从读者的全生命周期进行考察，研究在不同年龄阶段国民对阅读的关注度的变化规律。有调查显示，“非读者”是后天多种因素造成的，主要表现为缺乏对阅读价值的认知、在阅读的关键期没有养成良好的阅读习惯、缺乏阅读时间与机会，以及数字媒体冲击等四个方面。

“非读者”并非不可逆转的“文化弃民”，而是亟待唤醒的潜在读者。当下，很多阅读推广活动并未围绕“非读者”展开。如何推动“非读者”向读者的转型，以下我谈几点想法。

第一，让更多的“非读者”认识阅读的意义和价值。

通常，人们倾向于认为不读书的一个重要原因是“时间不足”。多年前我曾经提出一个观点，重要的事情一定是有时间的。“非读者”形成的原因与其说是绝对的时间不足，不如说是对于阅读的意义和价值认识不足，缺乏阅读的心理余裕，不愿意为阅读花费时间。习近平总书记在给首届全民阅读大会的贺信中说：“阅读是人类获取知识、启智增慧、培养道德的重要途径，可以让人得到思想启发，树立崇高理想，涵养浩然之气。”的确如此，一个人的精神发育史就是他的阅读史，一个民族的精神境界取决于这个民族的阅读水平。在地球上所有的生命中，只有我们人类拥有阅读的禀赋与阅读的能力，也只有我们人类享有阅读的权利与义务。只有阅读，我们才能成为真正的人。我们要通过各种媒体、各种路径，让各个年龄阶段的人、各行各业的人，都能够充分认识阅读对于个人成长、职业发展、国家前途、人类命运的意义。认识到位了，行动才能跟上。

第二，全方位构筑青少年“非读者”的阅读支持体系。

首先，要强化家庭在阅读教育中的核心作用，特别是强调父母对子女阅读态度与习惯养成的深远影响。家庭是阅读开始的地方。改变从阅读开始，阅读从儿童开始。我很喜欢一首题为《阅读的妈妈》的小诗："你或许拥有无限的财富，一箱箱的珠宝与一柜柜的黄金。但你永远不会比我富有——我有一位读书给我听的妈妈。"家庭作为个体阅读启蒙的摇篮，其文化氛围对孩子的阅读认知构建至关重要。学前至小学低年级阶段，是儿童阅读兴趣与习惯养成的关键时期。父母不仅应提供书籍、与孩子共读并鼓励孩子阅读，更应通过图书馆、书店等场景体验活动，拓宽孩子的阅读视野，帮助孩子通过书籍理解世界，形成稳固的阅读习惯与能力。童年阶段的引导能够显著预防青少年后期阅读兴趣衰减，进而避免"非读者"群体的扩大。

其次，中小学时期是重塑青少年阅读态度的第二个关键节点。这一时期，青少年开始形成独立的阅读偏好，读者与"非读者"分化加剧，而学校阅读课程与阅读活动的作用非常显著。研究表明，初中阶段的适当教育干预能有效减缓阅读兴趣与态度的下滑。特别是"学校课堂阅读时间"，它对于缺乏自发阅读动力的青少年而言，几乎是唯一的阅读机会。因此，学校应创新阅读教学模式，如实施"整本书共读""主题阅读""班级读书会"等灵活多样的形式，赋予学生书籍选择权，增强阅读成就感，促进同伴间的书籍交流与共鸣。

最后，要加强阅读评价，围绕阅读主动性、阅读信念、对于印刷读物的态度、对于数字阅读的态度、社会性阅读等多个维度，设计青少年阅读倾向评价指标体系，开展有效的评价分析研究，深入把握青少年“非读者”的主要特征，为更好地改进阅读、提高阅读效果提供经验证据。

第三，系统构建面向成年“非读者”的社会支持体系。

第二十一次全国国民阅读调查数据显示：2023年我国仅有3.3%的成年人认为自己的阅读数量很多，约11.2%回答阅读数量较多，而回答阅读数量比较少或极少的成年人占比达30.5%。成年“非读者”的大量存在，一方面是受生计所迫而缺乏有效阅读时间，另一方面是缺乏与数字时代相适应的阅读模式变革。同时，老龄化问题也是造成“非阅读群体”现象不容忽视的原因。

首先，面向因生计问题而缺乏阅读机会的成年人群体，政策举措要综合考虑个体、社会、经济等多方面的影响，持之以恒地宣传阅读的重要性，培养他们的阅读习惯。要积极推进图书馆、社区中心、工作场所休息区等空间的具体化阅读项目，如：与企业及机关合作设立运营职场内的职工书屋与读书俱乐部，定期定向定点发放购书抵扣券，每月提供推荐图书及发放读书讨论指南，探索将工作时间中的一部分时间指定为读书时间，开发适合各职业特点的定制型读书项目，等等。

其次，随着数字化阅读深度嵌入成年人生活，听书、视频讲书等阅读方式越来越受到读者的喜爱，可以推出“阅读导师”项目和“线上读书会”项目，通过线上平台运营读书会、记录阅读过程、推荐阅读书目等方式，开发和运营基于人工智能的参与式阅读平台，利用人工智能促进成年“非读者”的阅读参与，为“非读者”用户提供个性化的阅读体验。

最后，针对老龄人口在“非读者”中比重逐步上升的趋势，需要尽快优化出版结构，对图书、报纸、期刊等分层分类，增加老年主题的优秀选题以满足多样化需求；大力推广无障碍阅读，鼓励出版物配备有声、大字、电子等适老化格式，降低阅读门槛；考虑到部分老年人行动不便问题，需要打造多元化借阅体系，由图书馆提供线上线下借阅通道，探索送书上门等服务，拓宽书籍获取渠道。通过优化出版结构、推广无障碍阅读、完善借阅体系等举措，可提升老年人阅读兴趣与参与度，推动老龄社会阅读文化发展。

全民阅读一个也不能少。全民阅读不应局限于特定人群，而应涵盖所有社会成员，无论年龄、地域、职业，还是特殊群体，都应被纳入阅读的视野。推动“非读者”向读者转型，全民阅读才能真正“全”起来。

我们每个人都有自己的职业，有的是公务员、企业家、出版商，有的是教师、医生、律师，有的是工人、农民、战士，等等。但是，我们还应该有一个共同的身份——读者。阅读，是这个世界上最幸福的事情；读者，是这个世界上最美好的身份。我们应该珍惜自己作为读者的身份，让阅读成为我们每个人的生活方式。同时，我们要努力影响身边的每一个人，让所有的“非读者”成为真正的读者，这是全民阅读的神圣使命，也是我们每个人的责任和义务。

我深信，每一页被翻启的书笺都宛如一片美丽的羽毛，它们共同组成我们智慧的翅膀。当阅读的羽轴串联起古今智慧，我们便能够在墨香中校准逐光航向。这双由文明薪火铸就的翅膀，正托举着亿万人的精神图腾，在复兴长空划出熠熠生辉的文明轨迹。让我们共同努力，通过全民阅读推动民族复兴的精神引擎，为中华民族的伟大复兴注入源源不断的文化动力。

目录

CONTENTS

图书类

成人组

期刊类

图书类

成人组

赓续文化基因，鉴照时代情怀
——深读《习近平用典》

赵嘉妍

“文化自信是一个国家、一个民族发展中更基本、更深沉、更持久的力量。”《习近平用典》分为敬民、为政、立德等十三个部分，从不同角度汲取治国理政智慧。这本书不仅是对中华优秀传统文化的重视和传承，对中华民族精神和时代精神的认同与坚守，更是文化自信的充分体现。它蕴藏深邃内涵，彰显时代价值，汇聚磅礴之力，用“典”织绘悠久历史的绵延锦绣，书写美好未来的壮阔篇章。书中精妙的典故、广博的引用，让我倍加感受到中华优秀传统文化的博大精深，以及习近平总书记对国家和人民的深厚情怀。我从中深刻感悟到学习之道、修身之道、为政之道。

古韵新生，彰显为民情怀

“一枝一叶总关情。”这句话频频出现在习近平总书记的重要讲话和文章中，他多次引用郑板桥的这首著名题画诗，以此说明群众利益无小事、民生问题大于天。这充分体现了习近平总书记的为民情怀和人民立场，他要求各级领导干部要把群众的安危冷暖放在心上，帮助群众排忧解难。“一切为了人民，一切依靠人民”，党的十八大以来，以习近平同志为核心的党中央始终把人民放在心中最高位置，为民干事，为民担当，践行党的根本宗旨，贯彻党的群众路线，带领亿万人民群众为实现中华民族伟大复兴的中国梦而奋斗。

习近平总书记回溯经典，从多个维度采撷经典，让传统瑰宝重放光彩，让古韵在新时代语境中重生，让优秀传统文化厚土尽显，培植民族精神，为中国人民筑牢文化自信根基。书中的隽永词句展现了中华优秀传统文化的生命力，从诸子百家的言论到诗词歌赋的妙句，寥寥数言便将以民为本、关注民生福祉的理念回溯千年，呼应古代贤人的民本思想，让古老典籍不再尘封于故纸堆中，而是在当下绽放异彩。书中的精妙之处更在于对典故的创造性转化、创新性发展，在于赋予经典契合新时代的崭新意义。从调整经济结构以适应全球变局，到革新社会治理模式以契合多元需求，习近平总书记以变通的思维总结出凝练的哲理，为突破全面深化改革进程中遇到的桎梏、探索创新发展路径提供了坚实的理论支撑。古为今用，可以为解决复杂多变的时代难题提供跨越时空的启迪，也展现出中国古代思想与现代智慧交相辉映的景象。

深入浅出，用典润物无声

“积土而为山，积水而为海。”习近平总书记引用《荀子》，说明积聚点滴力量可以成就伟业的道理；谈及“修身”，借“见贤思齐焉，见不贤而内自省也”，从个体道德层面切入，进而要求党员干部提升党性修养，严于律己、廉洁奉公，以小见大地诠释全面从严治党，增强自我革新、自我提高能力；围绕“笃行”，借“纸上得来终觉浅，绝知此事要躬行”，将论述由治学求知上升到国家的实干兴邦——精准扶贫便是脚踏实地、精准发力消除贫困的鲜活例证。

习近平总书记通过用典，把抽象理念具象化，打破高耸的理论壁垒，将国家顶层设计理念转化为百姓听得懂、能产生共鸣的质朴道理，让民众深刻领会国家发展方向背后的思想逻辑，凝聚共建美好家园向心力。书中典故润物无声，化作群众心中的精神力量，激励每个人在岗位上拼搏，鼓舞全民族在伟大复兴征途上稳步迈进，成为凝聚民族精神、规范社会道德、激发奋进力量的精神坐标，托举起新时代社会文明与进步的“脊梁”。习近平总书记在典故中挖掘其在当代语境下的价值，似在文化长河中舀起一瓢清泉，滋养人心、润泽四方，使传统文化在新时代为赓续中华文脉添上浓墨重彩的一笔。

以古为鉴，闪耀治国智慧

习近平总书记善于在经典中寻找治国理政的良方，他的论述中闪耀着领导人智慧的光芒：他用“治国有常，而利民为本”这句话阐述发展要义，一针见血指明制定政策要优先考虑百姓福祉；“苟日新，日日新，又日新”本是古人自我革新、进取不懈的自勉，他却能将其与科技创新、制度变革等关乎国家发展的关键课题相关联；他用“新故相推，日生不滞”为创新驱动、产业升级找历史支撑，鼓励突破求变；外交方面，汲取中华“和”文化，他用“协和万邦”展现构建人类命运共同体的胸怀，彰显国际视野与大国担当。

稽古振今不是简单复刻，而是精准“嫁接”，使传统智慧的“枝干”开出适配时代需求的“繁花”，结出解决现实困境的“硕果”。习近平总书记在历史之镜中观照当下难题，探寻破解之法，揭示中国特色治理逻辑，为国家稳健前行锚定方向——他的治国方略是传统智慧与现代政治相融合的结晶。

启人心智，“典”亮奋斗之路

书中那句“咬定青山不放松”，以竹之坚韧不拔隐喻奋斗者坚守初心、攻坚克难的决心：在科技研发领域，鼓励科研人员秉持十年磨一剑的精神，挑战前沿科技难题；在乡村振兴一线，要求基层干部锚定目标，扎根乡土，久久为功。习近平总书记引经据典，在全社会播撒拼搏担当的“种子”，既为青少年筑牢理想信念的“根基”，也为职场人传递敬业精神的“火把”，感召全国人民秉持精神力量，投身时代浪潮，书写新时代篇章。

借典故讲奋斗，点燃实干热情，激励大众积跬步成千里；以典故为载体，传递对人民群众的深情、对青少年的殷切期许，串联情感纽带，使国家顶层设计理念在民间有共鸣、得回响。

《习近平用典》最令人震撼之处在于其对典故的精妙使用，宛如搭建了一座跨越时空的文化桥梁，横跨在深邃的中华优秀传统文化与新时代治国理政理念之间，以独特且富有魅力的方式展现了思想的光辉。从诸子百家到诗词歌赋，诸多传世名句纷至沓来，把两千多年前儒家对政治道德的崇高要求，熔铸于当今党风廉政建设与干部队伍淬炼的

“炉火”中，让古老的训诫重焕生机，使传统文化基因在现代语境里赓续传承。它穿梭千年，带着先人的哲思和温度，推动习近平新时代中国特色社会主义思想与中华优秀传统文化相交融，奉上文化、政治、精神的多重盛宴。《习近平用典》是解读中国发展、感悟领袖情怀、汲取奋进力量的经典读本，是文化传承、思想传播、价值引领“多声部”佳作。它以经典之“石”，攻治国理政与精神文明建设之“玉”，镌刻着新时代的思想印记，是带领我们阔步迈向新征程的实践宝典，兼具深厚的学理价值与现实指导意义。

从《觉醒年代》中感受新时代的觉醒力量

宋丽丽

在历史的长河中，总有一些经典之作如璀璨星辰照亮我们前行的道路。《觉醒年代》便是这样一部震撼心灵、启迪思想的佳作。它宛如一幅波澜壮阔的历史画卷，生动地展现了那个风云激荡、民族觉醒的特殊时期，让我们得以穿越时空，与先辈们进行一场深刻的精神对话，也为我们在新时代汲取觉醒力量提供了丰富的源泉。

本书呈现了从1915年《青年杂志》问世到1921年中国共产党成立这一历史转折时期的社会风貌与思想变革。在那个内忧外患、风雨如晦的年代，封建礼教的枷锁禁锢着人们的思想，列强的侵略蚕食着国家的主权，中国人民在黑暗中苦苦挣扎。然而，正是在这样的绝境中，陈独秀、李大钊、胡适、鲁迅等一批先进的知识分子挺身而出，犹如划破夜空的闪电，以笔为剑、以文为戈，掀起了一场轰轰烈烈的新文化运动，追求民主与科学，呼唤民族觉醒。他们在混沌中探索，在困境中坚守，为了唤醒沉睡的民众，不惜牺牲个人的名利乃至生命。陈独秀为了传播新思想，不顾反动势力的迫害，四处奔走呼号；李大钊在绞刑架下依然大义凛然，坚信共产主义必将胜利。这些先辈的英勇事迹，无不令人动容，他们的觉醒意识和担当精神，如同一座巍峨的灯塔，在新时代依然闪耀着耀眼的光芒。

如今，我们面临着前所未有的机遇与挑战。从国际形势来看，全球政治经济格局深刻调整，科技革命和产业变革加速推进，综合国力竞争日益激烈；从国内发展来看，我国正处于实现中华民族伟大复兴的关键时期，改革发展稳定任务艰巨繁重，各种矛盾、风险、挑战不断增多。在这样的时代背景下，我们更需要从本书中汲取觉醒力量，坚定理想信念，增强历史使命感和责任感。

觉醒于信仰之光

信仰是一个人、一个民族、一个国家前进的动力源泉。在《觉醒年代》中，那些觉醒者之所以能够在艰难困苦中不屈不挠、矢志不渝，就在于他们拥有坚定的信仰。陈独秀、李大钊等早期共产党人，他们坚信马克思主义能够拯救中国，能够为广大人民群众谋幸福。他们以共产主义信仰为旗帜，团结和引领了一大批有志青年，为了实现中华民族的独立和解放而不懈奋斗。正是因为有了这种坚定的信仰，他们才能在敌人的残酷镇压下毫不退缩，在血与火的考验中勇往直前。

新时代的我们，同样需要坚定的信仰。习近平新时代中国特色社会主义思想就是我们在新时代的行动指南和精神支柱。我们要深入学习这一思想，深刻领会其核心要义、精神实质、丰富内涵和实践要求，增强“四个意识”，坚定“四个自信”，做到“两个维护”。我们要将个人的理想追求融入党和国家事业之中，为实现中华民族伟大复兴的中国梦而努力拼搏。广大青少年作为祖国的未来和民族的希望，更要从小树立远大理想，坚定共产主义信仰，扣好人生的第一粒扣子。只有这样，我们才能在纷繁复杂的世界中不迷失方向，在各种困难和挑战面前保持昂扬向上的精神状态。

觉醒于担当之责

“天下者，我们的天下；国家者，我们的国家；社会者，我们的社会。我们不说，谁说？我们不干，谁干？”这是毛泽东在《湘江评论》中的豪迈宣言，也是那个时代觉醒者们担当精神的生动体现。在《觉醒年代》中，我们看到了无数仁人志士以天下为己任，主动担当起挽救民族危亡的历史重任。他们积极传播新思想，倡导新文化，组织各种进步团体，发动群众运动，为改变中国的命运而努力奋斗。他们深知，只有唤起民众的觉醒，才能凝聚起强大的力量，推翻旧制度，建立新中国。

新时代的我们致力实现中华民族伟大复兴的历史使命，这是一场伟大而艰巨的事业，需要全体中华儿女共同担当。作为新时代的教师，我们肩负着培养德智体美劳全面发展的社会主义建设者和接班人的重任，要以高度的责任感和使命感认真履行教育教学职责，关心关爱每一位学生，努力提高教育教学质量。我们要引导学生树立正确的世界观、人生观和价值观，培养他们的社会责任感和创新精神，为他们的未来发展奠定坚实的基础。同时，每一位公民都应该在自己的岗位上发光发热，勇于担当作为。无论是科研工作者攻克技术难题，为国家创新驱动发展贡献力量；还是普通劳动者辛勤劳作，为社会创造财富；抑或基层干部扎根一线，为群众排忧解难——他们都是在以实际行动践行担当精神。只有全社会人人担当、个个尽责，我们才能汇聚起推动中华民族伟大复兴的磅礴力量。

觉醒于创新之力

《觉醒年代》所展现的新文化运动，本身就是一场思想解放和文化创新的伟大运动。陈独秀、胡适等倡导白话文运动，反对文言文的僵化和封建礼教的束缚，为文化的传播和思想的交流开辟了新的道路。鲁迅以其犀利的笔触创作了《狂人日记》《孔乙己》等文学作品，深刻揭露封建礼教的"吃人"本质，为中国现代文学的发展奠定了基础。这些先辈敢于突破传统、勇于创新的精神，为我们在新时代推动科技创新、文化创新等各领域创新提供了宝贵的借鉴。

创新是引领发展的第一动力。新时代背景下，我们要坚持创新驱动发展战略，不断提高自主创新能力。在科技领域，我们要加大研发投入，培养创新人才，攻克关键核心技术，推动科技成果转化，努力实现从"跟跑"向"并跑""领跑"的转变；在文化领域，我们要传承和弘扬中华优秀传统文化，同时吸收借鉴世界优秀文化成果，推动文化创新创造，打造具有中国特色、中国风格、中国气派的文化产品，增强文化软实力；在教育领域，我们要深化教育改革，创新教育教学方法，培养学生的创新思维和实践能力，为创新型国家建设提供人才支撑。只有不断创新，我们才能在激烈的国际竞争中立于不败之地，才能为中华民族伟大复兴注入源源不断的动力。

觉醒于奋斗之姿

回顾《觉醒年代》，先辈们的奋斗历程可谓艰苦卓绝。他们在封建势力的围剿、反动军阀的迫害、帝国主义的侵略等重重困难面前，始终没有放弃奋斗。他们或在书斋中潜心研究学问，探寻救国救民之道；或在街头巷尾奔走宣传，唤醒民众的觉悟；或在战场上浴血奋战，为民族解放而英勇牺牲。正是他们的不懈奋斗，为中国共产党的成立奠定了坚实基础，为中国革命的胜利开辟了道路。

新时代是奋斗者的时代。我们要传承和发扬先辈们的奋斗精神，以永不懈怠的精神状态和一往无前的奋斗姿态，在各自的岗位上努力拼搏。广大青少年要珍惜时光，勤奋学习，努力掌握科学文化知识和专业技能，为将来报效祖国打下坚实基础。

奋斗的道路不会一帆风顺，必然会遇到各种困难和挫折。我们要像先辈们那样，不畏艰难险阻，勇于攻坚克难。在脱贫攻坚战场上，数百万扶贫干部深入贫困地区，与贫困群众并肩作战，经过多年的艰苦奋斗，终于历史性地解决了绝对贫困问题；在抗击新冠疫情的斗争中，广大医护人员、基层干部、志愿者等舍生忘死，日夜奋战，为守护人民生命健康安全付出了巨大努力——这些都是新时代奋斗精神的生动诠释。我们要从这些奋斗事迹中汲取力量，在实现中华民族伟大复兴的新征程上，用奋斗书写属于我们这一代人的辉煌篇章。

以史为鉴，可以知兴替。《觉醒年代》这本书犹如一面镜子，让我们清晰地看到了那个时代的觉醒力量，也让我们深刻地认识到新时代赋予我们的历史使命。在伊春这片广袤的土地上，往昔林业工人为祖国建设奉献木材，以坚韧不拔的奋斗精神挺起脊梁；如今伊春积极探索绿色转型发展之路，在生态保护、旅游开发等领域不断创新，恰似新时代觉醒力量的生动映照。这片土地孕育的奋斗与创新精神，与《觉醒年代》所传达的觉醒力量相互交融，激励着我们在新时代的征程中，秉持信念、奋勇前行，为伊春的振兴、为中华民族的伟大复兴不懈努力。

为国听海
——读《心声——“时代楷模”杨士莪院士成长启示》

王丹

提笔之际，有一首歌始终萦绕在心头——“听，海哭的声音，这片海未免也太多情，悲泣到天明。”2024 年 3 月 19 日，我国水声工程学科的奠基人、一生为国听海的杨士莪院士病逝于哈尔滨。那一天，很多人听到了海哭的声音。

大海上空的满天繁星中，总有一些格外璀璨，指引我们前行的道路。杨士莪院士便是这样一颗为我们指明前进方向的星斗，他是卓越智慧、坚强毅力和崇高品德的化身，而他的成长经历，也被书写成一本生动的故事书，一本充满哲理的哲思书，一本以身许党、谋海济国的教科书，这就是《心声——“时代楷模”杨士莪院士成长启示》。他的故事在书中娓娓道来，带给我们无尽的思考与深刻的启示。

翻开这本书，首先看到的是杨士莪院士那苍劲有力的文字——“只有善于团结周围同志，不忌讳暴露个人的无知，不掩饰工作中难以避免的差错的人，才能在工程技术工作中作出实际的贡献！”短短一句话，展现的是老一辈科学家在科研道路上真诚而又朴素的追求。

杨士莪院士经历过战火的洗礼，他在少年时期就明确了自己的志向——读书是为了救国和报国。但他深知，救国和报国光有热情是远远不够的，还要有为国奋斗的勇气和力量。那个冬天，日军轰炸重庆，杨士莪院士和他的同学们每天都要跑警报，但仍坚持学习，因为当时的中国已经让这些学子无路可退，他们只能将这国仇家恨化作为救国和报国而读书的动力，他们能做的只有拼命汲取知识，然后将这种无形的力量凝聚成矢志报国的武器和力量。他曾说，“国家需要什么，我就研究什么”，并始终以国家需要作为自己人生选择的第一标准。他的人生经历和人生选择，无不表达了他真挚的爱国心、深沉的爱国情。

杨士莪院士作为我国水声工程学科奠基人和水声科技事业开拓者之一，将自己的毕生精力都倾注于我国水声事业的发展上。在学术研究的道路上，杨士莪院士遭遇了诸多挑战，但他始终勇往直前。参与重大科研项目时，技术难题如一座座高山横亘在他面前，但他没有退缩，凭借着深厚的学术积淀和敏锐的洞察力，带领团队深入研究，事无巨细、亲力亲为，经过无数次的试验和攻坚，最终为我国深海声学的研究开辟了新的天地。众所周知，海上试验不同于其他试验，试验环境常常是极其恶劣的，常年漂泊在海上对他们来说是家常便饭。可是为了他所钟爱的水声事业、他所重视的海军建设和海防发展，他义无反顾地选择了这种“漂泊”的人生，甚至到了耄耋之年，曾在一次海试中因为恶劣的海况而落海，但他都不曾因为这样危险的经历而放弃海试。他，是一个为了水声事业“四海为家”的人。

除了秉持“为船为海为国防”的坚定信念，杨士莪院士还始终奋战在教育一线，践行着作为学者和教师“做人做事做学问”的使命。无论研究工作多么繁忙，他都会认真上课。2022 年 9 月，杨士莪院士为“00 后”新生授课的视频广泛传播，这位九十一岁高龄的“90 后”中国工程院院士在课堂上“一站到底”，成了这些“00 后”新生心目中最年轻、最有活力的“青年”。

这就是书中用饱含深情的笔触记录的杨士莪院士的爱国情、强国志、报国行、育人德，以及他在平实的生活和工作中体现出的忠诚担当和坚韧不拔的精神。全书从梳理杨士莪院士的成长经历入手，通过杨士莪院士“心声”的倾听者、记录者和受教者的讲述，以“作者手记”的形式，展现了他胸怀祖国、服务人民的爱国精神，勇攀高峰、敢为人先的创新精神，追求真理、严谨治学的求实精神，淡泊名利、潜心研究的奉献精神，甘为人梯、奖掖后学的育人精神，再现了他在不同人生阶段的选择和奉献。杨士莪院士的经历为弘扬科学家精神树立了楷模，他的一言一行为后辈科研工作者指明了人生方向，也带给了人们诸多启示。在写作手法上，作品做到了以小见大，见微知著；在语言上，平实的叙述却发人深省，具有很高的布局谋篇水平。

2024 年 3 月 19 日，杨士莪院士永远离开了我们。同年 9 月，中央宣传部追授杨士莪院士“时代楷模”称号，集中宣传了他的先进事迹。而书中的这样一句话久久留在了我的心间——“他来之前，中国水声航路未开；他走之后，身后已是千帆竞来。”

是啊，杨士莪院士来之前，我国水声事业尚未起步，而他见证了中国水声事业的从无到有，并将自己的毕生精力都投注到水声事业中。在他的悉心培育下，一批又一批优秀的水声人才脱颖而出，成为我国水声领域的中坚力量。杨士莪院士走后，他身后崛起的水声人才正如汹涌的潮水一般，一浪又一浪，奋斗在时代大潮和献身于国防事业的洪流中，使我国水声事业出现了百舸争流的盛景。

饱蘸热血写情怀

——《百位著名科学家入党志愿书》带给新闻出版人的启发和思考

陈克锋

中国红的主色调、血肉丰满的细节、撼人心魄的力量，是《百位著名科学家入党志愿书》带给笔者的强大艺术冲击。在举国上下热烈庆祝中华人民共和国成立75周年之际，笔者有幸阅读了这部洋洋洒洒31万字的作品，心灵受到震撼和洗礼。

这本书是科学出版社重点主题出版物之一，选取了一百位著名共产党员科学家的入党志愿材料及其先进事迹，展现了他们忠党爱国、献身科学的伟大情怀和感人故事。

阅读的过程中，笔者不时掩卷沉思。如果能够穿越时光，回到这些科学家身处的年代，我们能否像他们一样，在祖国和民族的危难时刻挺身而出，对理想信念矢志不移？能否像他们一样，始终坚守初心，把一切献给党和人民？

物理学家严济慈当时已七十九岁，在入党志愿书中写道："我虽已年逾古稀，但是我没有迟暮之感。我争取要做一个共产党员，求得光荣的归宿。”1957 年，他在《人民日报》发表文章说“党能领导科学，而且党不能不领导科学，因为在新中国科学不再是可有可无的东西”。赤子之心，灼灼芳华。尤其在读到两个细节时，笔者内心不由得一次次涌起了暖流：一是父亲为他买回一本《笔算数学》，在无人请教指导的情况下他无师自通；二是他以第一名的成绩大学毕业，恩师熊庆来典当自己的皮袍子寄钱给他，帮助他完成学业。爱国不分年龄、身份，正是因为这么多人的鼓励和帮助，加之饱览群书，严济慈把“让科学在中国土地上生根”作为毕生追求，最终成长为中国光学研究和光学仪器研制工作的奠基人之一。

有机化学家、生物化学家汪猷在科研中提出“三敢三严”，即敢想、敢说、敢做，严肃、严密、严格。他常说自己首先是一名共产党员，其次才是一名科学家。单位几次给他换房，都被他婉言谢绝，把机会让给了其他同事。这种崇高的品格、不谋私利的学者风范令人仰止。

计算机科学家、数学家张景中的童年正值抗日战争时期，民族的苦难、家人的颠沛流离在他幼小的心灵中播下爱国的种子。他在入党志愿书里这样写道：“谁能领导中国，使中华民族走上富强振兴之路？这是自己一直希望寻求答案的问题。知道了只有共产党才能救中国的道理，自己下决心跟共产党走。”

半导体材料专家李爱珍对党深情告白：“我愿为人类最壮丽的事业——消灭私有制、消灭阶级剥削而贡献一份力量！”钱学森在成为中国共产党党员的那一天，激动得彻夜难眠。他说：“如果人民最后对我的工作满意的话，那才是最高奖赏。”

这些科学家遒劲的字迹、真挚的倾诉，让人感受到他们灵魂深处奔涌的热血和梦想。他们对党、对祖国、对人民，有着怎样热切的情怀啊！

在受到深刻思想教育的同时，笔者站在新闻采编及出版工作者的角度，对该书的汇编、出版艺术也进行了深入研究。扪心自问，如果我们是该书的编著者，能否让读者同样读得热血沸腾？每位科学家的入党故事都像一颗星星，一经汇编出版就燃成了一把火，正可谓“散是满天星，聚是一把火”。在充分践行“四力”（脚力、眼力、脑力、笔力）的今天，我们在新闻采编和出版过程中还有哪些方面可以做得更好？

一是以楷模为榜样，听党话，跟党走。《百位著名科学家入党志愿书》以朴实的语言、鲜活的细节展现了以钱学森、严济慈等为代表的党员科学家们践行入党誓词、发挥先锋模范作用、献身科学的光荣事迹和伟大情怀。身为新闻采编及出版工作者，在风云变幻的时代，要提高政治站位，心有定力，把挖掘行业好故事、出版精品力作、讴歌时代楷模、颂扬人间大爱、传递精神力量作为我们守初心、践使命的义不容辞的责任。我们时刻都要谨记，新闻采编和出版工作要紧扣时代脉搏，唱响主旋律，弘扬正能量，以一颗敬畏之心对待每次采访、策划、编辑、出版，以严谨的态度雕琢每个汉字和标点符号。

*二是学习科技工作者“勿忘人民”的理想和追求。*书中一百份入党志愿书生动呈现了科学家们与时代的关系互动，并以“勿忘人民”的思想为主线贯穿起另一种形式的编年史，具有重要的史学价值和意义。而且，书中的人物故事不刻板、不生硬，有着饱满的血肉和鲜活

的灵魂。很显然，编者在选题策划、材料收集与取舍、编排艺术等方面下了很大功夫，力求在短小篇幅中找到最能打动读者的细节，树立人物形象。每篇短文分为“座右铭”“人物简介”“入党志愿书”“延伸阅读”四个部分，层层深入，相得益彰。阅读过程中，这些人物跃然纸上，栩栩如生，让人感同身受，仿佛身临其境，更能让我们了解爱党、爱国的文化和思想根源。身为新闻采编及出版工作者，我们要扑下身子、沉到工程建设一线，力争做到脚下有泥、心中有光、笔下有神。

三是高度重视文化的传播价值和强大的精神力量。这本书注重对人物历程的概括叙述，注重提炼个性特色，升华汇编内容，做到了历史不过时、文化有温度。通过“书香科协”读书活动接力传阅“最受欢迎的图书”，我们可以进一步传播文化价值，让科学家的强大精神力量像阳光一样洒满读者心灵。身为新闻采编及出版工作者，我们要学习老一辈科学家对党的赤胆忠心和对科学的执着追求，提高职业素养、建立职业自信、树立职业尊严，要善于从浩瀚的行业资料中选取最具代表性的内容进一步汇集、提炼，使之形成强大的精神磁场，感化人心。

四是借鉴“书香科协”读书活动等模式，助力构建“大出版”格局，实现“大传播”。我国“十四五”规划和 2035 年远景目标纲要要求“建成文化强国、教育强国、人才强国、体育强国、健康中国，国民素质和社会文明程度达到新高度，国家文化软实力显著增强”。“好读书、读好书”蔚然成风，“书香家庭”“书香社区”“书香企业”“书香中国”建设波澜壮阔，地铁、机场、书店等公共场所持书阅读者、听书人随处可见，主题策划、汇编、出版工作更是八仙过海，各显神通，推出了许多读者喜闻乐见的精品力作。身为新闻采编及出版工作者，既要夯实传统出版优势，还要结合行业和出版机构实际，将纸质期刊及图书出版、数字在线出版、微书城建设、网上直播、“云上书”推广等创新措施有机融合，开创一系列的公益科技文化品牌，努力构建“大出版”格局，实现“大传播”效果，更好地服务全民阅读、照亮人心。

书香恒久远，爱国情更长。如果我们身处书中这些科学家经历过的年代，会不会有着同样的选择？答案无疑是肯定的。让我们以奋斗为底色，在新闻采编及出版的田野上像孺子牛一样奋蹄前行，为“十四五”高质量发展讲好精品故事、传播行业精神。

赓续文明火种，传承中国精神

——读《中华优秀传统文化六百篇》

雷路阳

《中华优秀传统文化六百篇》由北京师范大学文学院任翔教授主编，是一部集中体现中华民族语言、文化传统、思想观念、情感认同的精粹选集。整套书共分启蒙本、初级本、中级本、高级本四册，呈现出拾级而上的学习梯度，适应了不同人群的阅读需求。

启蒙本：春萌正是撒粟时

启蒙本的封面以草绿色为底色，展现了一丛摇曳生姿的兰花在微风中轻轻舞动的优美画面。兰花的每一片花瓣都向着阳光尽情绽放，呼唤着春天的来临，昭示着新生的力量。

启蒙本共设九个单元，为读者敞开了一扇通往中华优秀传统文化殿堂的大门。九个单元以“学、行、信”教育模式展开，帮助读者更好地理解历史的脉络，感知民族的情感，传承中华民族的文化血脉。

我们谈论传统文化时，都会不可避免地提及对经典文学作品的学习与品读。孔子在《论语·阳货》中曾发出质询：“小子何莫学夫

《诗》？”继而指出“《诗》可以兴，可以观，可以群，可以怨。迩之事父，远之事君，多识于鸟兽草木之名”，阐明了诗歌唤起人类情感、表达美感、提升智慧的重要作用。传统文化经典是一座座连接过去与现在的桥梁，也是一扇扇窥探古人内心世界的窗户，更是人文精神传承的载体。我们从中可以体味到作者对于生活、情感、社会的思考和感悟。同时，传统文化经典有时不仅是个人情感的宣泄，更是社会精神的表达。就诗歌而言，它观照人生百态，不仅能够引起人们的情感共鸣，凝聚人心，还可以对社会的不公与不义进行控诉与反思。在古代，许多诗歌作品通过描绘民生疾苦、批评社会风气，成为人们反抗压迫、追求自由的精神力量。

初级本：夏发时分泛涟漪

初级本以象征夏季热烈奔放的红色为底色，配之以常青的夏竹，似乎在寓意：斗转星移，不改的是守护文化根脉的赤子之心，不变的是传承优秀传统文化的如磐信念。

我国自古就有“诗教”和“文教”的传统。“诗教”源于孔子，用“乐而不淫、哀而不伤”的“诗三百”培养温柔敦厚的君子。孔子“删《诗》《书》，定《礼》《乐》，赞《周易》，修《春秋》”，意在正本清源、保存承继、以文化人。子曰：“《诗》三百，一言以蔽之，曰：‘思无邪。’”初级本的第一单元即《诗经》单元，代表的是“思无邪”的诗歌王国。初级本的编排涉及九个单元——从《诗经》到绝句与律诗，再到笔记故事、历史故事与人物传记，接着是山水游记与台阁名胜记，最后精选“四书”中的精华——旨在通过循序渐进的编排方式，践行冯友兰先生“精其选、解其言、知其意、明其理”的读书方法，使青少年成长为心灵润泽、人格完整、刚健质朴的中国人，这是传统文化教育的目标之一。

在文本的汇编上，初级本涵盖了从小学课本里的《枫桥夜泊》《江雪》，到初中课本里脍炙人口的《桃花源记》《岳阳楼记》，再到高中课本里的《项脊轩志》《登泰山记》等篇目，让读者在回溯过去的同时关注当下，乃至探索未来，正如孔子所讲“告诸往而知来者”。读者能通过阅读初级本迷上古籍：或品味古代汉语的简洁、铿锵，或学习古人身上难能可贵的品质，或沉醉于种种浪漫联想之中，或欣喜于书中找到知音，或从中汲取坚持做自己的勇气。

中级本：于秋收时起微澜

中级本的封面更为沉稳大气，画的是象征秋季的金菊，就像翻开该书的读者，经过前两册的熏陶，拥有了更开阔的格局。

“文变染乎世情，兴废系乎时序。”中级本的编排从乐府与古诗开始，接着是宋词、元散曲，再到尺牍文、家书家训，最后是小说以及诸经诸子。选取的篇目多为宋元时期文人所作，读者不难体会到中国传统文化的淑世精神，以及文人对政治伦理和理想人格的重视。在“导与引”中，读者能领略中国传统文化成熟期的典范；在“文与解”中，读者既能感受文化整合的恢宏气魄与文学重建的辉煌，又能通过选文精读与注释解读，深入探寻作者的士人心态与审美风尚，尤其能洞察白居易影响下的文人从外部事功转向内心修养的转变，以及他们对仕隐矛盾的调和；而在“思与行”中，读者可进行天人之际的睿智思考，体会宋代文学“重理节情”的倾向，以及儒、道、佛合流后对天人关系的建构——它以人为主体，确立人在宇宙中的地位，最终呈现文人“吸纳天地、囊括自然”的理想人格。

中级本上承初级本夏竹之生机勃发，下启高级本冬梅之凌寒风骨，文字表现的是人的心声，是人的格局、视野和担当。收录在本书中的篇章悉出名家，生动地展示出相应历史时期的文化精神和生命气象，呈现了几千年来中华优秀传统文化的广袤绵延、浩瀚壮伟，更展示出几千年来中国古人的精神高度和人格担当。除此之外，中级本的阅读更能让受到启蒙本与初级本感染的读者向着“志于道，据于德，依于仁，游于艺”的目标成长，始于识字读书，进于立志修身，成于齐家治国平天下。这是人类精神的大气与深刻，也是教学境界的大气与深刻。今天的传统文化学习和教育，也需要这样的大气和深刻！

高级本：冬蛰阳生春又来

高级本用象征冬天辽阔浑厚的月白色为底色，一树寒梅悄然绽放，恰似读者完成前三阶段积累后抵达的人生新阶段，阅读的深度与广度不断增加，生命的厚度与宽度也随之增长。这一阶段，恰如在冬天厚积力量，等待新春时节再尽情释放。

“以名举实，以辞抒意，以说出故”，古人以文字传递思想，论说文推求道理、阐发主张，是极具思想性的体裁。高级本精选论辩文、杂说文共十九篇，无论是内容还是形式都堪称典范。这些文章或论政谏言，或论文辨体，或论理释言，都是作者针对现实所写的肺腑之言。难能可贵的是，这些文章兼具议论与叙说，语言艺术和表达技巧高超，既有情趣，又有理趣，是不可多得的论说范例。

选文的深度与广度给高级本以厚重感，三个板块的编排体例与样式则能帮助读者体味这种厚重感，更好地学习和理解中华优秀传统文化的思想理念和人文精神。然而，学习并不在此停止，读者通过阅读积蓄的力量会在此后的人生中不断复现，通过某个瞬间的触动、某次事件的历练、某句人生的感慨，将文章的风骨内化为自身的真切感受，成为人生经验的一部分。

因此，冬蛰不只是四季的完结，还孕育着新的四季，高级本也并不是中华优秀传统文化学习的终点。习得阅读经典的方法，激发对经典的热爱，自主阅读更多中华优秀传统文化篇目，实现精神血脉的赓续，是学习中华优秀传统文化的更高目标。

结　语

阅读是个人精神成长的重要途径，是社会进步不可或缺的基石，也是建设精神文明的重要手段。《中华优秀传统文化六百篇》的问世既具有增强文化自信的功能，也承担着传播文化的使命。全社会应该一起来思考优秀传统文化对个人成长、社会教化以及文明传承的意义，让《中华优秀传统文化六百篇》成为能够体现文化自信、涵养中华民族精神的文化读本之一。

《可爱的中国》：一曲关于信仰、希望与奋斗的赞歌

吴玉荣

最近，我读了一本名为《可爱的中国》的书，这本书是方志敏烈士的遗作，字里行间流露着对祖国的热爱和对未来中国的期盼。

有一种精神在历史的长河中永远不会被湮灭，它如同一座丰碑，在岁月无情的敲打下依旧熠熠生辉、屹立不倒，那便是爱国精神。而爱国无悔的方志敏就是一个拥有这种精神的巨人——肉体的毁灭永远无法把他从我们的记忆中抹去，取而代之的是精神的延续。

《可爱的中国》是方志敏在狱中的呐喊与呼唤，它不仅仅是对祖国的热烈歌颂，更是对民族未来的深切期许与忧思。读完这本书，我感到一种心灵的震撼和思想的洗礼。它不仅仅是历史的回声，更是现实的召唤。方志敏用他的鲜血与笔墨，为我们描绘了一个苦难与希望并存的中国。他的文字，既有温柔的爱，也有愤怒的火焰；既有对祖国母亲的深情，又有对未来的无比坚定。

方志敏笔下的中国，首先是一片生机勃勃、充满希望的土地。他以饱满的热情描绘了祖国的大好河山，从蜿蜒的长江到巍峨的泰山，

从辽阔的草原到肥沃的土地。这些景象不仅仅是地理的描述，更是他对祖国的深沉爱意的具象表达。在他的笔下，中国不再是地图上的轮廓，而是一位有血有肉、有灵魂的母亲——她既伟大，又深情。然而，这样的美丽却被无情的侵略者肆意践踏，被腐朽的统治者无情摧残。

读到这里，我不禁反思自己对祖国的情感。我们生在一个和平的时代，享受着现代化的便利和发展带来的舒适，很容易忘记这些美好背后曾经的苦难与挣扎。我常常坐在办公室里，面对繁重的工作感到不耐烦，甚至有时会有诸多抱怨。然而，方志敏用他的文字提醒着我，今天的和平、今天的自由，都是先辈们用生命和鲜血换来的。他们经历过我们无法想象的痛苦，但他们从未放弃希望。

在书中，方志敏不仅表达了对祖国自然风光的热爱，还深刻揭露了当时中国所遭受的屈辱和灾难。他用沉痛的笔调记录了列强的侵略、军阀的割据、人民的苦难与无助。祖国和人民这样的境况令人痛心，更让我深刻反思。作为现代社会的一员，我读这样的历史时常常有一种距离感。那些战争、苦难似乎离我很远，仿佛是只存在于历史书中的冰冷文字。然而，方志敏的叙述使这一切变得真实可感。我突然意识到，我们今天的安宁与繁荣并不是凭空出现的，它是无数像方志敏这样的革命者用鲜血和生命换来的。

方志敏没有在绝望中沉沦，正如书中所展示的，他始终怀抱着对未来中国的美好憧憬与坚定信念。他相信，旧中国的苦难终会结束，一个崭新的、没有压迫的新中国必将诞生。他相信，正义终将战胜邪恶，人民的力量终将战胜一切压迫与剥削。这份信念，是他在黑暗中坚守的灯塔，是无数中华儿女在黑暗中前行的动力源泉。

方志敏对新中国的憧憬尤其让我感动。他描绘了一个人人平等、没有剥削和压迫、科技进步、文化繁荣的中国。在这个理想国度里，人民自由、幸福地生活着，充满了希望和信心。看到这些，我不禁反思：我们今天生活在这样一个快速发展的社会中，是否真的珍惜了当下的美好？方志敏心中的理想中国，已然逐渐成为现实，但我们作为新时代的一分子，是否还抱有那种坚定的信仰，是否还拥有那种不畏艰险的奋斗精神？

方志敏的信念与坚持让我深思：我们该如何定义“爱国”？爱国不仅仅是对祖国的简单认同或歌颂，它更是一种行动的召唤。在《可爱的中国》中，方志敏向我们展示了真正的爱国精神，那就是不惧怕牺牲，为了国家的未来甘愿付出一切。他的爱国不仅仅是一种情感上的依恋，更是一种深刻的责任感和使命感。他看到了国家的苦难，但他更看到了国家的希望；他看到了人民的痛苦，但他更看到了人民的力量。

作为一名教师，我曾经以为爱国就是在国旗下庄严肃穆地宣誓，就是在课堂上学习中国的历史和文化。然而，方志敏的文章让我意识到，爱国远不止这些。爱国是我们时刻肩负的责任，是在我们面对困难和挑战时，依然能够为国家的未来贡献自己力量的决心。它不仅仅存在于我们对历史的回顾中，更应该体现在我们的行动里。

在现实的重压中，我时常要面对工作和生活的压力，有时会感到迷茫和无助。然而，当读到展现方志敏的坚强与信念的段落时，我就能感受到一种无形的力量。他在最黑暗的时刻，依然坚信未来的光明，这种乐观与坚持让我明白，面对困难时我们应怀有怎样的态度。作为教师，我们的任务是教书育人，培养德才兼备的栋梁之材，为祖国的未来作出贡献。或许我们现在的力量微不足道，但正如方志敏所说，“人民的力量终将改变一切”。只要我们每个人都为国家的进步竭尽所能，未来的中国必将更加繁荣昌盛。

《可爱的中国》是一曲关于信仰、希望与奋斗的赞歌。它激励着我，也唤醒了我对祖国的责任感。我们今天享有的每一分自由与安宁，都是无数革命者用生命换来的。作为新时代的教师，我们不仅要珍惜眼前的生活，更要以坚定的信念、积极的行动，为祖国的明天贡献力量。

通过这本书，我不仅听到了历史的回声，更感受到了现实的召唤。我将以方志敏为榜样，坚守信念，努力工作，为建设我们“可爱的中国”贡献自己的力量。未来属于每一个热爱祖国、勇敢奋斗的人，属于每一个像方志敏一样，永远怀抱希望、不畏前行的中国人。

端牢“中国饭碗”，筑牢大国根基

唐彦伟

“洪范八政，食为政首。”粮食，自古以来便是关乎国计民生的头等大事。黑龙江教育出版社出版的《中国饭碗》，犹如一部厚重的史诗，以全景式的视角、深刻的洞见，为读者呈现了新中国成立以来，中国人民在解决温饱、追求粮食安全与质量提升道路上的波澜壮阔历程。这部作品不仅是对历史的深情回顾，更是对当下和未来粮食战略的深度思考，具有极高的思想性、文学性与时代价值。

历史的回溯：从饥饿阴霾到温饱曙光

《中国饭碗》以饱含深情的笔触，带领读者穿越时空，回到那个物资极度匮乏、饥饿如影随形的年代。新中国成立初期，百废待兴，农业生产水平低下，广大人民群众面临着严峻的温饱考验。书中通过翔实的史料记载与生动的事例描述，重现了当时粮食短缺的艰难处境。这种对历史的真实还原，让生于新时代的我们深刻体会到先辈们所经历的苦难，也更加珍惜如今来之不易的粮食富足。

随着历史的车轮滚滚向前，书中详细记述了中国共产党领导下的一系列农业改革与发展举措。从土地改革使农民拥有了自己的土地，极大地激发了生产积极性，到农业合作化运动，逐步实现农业生产的规模化与集约化……这些关键的历史节点，见证了中国在探索适合本国国情的农业发展道路上的坚定步伐。尤其是改革开放以来，家庭联产承包责任制的实施，犹如一声春雷，唤醒了沉睡的农村生产力，粮食产量逐年攀升，中国人民终于逐渐摆脱了饥饿的阴霾，迎来了温饱的曙光。这一段历史的回顾，不仅是对过往奋斗历程的铭记，更为理解后续我国粮食安全战略的形成与发展奠定了坚实基础。

科技兴粮：农业现代化的核心引擎

在《中国饭碗》中，“科技兴粮”作为一条鲜明的主线贯穿始终。作者浓墨重彩地描绘了中国农业科学家们为了提高粮食产量、改善粮食品质而不懈努力的壮丽画卷。袁隆平，这位“杂交水稻之父”，无疑是其中最为耀眼的明星。书中生动地讲述了袁隆平在杂交水稻研究过程中所经历的无数次失败与挫折，以及他坚定不移、持之以恒的科研精神。从发现第一株雄性不育株水稻“野败”，到成功培育出高产杂交水稻品种，并不断进行品种改良与推广，袁隆平的科研成果使中国乃至全球数亿人口受益。他的故事不仅仅是个人的传奇，更是中国农业科技发展的一个缩影，彰显了科技在解决粮食问题中的巨大威力。

除了袁隆平，书中还介绍了众多默默耕耘在农业科研一线的科学家。他们在小麦、玉米、大豆等不同粮食作物领域开展科研攻关，致力于攻克病虫害防治、土壤改良、节水灌溉、良种培育等各种关键技术难题。这些科学家的努力，推动了我国农业从传统的粗放式经营向现代化、科技化转型。如今，农业科技的广泛应用，如精准农业、智慧农业、无人机植保、基因编辑育种技术等，正深刻改变着我国农业的面貌，大幅提高了农业生产效率和粮食产量，为保障中国饭碗提供了坚实的科技支撑。

耕地与水利：粮食生产的根基命脉

民以食为天，食以土为本。《中国饭碗》让我们深刻认识到耕地与水利对粮食生产的基础性和决定性作用，对此进行了深入而细致的阐述。

耕地是农业生产的核心要素，我国作为一个人口众多的大国，耕地资源却相对稀缺。因此，耕地保护红线始终是国家粮食安全战略的重中之重。书中详细介绍了我国在耕地保护方面所采取的一系列严格措施，包括土地用途管制、基本农田保护制度、耕地占补平衡等政策的制定与实施。这些措施，确保了有限的耕地资源得到合理利用和有效保护，防止了耕地的过度开发与流失。同时，我国也积极探索耕地质量提升的方法与途径，如推广有机肥使用、实施土壤修复工程、开展高标准农田建设等，致力于提高耕地的综合生产能力，实现藏粮于地。

水利是农业的命脉，水资源的合理开发与有效利用对于粮食生产至关重要。我国地域辽阔，水资源分布不均，部分地区干旱缺水严重制约了农业发展。书中讲述了新中国成立以来，大规模水利工程建设的辉煌历程。从治理黄河、长江等大江大河，到修建众多的水库、灌溉渠道、泵站等水利设施，我国逐步构建起了较为完善的水利灌溉体系，有效解决了农田灌溉问题，提高了农业抵御自然灾害的能力。例如，南水北调工程的实施，优化了水资源配置，缓解了北方地区水资源短缺的局面，为粮食生产提供了可靠的水源保障。这些水利工程的建设与运行，体现了我国在保障粮食生产根基命脉方面的长远规划与巨大投入，彰显了大国治水兴农的决心与智慧。

政策保障：粮食安全的制度基石

粮食安全离不开政策的有力引导与支持。《中国饭碗》系统地梳理了新中国成立以来，各个时期国家出台的一系列粮食政策，深入分析了这些政策在保障粮食生产、流通与消费等环节所发挥的重要作用。

在生产环节，国家通过实施粮食直补、农机购置补贴等惠农政策，充分调动了农民种粮的积极性，降低了种粮成本与风险，提高了农民的种粮收益。在流通环节，加强粮食市场体系建设，完善粮食收购、储存、运输、加工、销售等环节的政策法规，确保粮食流通顺畅有序。在消费环节，实施粮食安全省长责任制，强化地方政府保障本地区粮食安全方面的责任。同时，积极开展粮食节约行动，倡导全社会树立爱粮节粮的良好风尚，反对粮食浪费行为，提高粮食利用效率。

这些政策相互配合、协同发力，形成了一套完整的粮食安全保障体系，为我国粮食安全稳定提供了坚实的制度基石。政策的适时调整与创新，也反映了我国在不同发展阶段对粮食安全问题的深刻认识与战略应对，体现了政策的灵活性与适应性。

时代的呼唤：共筑粮食安全新防线

《中国饭碗》在全面回顾与总结中国粮食安全成就与经验的基础上，也敏锐地洞察到新时代面临的新挑战与新机遇。全球气候变化加剧、资源环境约束趋紧，以及国际粮食市场的复杂多变，使中国粮食安全面临着前所未有的压力与不确定性。在这样的时代背景下，作者呼吁全社会共同行动起来，积极应对粮食安全挑战。一方面，政府应继续加大对农业的支持与保护力度，持续推进农业科技创新与体制机制改革，加强耕地与水资源保护，完善粮食政策体系，提高粮食宏观调控能力。另一方面，企业应积极履行社会责任，加大在农业领域的投资与研发力度，推动农业产业化发展，提高粮食产业的现代化水平与竞争力。广大农民作为粮食生产的主体，应不断提升自身素质与技能，采用绿色、可持续的农业生产方式，提高粮食生产效益与质量。此外，每一位公民也应增强粮食安全意识，树立节约粮食的观念，从自身做起，从点滴做起，形成全社会共同关注、共同参与粮食安全保障的良好氛围。

“谁知盘中餐，粒粒皆辛苦。”《中国饭碗》这本书，不仅仅是对中国粮食发展历程的记录与总结，更是对每一个中华儿女的警醒与鞭策。它提醒我们，粮食安全关系到国家的稳定与繁荣，关系到民族的生存与发展。在新时代的征程上，我们要紧紧握住中国饭碗，传承先辈们艰苦奋斗的精神，依靠科技进步与创新，坚守耕地与水利根基，完善政策保障体系，齐心协力共筑粮食安全新防线，为实现中华民族伟大复兴的中国梦奠定坚实的粮食基础。因为，饭碗里装着的不仅是粮食，更是国家的希望、民族的未来。

新时代　新面貌　新未来

——读《凤凰飞》有感

覃乃川

著名作家温燕霞的又一力作——长篇小说《凤凰飞》，向我们描绘了新时代乡村所发生的巨变景象。作者以细腻的文字、饱满的情感以及丰富的故事情节，生动地展现了新时代背景下老区人民在党的领导下，响应国家乡村振兴战略的号召，用好政策，创新求变，使凤凰村迎来新面貌、迈向新未来的壮丽图景。读完此书，我感触良多，既对新时代乡村的振兴之路有了更深刻的理解，也对新时代乡村的未来充满了期待。

新时代：利好政策助振兴

温燕霞笔下的《凤凰飞》开篇以一封“英雄帖”唤起了在外打拼的凤凰村儿女对家乡的思念与建设热情。这封“英雄帖”标志着新时代的乡村振兴战略如同一股强劲的东风，吹遍了凤凰村的每一个角落。它不仅是情感的纽带，更是新时代利好政策到来的象征。书中详细描绘了党和政府出台的一系列利好政策，如鼓励在外打拼的家乡儿女回村参加建设，支持特色产业发展，改善农村人居环境，等等。

正如书中所展现的，柳家三姐妹、严庆瑞、严亚宁、张孝哲等人受到了党和政府所出台的一系列利好政策的感召，纷纷回到家乡，并在这些政策所提供的资金、技术、人才等多方面的支持下，积极投身乡村产业项目的开发热潮中，为凤凰村的振兴贡献了自己的力量。可以说，凤凰村的振兴不仅让农民看到了增收致富的希望，而且激发了农村的内生动力，使他们从“要我发展”转变为“我要发展”，更坚定了众多在外漂泊的游子回乡振兴乡村的信心和决心。

除了书中描述的这些利好政策，现实中助力乡村振兴的政策更加具体、有效。自从乡村振兴战略实施以来，党和国家依然延续在脱贫攻坚战中为建档立卡户所提供的政策。作为国家脱贫攻坚战的直接受益者，我对此深有感受。比如，规模化养殖补贴政策为建档立卡户巩固脱贫成果提供了有力的经济保障。养殖成熟的家禽一方面能满足建档立卡户家庭自身的生活需求，另一方面还能让农民通过自主销售获得一定的经济收入。又如，子女教育基金补助政策不仅减轻了建档立卡户家庭的经济负担，而且为其子女顺利完成学业提供了必要的资助。再如，城乡居民基本医疗保险财政补助政策为建档立卡户顺利参保缴费提供更为实际的帮助和保障。这些利好政策成为推进乡村振兴的重要驱动力。

在新时代乡村振兴战略实施的背景下，这些利好政策不仅为以凤凰村为代表的众多乡村的发展提供了强有力的支撑，更为广大的乡村民众带来了前所未有的发展机遇。可以说，乡村振兴离不开党和政府一系列利好政策的支持，这也是新时代乡村发展的强大动力。

新面貌：创新求变共发展

新时代的乡村不再是传统意义上的农耕社会，而是创新求变、多元化发展的活力之地。在《凤凰飞》一书中，作者通过生动的笔触，塑造了一系列鲜活的人物形象，展现了凤凰村在传统上创新、在变革中发展的生动实践，以及凤凰村在创新求变中所焕发出的新面貌。

在书中，无论是柳秋兰的仙人掌园，还是严庆瑞的民宿园，都是返乡建设的儿女立足乡村实际，大胆创新，探索出具有凤凰村特色产业发展之路的成功实践，也是凤凰村在乡村振兴的大背景下积极创新乡村产业发展的生动写照。对凤凰村来说，仙人掌园带动了凤凰村的“花经济”，而民宿园也开辟了养老事业的新赛道，这些创新不仅为乡村经济的发展注入了新的活力，而且为农民们提供了更多的就业机会和增收渠道，更重要的是还极大地改变了乡村的面貌，提升了乡村的品位和内涵，使乡村成为宜居宜业的美丽家园，让身处乡村的农民们享受到了更加美好的生活。

作为一名土生土长的广西农村人，自乡村振兴战略实施以来，我感受到我的家乡在不断创新和变革中实现了新发展。众多的农村家庭在党和政府的技术帮扶下，逐渐从以粮食作物为主的种植开始尝试转向经济作物的种植，如辣椒、冬瓜、桑叶等。其中，辣椒成熟期短且产量高，可以为农户提供较为稳定的经济收入；规模化的冬瓜种植基地在提升农村就业率的同时，也加快了农户实现共同富裕的步伐；桑叶的种植则为农村发展蚕桑养殖业提供了更为有利的条件，真正实现了“东桑西移”。目前，这些勇于求变的新型种植业已成为乡村振兴的有效推动力。

其实，在乡村振兴战略实施的过程中，不仅有作者笔下的凤凰村村民敢于打破固有的思维定式，紧跟时代的脚步，积极探索乡村产业的创新发展之路，更有现实中的无数农民勇于尝试新事物，乐于学习新技术，用新的理念和方法来推动乡村振兴发展，从而使乡村在创新求变中迎来了崭新的面貌。这些新时代乡村振兴的真实景象，是党和政府一系列利好政策实施成果的具体体现。

新未来：携手并进开新局

新时代的乡村正站在新的历史起点上，用实际行动证明自己不再是国家发展的短板，而是国家发展的重要组成部分。《凤凰飞》通过展现凤凰村儿女在乡村振兴中的团结奋斗和不懈追求，为我们描绘了一幅携手并进开新局的乡村振兴美好蓝图。

当然，乡村振兴战略的顺利实施，离不开全社会的共同参与和努力。书中所述的人物，无论是柳家三姐妹，还是张孝哲、严庆瑞等人，他们相互支持、相互帮助，勇于创新、敢于变革，这正是新时代乡村振兴所需要的宝贵品质，更是实现乡村振兴目标的强大动力。

如今，党和政府的利好政策还在不断推进，比如继续加大对农村的农田粮食种植补贴力度，鼓励广大农民在创新求变的发展中坚持种植粮食作物，不荒废每一寸土地，为国家的稳定和长治久安提供稳定而坚实的粮食保障。与此同时，第二轮土地承包到期后再延长三十年的确认工作正在广大乡村如火如荼地推进着，这可以说是《中华人民共和国农村土地承包法》自 2003 年 3 月 1 日实施以来的惠农利民的重大举措。此外，党的二十届三中全会公报强调“必须增强文化自信，发展社会主义先进文化，弘扬革命文化，传承中华优秀传统文化”。而广大农村地区则是凝聚了无数劳动人民汗水和智慧结晶的各项传统手工艺、特色技艺等优秀非物质文化遗产的发源地，这在很大程度上也给新时代乡村振兴发展指明了新的方向。

总之，《凤凰飞》以文学的形式向我们生动展现了新时代乡村振兴的壮丽图景。书中凤凰村的成功案例让乡村振兴的号角声吹得更响、传得更远，能够鼓励广大游子主动返乡、积极投身乡村建设。该书的出版还体现了出版单位作为党和国家宣传思想文化的重要阵地在贯彻乡村振兴战略上的历史使命和社会担当。让我们团结一致、并肩努力，为创造更好的乡村未来而奋勇前行吧！

小镇发展的智慧密码

——读《中国小镇：撬动全球经济的重镇》有感

冯尚静

捧起《中国小镇：撬动全球经济的重镇》这本书，掌心感受到的是它沉甸甸的分量。翻开书，我看到中国小镇崛起的背后，是可爱的、辛勤的中国人民一次次的付出与探索。他们满腔热忱，挥洒汗水，不惧艰难，俯身深耕脚下那片热土。这也让我的思绪飘向了远方，在记忆深处，我家乡的轮廓愈发清晰起来，与书中小镇的画面渐渐重合。

《中国小镇：撬动全球经济的重镇》阐明了中国特色小镇的建设探索之路，就像张维为教授所说的，这本书总结了不少中国特色小镇的“成功秘诀”，某种意义上也是中国式现代化的一种具体展示。其中我印象最深刻的是第五章“‘宇宙中心’曹县，从贫穷到‘顶流’崛起的秘诀”，它细致地描绘了数次冲上热搜榜的“曹县”是如何从全省扶贫攻坚的重点县一步步转型为非遗网红淘宝村的。曹县很早就被称为“中国木艺之都”，当地拥有密度小且不易变形的桐木。有了生产原料与技术两项优势相叠加，曹县人毅然决然进军殡葬行业，并发现了一个更加细分的蓝海市场——日本的棺材市场！一炮而红的曹县也并没有停止探索的脚步，在细分市场的逻辑下，他们捕捉到了当地的服装产业一直有基础，那么如何更上一层楼呢？功夫不负有心人，他们找到了答案——汉服！

曹县人在汉服市场持续深耕，建立了超过600家原创汉服加工企业，创造了网络零售额连续三年位列山东省第一的佳绩！这引发了我的深思：我们能为想要返乡创业的人提供什么？如何将当地优势最大化就成了一个需要去思索的课题！

我的老家干溪镇是一个位于湖北省当阳市西部的集镇，它的名字来源于历史地名干溪场，所以小时候总会听到家里人说："走，我们赶场去！"它的发展路线其实和网红曹县有很多异曲同工之处，干溪镇在政府的大力支持下围绕当地资源、文化以及产业特色挖掘出自己独特的发展基点。考虑到现在很多年轻人在外漂泊，十分渴望家乡的那份温馨，干溪镇举办了"游秀美玉泉，赶干溪热场"的活动。划旱船、踩高跷……小时候的记忆生动地展现在了我的面前，吸引了大量年轻人参加活动，好不热闹！可是一时的热闹不算什么，怎么维持长久的热闹呢？唯有持续深挖，放大本地优势，才能长"热"！习近平总书记强调"全面推进乡村振兴，要立足特色资源，坚持科技兴农，因地制宜发展乡村旅游、休闲农业等新产业新业态"。干溪镇有得天独厚的地理条件，沮河流经其东部，又有群山环绕，毗邻青龙湖湿地公园。这几年，干溪镇怀揣发展的热望，潜心深挖本土资源，淬炼特色优势。如今，它身兼数"职"——既是游客纷至沓来的湖北旅游名镇，也是产业兴旺、生态宜居的湖北省乡村振兴示范乡镇，更是治理模式可圈可点的全国乡村治理示范村。八村联动串起16.8公里乡村旅游环线，更兴建了儿童乐园、水上乐园、水上游船中心、湖边民宿等多种惠民特色文旅项目。干溪小镇采取多元化发展策略，不仅推动了经济的可持续发展，也成为城乡融合的重要平台。

身为小镇蜕变的亲历者，我亲眼看着它旧貌换新颜，一路大踏步发展。如今，整洁的街道、错落的新宅、葱郁的田园与澄澈的溪流相映成趣，入目皆景。置身其间，就会真实地感受到这里是“一座没有围墙的博物馆”。

在旅游产业之外，探寻提升当地人生活品质、拉动经济增长的新路径是一个新的课题。近几年，随着经济的发展，自主采摘成了一个新风口。因为干溪镇土壤比较肥沃，适合农业种植，在新浪潮的推动下，接连有葡萄、西瓜、覆盆子、油桃等采摘园在当地爆火，让干溪镇一举成为当阳市西部的重要农贸集散地。

不管是曹县还是我的家乡，它们的成功其实都是因为合理且最大化地利用了当地优势。这引发了我的思考：千千万万的中国小镇在新一代年轻人眼中的角色到底是什么？小镇繁荣背后的逻辑是什么？——其实家乡应该是一个用经济和情怀留住人的地方，而留住年轻人的关键就在于解决就业问题，为他们提供安身立命、施展拳脚的机会，让他们获得归属感，让漂泊的心寻得安稳的巢。如今，小镇正逐渐成为年轻人回归的港湾。往后，我们开展工作的重中之重便是深挖本地优势，全力解决就业难题，让小镇迸发源源不断的活力。借用张维为教授的话：“是时候向全世界展示中国小镇发展之路了！它展示的不仅是世界第一大工业国的一个个风情各异、实力雄厚的产业小镇，更是它们背后勤劳、勇敢、智慧的中国人民！”

习近平总书记说："历史是人民创造的，中国的发展成就是中国人民用自己的双手创造的，是一代又一代中国人顽强拼搏、接力奋斗创造的。"有一群可爱的人，他们付出心血，狠抓实干，破解了小镇发展的智慧密码，唤回了奔赴他乡的年轻人，创造了了不起的业绩，向世界展示了中国特色小镇的强大力量！

一部长江浩然史，华夏风骨载千秋

——读徐刚散文集《长江传》

朱宜尧

习近平总书记指出："长江造就了从巴山蜀水到江南水乡的千年文脉，是中华民族的代表性符号和中华文明的标志性象征，是涵养社会主义核心价值观的重要源泉。"

滚滚长江，万古奔流，华夏风骨，千秋永载。江河，即历史的见证；一部长江文化史，堪称半部中华文明史。

《长江传》这部著作气势磅礴，令人心潮澎湃。作家徐刚以深沉的情感、生动的笔触和渊博的知识，为我们呈现出长江这条伟大河流的壮丽画卷与沧桑变迁。

本书以长江的源头各拉丹冬为起点开始讲述，浩浩荡荡顺流而下，直至最终奔流入海，一路展现出恢宏磅礴的气势。徐刚扎实的实地走访考察记录，读来令人赞叹不已，仿佛他引领着读者亲自踏上了这段波澜壮阔的生命旅程。

长江时而咆哮奔腾，粗犷豪迈，如斧锯般锐利，锋芒毕露，尽显激情与力量；时而低回蜿蜒，娴静柔美，恰似流经闺中时的温柔婉约，与山、石、地、城相互依偎，情意缱绻；时而波叠波、浪推浪，嘈嘈如急雨，令来往船只载沉载浮，樯倾楫摧。那田畴阡陌间桑麻随风舞动的景象，那山水相依、动静相宜的画面，那复杂多变、雄伟壮观的地理风貌，以及历代文人墨客在江上泛舟，举杯邀月留下的千古传颂的佳作，无不让人心生向往，沉醉其中。

徐刚引人入胜的叙述以及富有诗意的描写，堪称教科书级水准。我常常在其优美的文字中陷入更深层次的思考，仿佛感受着一种召唤，一种揭示，一种启迪。诚如他所言："当源头确立，流动与接纳便成为一条大河的存在方式。"流动意味着生命的一往无前，无所畏惧；接纳则是宽容的体现，也是涵养的展露。作家下笔之时，有声、有色、有情，以文字精心描绘出一幅幅极具画面感的自然美景与生命画卷。

长江不仅拥有迷人的自然风光，更承载着中华民族深厚的历史文化底蕴。它见证了巴蜀先人的智慧与开拓，孕育了众多的文人墨客，催生出无数的诗词佳作。江水滋养着中华民族，浇灌着中华民族的诗性美学传统。从屈原、李白、杜甫、白居易、刘禹锡到苏轼、黄庭坚、范成大等，一代代历史文化名人如繁星闪耀，在长江畔留下了千古名句，各自成篇，又一脉相传，使长江的文化内涵愈发丰富、深邃、源远流长。

如今的长江，已不仅是流淌的长江、现实的长江，更是蕴含着丰富文化的长江，承载着历史记忆的长江，不断发展变化的长江，具有时代意义的长江。跟随作家的叙述，我们仿佛能够穿越时空，寻访古人、古城、古物，领略长江的文化魅力。古老的水利工程，如都江堰，至今仍发挥着重要作用，彰显着先人的勤劳与智慧；乐山大佛临江而坐，它不仅是佛教文化的艺术瑰宝，更是人类与长江和谐共处的美好见证。我们应该遵照习近平总书记的指示：“要把长江文化保护好、传承好、弘扬好，延续历史文脉，坚定文化自信。”

作家徐刚的忧患意识在其文字中有着深刻的体现。书中后半部分所强调的长江水患问题，令人心情沉重。人类对长江的依赖和索取日益增加，导致了水土流失、洪水泛滥等环境问题。在享受长江恩赐的同时，我们也必须肩负起保护长江的责任。长江是我们的生命之源，我们应当像呵护自己的生命一样去保护长江。

读完《长江传》，我对长江有了全新的认识和更深厚的情感。正如作家所言：“我的血管里的血，其实就是长江水。我的血脉是长江的延伸，是最细小的长江的支脉。”长江不仅是地图上的一条河流，更是一个有生命、有故事、有灵魂的存在。它的过去、现在和未来都与我们的生活、生命息息相关。它是我们的母亲河，是中华文明的标志性象征。中华儿女更要铭记长江的历史，汲取其中的力量，以长江的风骨为指引，书写新时代属于我们自己的辉煌篇章，让长江精神千秋万代传承不息。

《长江传》将人文地理、历史文化、自然生态等融为一体，且美文与美图相得益彰，既有文字的韵律美感，又有视觉上的华丽盛宴，是一部兼具文学价值、史料价值和现实意义的作品。读者在感叹长江的雄浑与伟大之余，内心的责任感和使命感也会油然而生。

这部散文集的结构自然天成，仿佛有一种精神力量蕴藏其中，恰如作家笔下所描绘的长江——宏大、悠长、宽阔、广袤，烟波浩渺，皆是由点滴细小汇聚而成的景象。荀子言：“不积跬步，无以至千里；

不积小流，无以成江海。”描写长江的文字汇聚起来，本身就犹如另一条“长江”。

长江，是智慧的化身，是不朽的寓言，如巨龙般匍匐于广袤的华夏大地。在流淌的历史中，它风骨永存。

品《九岁红》：于戏曲传承中看见新时代之光

许娥

翻开《九岁红》，浓郁的中华优秀传统文化气息扑面而来。书中以细腻笔触勾勒出戏曲世界的百态人生，不仅为我们讲述了一段扣人心弦的故事，更让我们在字里行间感受到新时代传统文化传承与发展的独特魅力。作为新华书店少儿柜主办，在阅读这本书时，我不断思考着如何将书中蕴含的文化精髓传递给更多的少儿读者，如何借由这类佳作助力深化全民阅读，让传统文化在新时代绽放新光彩。

《九岁红》讲述了一个与戏曲紧密相连的故事。主人公在九岁时便踏上戏曲之路，凭借着对戏曲的热爱和天赋，在充满挑战的学艺生涯中摸爬滚打。从最初在戏班里做懵懂学童，到经历无数次挫折、刻苦训练，最终成长为舞台上光彩夺目的名角，这一路的艰辛与坚持，作者描绘得淋漓尽致。书中详细刻画了戏曲表演中的一招一式、一颦一笑，从唱腔的韵味到身段的婀娜，从脸谱的多样到戏服的讲究，无一不让读者感受到戏曲文化的博大精深。这些细致入微的描写，就像一把钥匙，打开了一扇通往传统戏曲世界的大门，让我们得以窥见这门古老艺术的独特魅力。

习近平总书记指出，“中华优秀传统文化是中华民族的精神命脉”。戏曲作为其中的璀璨明珠，承载着数千年的历史与智慧。在《九岁红》中，我们看到戏曲不仅仅是一种表演形式，更是一种文化传承的载体。戏班里的师徒传承，口传心授，老一辈艺人将自己的技艺和对戏曲的理解毫无保留地传授给下一代，这种传承方式体现了中华民族尊师重道的传统美德。同时，经典戏曲所演绎的故事，大多取材于历史典故、民间传说，蕴含着丰富的道德伦理观念和积极的价值取向。比如，许多戏曲剧目宣扬的爱国爱民、孝顺父母、诚实守信等价值观，在潜移默化中影响着观众的思想行为。在新时代，这些传统价值观依然具有重要的现实意义，它们是我们构建和谐社会、培养良好品德的重要基石。

从书中主人公的成长历程中，我们能深刻感受到新时代为传统文化传承带来了挑战。随着社会的快速发展，人们的生活方式和娱乐方式发生了巨大变化，戏曲等传统文化艺术面临着前所未有的冲击。然而，新时代也为传统文化的传承与发展提供了新的契机。书中提到，主人公所在的戏班积极创新，将现代元素融入传统戏曲表演，通过改编剧本、运用现代舞台技术等方式，吸引了更多年轻观众的关注。同时，政府和社会各界对传统文化的重视程度不断提高，出台了一系列政策支持戏曲艺术的传承与发展，举办各类戏曲文化活动，为戏曲艺人提供了更多展示才华的舞台。这些都表明，在新时代，只要我们积极探索、勇于创新，传统文化就能够在传承中发展，在发展中传承。

对于深化全民阅读而言，《九岁红》这样的作品具有重要的推动作用。全民阅读是建设学习型社会的重要举措，而优秀的文学作品则是推动全民阅读的重要力量。《九岁红》以其精彩的故事、深厚的文化内涵，吸引着不同年龄段的读者。对于少儿读者来说，这本书就像一把启蒙的钥匙，可以开启他们对传统文化的兴趣之门。通过阅读这本书，孩子们可以了解戏曲文化的基本知识，感受传统文化的独特魅力，培养对传统文化的热爱之情。在少儿柜的工作中，我们可以通过举办与《九岁红》相关的读书活动，如戏曲知识讲座、戏曲表演体验课等，将书中的内容与实际活动相结合，让孩子们更加深入地了解戏曲文化，激发他们的阅读兴趣和学习热情。同时，我们也可以引导家长和孩子一起阅读这本书，营造家庭阅读氛围，促进亲子交流互动，从而推动全民阅读在家庭层面深入开展。

作为少儿柜主办，我深感自己肩负着推广优秀读物、传播传统文化的重任。在今后的工作中，我将以《九岁红》这类书为契机，对反映中华优秀传统文化的作品加大推广力度。一方面，我会精心挑选更多类似的优秀读物，丰富少儿柜的图书种类，为孩子们提供更多接触传统文化的机会。另一方面，我将积极策划各类读书活动，将阅读与传统文化体验相结合，让孩子们在阅读中感受传统文化的魅力，在实践中加深对传统文化的理解。例如，我们可以组织孩子们排演简单的戏曲剧目，让他们亲身体验戏曲表演的乐趣；也可以邀请戏曲艺人走进书店，举办戏曲讲座和表演，与孩子们进行面对面的交流和互动。通过这些活动，不仅可以激发孩子们对阅读的兴趣，还可以培养他们对传统文化的认同感和自豪感，为传承和弘扬中华优秀传统文化贡献自己的一份力量。

《九岁红》是一部值得深入阅读和品味的佳作，它让我们在戏曲传承的故事中看见了新时代的光芒。它不仅展现了中华优秀传统文化的博大精深，更让我们看到了传统文化在新时代的传承与发展之路。通过阅读这本书，我们更加坚定了传承和弘扬中华优秀传统文化的信念。今后，我将以实际行动，把这本书以及更多优秀的传统文化读物推荐给广大少儿读者，让更多的人在阅读中感受传统文化的魅力，共同推动全民阅读的深入开展，让中华优秀传统文化在新时代绽放出更加绚丽的光彩。

共享孙悟空：基于神话形象的人类命运共同体叙事
——评《阿布尔的孙悟空》

宋雨霜

在构建人类命运共同体的背景下，如何传播中国声音、讲好中国故事是文学创作者的机遇与挑战，而青年作家陈伟军以小说《阿布尔的孙悟空》交出了一份优异的答卷。该书讲述了中国维和军人和非洲少年的动人故事，受到广大读者喜爱。孙悟空，这位扎根于中国文化的神话英雄，成为中非人民友谊的桥梁，激发了非洲儿童对世界和平和中国文化的向往。“孙悟空是你，是我，是我们每一个人！”成为一句跨越山海、穿越国界的宣言。这本书角度独特，叙事生动，内涵丰富，是一部基于神话形象来演绎人类命运共同体的文学佳作。

宏大与细微：时代背景与小说叙事有机融合

人类命运共同体与中国维和精神，既是大背景，也是大视野。陈伟军巧妙地利用了“以小见大”的方法，达到大小相融、相得益彰的效果。故事从西非少年阿布尔的视角展开，以少年的认知和体验来讲述中国维和军人的故事。这样的叙述视角既能凸显中国维和军人的刚毅伟岸形象，也使故事文本多了几分柔情和纯真。

故事的设定十分巧妙，以找寻一个人作为故事发展的动力。中国维和军人是一个整体形象，故事中的阿布尔却执着地找寻一位叫罗菲的军医。于整个中国维和部队，罗菲是团队中的普通一员；于阿布尔，她却是温暖和善良的化身，是给予自己关爱和力量的“中国妈妈”。阿布尔找寻罗菲时意外结识了黎耀，在和黎耀交往的过程中以回忆的方式穿插讲述了“中国妈妈”的故事。不难看出，军医罗菲是中国维和军人的缩影，是一个温暖的人物典型。阿布尔对罗菲的信任、思念、感恩，也是非洲人民对中国维和军人情感的体现。

此外，黎耀这个名字亦是意蕴深厚的细节。黎耀告诉孩子们：“在中文里，‘黎’是黎明的意思，就是天快亮的时候；‘耀’是强烈的光芒，就像阳光一样。”因此，孩子们欢快地称呼他为“阳光叔叔”。不仅如此，全体中国维和军人都成为孩子们心中的“阳光叔叔”。一个人的名字带有阳光之意，这是作者的精心设计；全体中国维和军人都成为“阳光叔叔”，则是富含深意的情感投射和精神隐喻。

阳光和雨季：维和英雄与非洲少年的情谊

阿布尔的家园所在地区，全年一半时间是旱季，一半时间是雨季。雨季，不仅仅是自然气候，也象征着孩子们生存的“雨季”——没有稳固的房屋，没有干净的水源，失去至亲……以黎耀为代表的“阳光叔叔”们来到这片土地，如同给生活在阴霾中的孩子们带来光明、带来希望。

罗菲是阿布尔心中的“中国妈妈”，她救治阿布尔病危的妈妈，给他讲中国神话，分享中医文化，就像是一束温暖的光；“阳光叔叔”们为实现达卡表演舞蹈的心愿，用心搭建了一座舞台；中国维和军人为孩子们征集到来自中国的礼物，皮球、衣物、书本等都让孩子们的眼眸光亮起来；从领导到普通军人，他们合力打造精彩的六一儿童节演出，只为给孩子们创造童年的高光时刻……点点滴滴都是爱意与力量的交织，爱的光芒照耀在非洲孩子们的心中。

非洲孩子虽然生活艰难，但依然保持着善良乐观的天性，他们以自己的方式表达着对中国维和军人的感恩和爱意。黎耀不小心丢失了家人的照片，阿布尔捡到照片后不辞辛苦，冒着受伤的风险翻越营地围墙，也要把照片交还给中国军人叔叔；擅长画画的达卡用真诚的笔触画下中国维和军人的故事；孩子们齐心帮助困在泥泞中的中国维和部队车辆脱险，却不要报酬；阿布尔爬上杧果树，举起手机接收信号，只为让黎耀和儿子通上视频电话。孩子们的行动，也温暖了中国维和军人。

汉代贾谊曾说：“爱出者爱返，福往者福来。”善意和爱意就像水一样流动，付出与回报也是相应的。在中国维和军人和西非儿童之间，就流淌着一条友谊的清泉，甘洌、澄澈，永不枯竭。

传播与吸收：中国文化和非洲文化的交流互鉴

习近平总书记强调：“没有哪个国家能够独自应对人类面临的各种挑战，也没有哪个国家能够退回到自我封闭的孤岛。”书中有关罗菲医生的情节对应的时代背景是 2014 年西非埃博拉病毒肆虐时期。那时，中国肩负起维护非洲人民安全与和平的使命，派驻维和部队参与疾病防控工作。这一事件在小说中成为重要的故事背景，也成为故事发展的动因。

在《阿布尔的孙悟空》一书里，可见以《西游记》为代表的中华优秀传统文化的传播力度之大、影响之深。中国经典神话形象孙悟空作为中非文化交流的代表，其善良正义、机智勇敢、坚韧顽强等精神特质，启迪非洲儿童，为他们的内心世界构建起强大的精神堡垒。全书也有一条非洲儿童喜欢孙悟空、感悟孙悟空、寻找孙悟空的线索，既是故事线，也是阿布尔内心的成长线。孙悟空，一个具有中华文化特质的精神符号，连接起中国和非洲，成为文明交流的桥梁。

阿布尔听到的有关华佗、李时珍的中医故事，“高山流水”等成语故事，“众人拾柴火焰高”“君子一言，驷马难追”等俗语，看到的顾一平扮演孙悟空上演的京剧，以及他所见证的罗菲用来救治妈妈的中医疗法等，这些都是中华优秀传统文化。它以平易近人的方式浸润着非洲孩子们的内心，滋养着他们的精神世界。

文明互鉴，在文学创作中也体现在人物形象塑造、象征物选择等方面。《阿布尔的孙悟空》的可贵之处就在于此，它塑造了坚强乐观的非洲儿童群像，展示了值得敬佩和欣赏的非洲文化。人物形象刻画方面，阿布尔、维恩、达卡、伊曼等，他们既是小说中的人物，也是非洲孩子的代表。尽管身处困境，他们依然乐观坚强，比如主人公阿布尔，再如热爱画画和跳舞的达卡，失去家人却肩负家长重担的维恩，年纪虽小却善解人意的伊曼等。

孩子们在和维和军人的交流中，也以自己的方式彰显着非洲文化。

例如，当“阳光叔叔”们让孩子尽情寻求帮助时，维恩说：“我们不能凡事都等着别人来救助，只有学会积极自救，才能迎来希望，才能收获美好的未来。我们有一句古老的谚语，小羊说：不能想着让别人帮你蹦起来，你得自己起跳。”维恩能借用本土谚语来表达观点，既可见非洲本土文化对孩子的影响之深，也体现了非洲人民的独立性和自主性。

非洲人民热爱舞蹈，善于用身体的律动表达对天地万物的情感。达卡热爱跳舞，尽管腿伤没有痊愈，但仍在用心排练。他的舞蹈，是非洲文化的体现。正如书中所写：“舞台上的这个少年正在闪闪发光，他在为全世界的生命而激情舞动，为树林，为飞鸟，为每一个热爱生命的人儿！”对达卡跳舞的描写，生动展现了非洲人民对生活、对生命的热爱。

阿布尔相信，“世间的一切都有生命，它们能够听到人们的心声”。这和中国文化中“天地与我并生，而万物与我为一”的理念是相通的。罗菲医生告诉阿布尔，要相信天上的星星，有的是逝去的亲人所化。当非洲孩子仰望星空祈祷时，他们与仰望星空的中国孩子何其相似！

“黎耀很是欣慰：这群在贫穷和苦难中长大的孩子是勇敢的、坚毅的、自食其力的。他们的模样在风雨中显得那样渺小，又那么伟岸。”中国维和军人在帮扶非洲人民、传递中国文化的同时，也被孩子们身上折射出的非洲文化的光彩所感动和鼓舞。人类命运共同体，这一理念在他们身上具象化地呈现和表达了出来。

作者陈伟军坚信，中国维和军人除了给非洲大地带去了物资、基础设施建设、医疗服务等帮助外，也一定会在文化交流、精神支撑等方面以“润物细无声”的方式，慰藉着非洲孩子敏感而饱受创伤的内心。他以《阿布尔的孙悟空》为载体，为创造更加美好的全人类共同家园贡献了中国文学的力量。

同一个世界，同一个孙悟空。全人类共享的“孙悟空”飞越山海，传递着跨越国界的英雄情怀。这部小说启迪着更多创作者以生动精巧的文学方式讲述中国故事，向世界展示更多可亲、可敬、可信的中国形象。

敦煌伎乐醉千年，丝路彩绘擘新篇

——《我心归处是敦煌》读后感

李熙盈

《我心归处是敦煌》，这本自传的内容是多么幽远而深刻，它吸引着我再一次阅读。樊锦诗，樊老，我又来书中与您相会了。

有一种选择，叫“需要”

“整整一个星期，史苇湘先生带领我们几个远道而来的北大青年学生，攀缘着被积沙掩埋的崖壁，一个洞窟一个洞窟地看过去……”敦煌从此迎来了它的女儿——樊锦诗。透过书页，我仿佛看到了在那黄沙漫漫的极静谧极边缘处，您，一个如此柔弱的女孩子，在鸣沙山对面的洞窟中流连。自此，您将自己的一生奉献给了这被世人逐渐遗忘的角落，让它重新焕发夺目的异彩，喜迎千年后的重生。

我在书页边轻轻画了一个问号：您为什么有这样的选择？

要知道，这是 1962 年的敦煌啊！我轻轻叹了一口气。这里风沙漫天，不仅交通不便，经费不足，连饮食等基本需求都难以满足，作为实习生的您，却留下了。

“当时常书鸿先生任所长，他非常重视文物保护和考古研究。他意识到莫高窟外的地基绝对不能随便挖一挖了事，一定需要考古工作人员的介入。因此，常书鸿先生就希望北大可以调一些考古专业的学生来进行莫高窟外的考古发掘。我被选中了。”

就是这么简单？——就是这么简单！简单到就是因为这里需要您。自此，您远离校园象牙塔，投身于敦煌洞窟，甘坐科研冷板凳。我多少有些懂了：有一种选择，叫“需要”。

选择，正像生命中的一首诗，字里行间，无不透露着智慧与勇气。我想，您的选择正是这样一首朴素而又真诚的诗。需要——作为敦煌守护神的常书鸿先生需要您，作为中国文化宝藏的敦煌需要您，于是二十五岁的您就留下了。这种智慧是一个人懂得被国家需要、被民族需要的大智慧：它摆脱了小我的束缚，激励着一个人仰望星空；它淬炼着柔软的心灵，锻造出一种执着。

“我从一开始就觉得整个莫高窟好像是一个人类幸存的博物馆，而命运的安排，让我置身于这些伟大的艺术面前，这里的一切完全向我敞开。”樊老在自传中这么写道。这种选择是忘我的，樊老思考的是“我被需要”，而且这是一项事业，于是，樊老便选择了！这种智慧与勇气成就了樊老，也成就了敦煌，成就了敦煌的新时代。

有一种情怀，叫“守护”

樊老娓娓道来：“我第一次看到崖体上的莫高窟的时候，那些密集的洞窟像蜂房一样错落地分布在崖面上，就好像成百上千双眼睛，每一双眼睛里都充满了沧桑和神秘……”

我的阅读又停了下来。

在党河冲积扇带与疏勒河冲积平原之上，绿洲如一块令人沉醉的翡翠，残存着丝路繁忙的余香。蜂穴般的洞窟里闪烁着微弱灯光。时间似乎苏醒了，佛像上的黄尘褪去，剥落出凤冠金钗、丰肌秀骨。于长梦中，伎乐天神像睫毛微颤，指下琴弦催动，周身衣带当风，仿佛要凌空跃起。一名面容稚嫩的女学者深吸了一口气，郑重地翻开牛皮纸记事本，面对着这尊伎乐天神像，遒劲有力地写下一行字——“莫高窟第 112 窟考古记录：《反弹琵琶》”。墨迹未干，因缘已种——樊锦诗开始了对敦煌长达六十年的守护。

靡不有初，鲜克有终。六十年是什么概念？几乎是一生。终其一生的守护，唯有情怀方能支持。樊老对中国文化的爱如此深沉：就在这本自传里，每一处对敦煌的描述，每一行对壁画的赞美，都如同一位慈母在温柔地抚摸着孩子，微笑着哼着儿歌。

我被樊老感动着，更被樊老触动了思绪。一个人最大的力量是什么？是“我想去完成”；最大的内驱力是什么？是“使命必达”。而使命不是别人强加的，是“我要去完成”！这就是情怀，是超越了个人情感的胸怀。

“共和国勋章”的获得者们不正是这样吗？黄旭华隐姓埋名研究我国第一艘核动力潜艇，为的是中国不再受他国的威胁；袁隆平克服万难研究杂交水稻，为的是让中国人吃饱饭……大学生村官投身于农村建设，为脱贫攻坚战奉献青春；“北斗”研究团队建立了我国首个全球卫星导航系统，也是世界上第三个成熟的全球卫星导航系统，突破了美国技术垄断……家国情怀让他们竭尽所能，他们守护的是国家利益和民族尊严！

樊老，当您七岁在心中种下“绝不当亡国奴”的信念时，您就已经拥有了崇高的情怀：守护我们的国家，守护我们的民族。也许，当您人至百岁，回首看去，内心归处一定还是敦煌。因为，朴素的爱国情怀从您七岁起就扎根了。“我拒绝接受采访，”您在《我心归处是敦煌》中说道，“我有什么可采访的呢？我是一个很平凡的人。”我理解您，一个有崇高情怀的人，往往是会把自己当作平凡人的，因为，守护已成为您的习惯。

有一种信念，叫“奉献”

我去过敦煌，那漫山黄沙的包围，那千年寂寞的存在，在我心中留下两个字：孤独。是什么让樊老在六十年中，每日在昏暗的藏经洞前走过，研读着佛国的各部经文呢？我又在书边画了一个问号。

有人说“敦煌学在外国”，您愤怒了。您始终认为：“我们从来就没有失去敦煌，因为莫高窟在我们这里。他们搬走藏经洞的经卷和文书，他们搬不走莫高窟！”

于是，您让自己成了“萨埵那太子”——您最爱的是莫高窟第254窟《萨埵那太子舍身饲虎图》。您曾动情地说起常书鸿先生写在自传里的话语，敦煌“是多么脆弱多么需要保护，需要终生为它效力的人啊”！“萨埵那太子可以舍身饲虎，我为什么不能舍弃一切侍奉艺术、侍奉这座伟大的民族艺术宝库呢？”您一次次地提醒自己。

于是您在这里扎根，一干就是一辈子，甚至没有出敦煌旅游过。丈夫罹患癌症去世时，您才猛然意识到，自己为了敦煌牺牲了家庭，自己真的成了山崖上纵身一跃的萨埵那太子。但是，您不悔。

1995年那个夏天，雨后暴发山洪，宕泉河水淹洞窟，您亲自带着警卫队的战士奋战在抗洪一线上。抗洪沙包一袋袋垒起，自然之力与人力角逐，汗水混着心血。忽然，三危山上金光闪耀，而后两道长虹贯空，如同佛光，让您生发禅修之心。不，那不只是禅修之心，还是坚忍执着、为大我奉献之心！

有一种理想，叫“开拓”

迈入新时代，让敦煌文化精彩地走出沙漠，自豪地走向世界，这是樊老的理想。

樊老和她的团队给出了漂亮的答案。看，在习近平总书记的指导下，敦煌研究院越来越自信自强！敦煌文物的数字化工作搬上了日程，敦煌的元素正在游客们的增强现实（AR）设备中闪闪发光。“数字敦煌”，包括虚拟现实、增强现实和交互现实三个部分，旨在让敦煌瑰宝数字化，打破时间、空间限制，满足人们游览、欣赏、研究的需求；同时运用遥感测绘技术，致力于将洞窟外形、洞内雕塑等文化遗迹，以毫米级的精度在电脑里虚拟呈现，集文化保护、文化教育、文化旅游于一体。樊老带着习近平总书记的教诲，踏上了新的征程。

看，敦煌来了！在北京的数字敦煌展吸引了全国各地的敦煌文化崇拜者。看，敦煌又来了！在2023年世界互联网大会乌镇峰会上，敦煌“数字藏经洞（国际版）”引起全球轰动……

敦煌在中国，而且始终在中国。我在书边空白处用正楷写上：敦煌终会老去，但是在数字国度里，它将与樊锦诗一同成为永恒。

合上这本《我心归处是敦煌》，我仍任由自己的思绪盘桓在敦煌上空，我仿佛又看见八九十岁高龄的樊锦诗老人站在她最爱的第254洞窟前描摹着、思考着……她转过身，还是那样轻声慢语：“孩子，无论何时，我心归处是敦煌。”

我将书端端正正地摆在书案上，打开笔记本，写下这样一行字：敦煌，在我心中；中国文化，永远在我心中。

平凡中的伟大，坚守中的光芒
——读《桂梅老师》有感

操小兰

翻开《桂梅老师》这本书，我仿佛走近了一个平凡却又伟大的灵魂。桂梅老师的故事，没有惊天动地的壮举，也没有轰轰烈烈的传奇，有的只是日复一日的坚守和对学生无私的爱。然而，正是这种平凡中的坚守，让我一次次热泪盈眶，也让我深刻理解了什么是教育的真谛，什么是真正的师者风范。

这本书是 2022 年第十七届文华奖获奖话剧——《桂梅老师》的同名图书。书中故事以一级演员李红梅的视角展开，采用了第一人称的叙述方式，讲述了话剧《桂梅老师》的创作过程，以及表演者李红梅与她所演的人物原型张桂梅老师之间相识、相知、相惜的故事。通过阅读这本书，我们得以从艺术工作者的角度，了解张桂梅老师生活中的点点滴滴，一个更加立体、真实的张桂梅形象跃然纸上。

作为坚守在狮子山上的校长妈妈，张桂梅老师用自己的生命，为大山里的女孩们撑起了一片希望的天空。扎根乡村教育数十年，她用智慧和爱心点亮了无数孩子的梦想。她深知，乡村的孩子更需要知识的滋养，更需要有人为她们指明前行的方向。于是，她放弃了城市优越的生活，毅然选择留在乡村。在她的课堂上，知识不再是枯燥的符号，而是变成了生动的故事和有趣的游戏。她用热情和耐心，点燃了孩子们对知识的渴望，也让她们看到了更广阔的世界。

桂梅老师不仅是一位知识的传授者，更是一位心灵的引路人。她深知，教育不仅仅是传授知识，更重要的是塑造人格。她言传身教，教会孩子们如何做人，如何面对生活中的困难和挫折。她用自己的行动告诉孩子们，什么是善良，什么是坚强，什么是责任。在她的影响下，孩子们不仅学到了知识，更学会了如何成为一个对社会有用的人。

桂梅老师的故事，让我深刻理解了什么是教育的真谛。教育不是灌输，而是点燃；教育不是塑造，而是唤醒。桂梅老师用她的坚守和爱心，点燃了孩子们心中的梦想，也唤醒了她们对美好生活的向往。她用自己的行动诠释了什么是真正的教育者——不仅是知识的传递者，更是品格和理想的塑造者。

桂梅老师的故事，也让我看到了乡村教育的希望。在广袤的乡村大地上，还有无数像桂梅老师一样的教育工作者，他们默默坚守、无私奉献，用自己的青春和热血浇灌着乡村教育的希望之花。他们是最可爱的人，也是最值得尊敬的人。

读完《桂梅老师》这本书，我的内心久久不能平静。桂梅老师的故事，是对所有教育工作者的鼓舞，也促使我们深刻反思教育的意义。她让我们看到，教育的力量是无穷的，它可以跨越地域和物质的限制，触及每一个渴望知识的心灵。在这个快速变化的时代，我们需要更多像桂梅老师这样的教育者，用他们的智慧和热情，点亮更多孩子的未来。对于我们每一个普通人来说，我们同样可以利用自身的力量，为那些灰暗的角落增添一抹亮色，为需要帮助的人带去一丝温暖和慰藉。

她的故事，是对坚持和奉献最美的诠释。让我们向桂梅老师学习，无论身处何地，都坚持用自己的光和热照亮和温暖他人的世界，让人类的崇高精神成为永不熄灭的明灯，指引后来者前行的路。

新时代，编辑向韬奋先生学什么？

——《韬奋精神六讲》读后感

刘星

《韬奋精神六讲》是著名出版家聂震宁先生纪念出版巨匠邹韬奋先生的精品佳作，整本书分了六个主题——为大众、爱祖国、敢斗争、善经营、懂管理、真敬业。读完这本书，我深受感动和启发。韬奋精神的核心在于不懈奋斗、勇于担当、真诚服务和社会责任感。邹韬奋先生的一生，不仅为我国出版事业树立了光辉典范，更为后人指引着精神方向。

不懈奋斗的精神

邹韬奋先生接手《生活》周刊后，用一年的时间将杂志的印数从2800册提升到2万册，最终达到15.5万册，创造了中国出版史上的奇迹。这种不懈奋斗的精神，不仅体现在他的工作中，也贯穿于他的生活，成为他不断前进的动力。

我们这个时代，出版业有了很大变化，有技术上的、理念上的更新，有外部环境施加的压力，也有自身转型的瓶颈，很多都是我们出版业从业者需要直接面对的。比如，多年来，邮局一直是我们社期刊发行的主渠道。巅峰时期，我们单刊的邮发数量也能超过 10 万册。可是现在，人们阅读习惯的改变，新教师成长机制的变化，以及学校、图书馆等单位订单的萎缩，让我们举步维艰。压力虽大，但看完这本书后，我又精神抖擞了。虽然时代变了，但是奋斗的精神不会过时。邹韬奋先生的事迹，让我肃然起敬，也让我意识到，我们必须行动起来。

有时候我在想，现在出版业变化这么大——融合出版、新媒体平台、数字出版、AI 融入……我们要怎样跟上发展的脚步，甚至引领行业的方向？根据现在的情形，单纯效法他人是不够的。很明显，效仿就说明承认落后，还在追赶。赶上了还好，若赶不上呢？是否可以抢占先机呢？要想抢得先机，必须先干，边干、边学、边创新。

不懈奋斗的要义——开拓精神与首创勇气。

勇于担当的精神

邹韬奋先生在面对困难和挑战时，始终保持勇敢和坚强的态度。他主张“硬骨头”的办刊作风，坚持独立精神，不畏强权，即使被当局查封刊物，他也毫不退缩，继续出版新的刊物，展现了极强的担当精神。

“硬骨头”在现代社会太短缺了。我们时常见到这样一些现象：有些人说不得，说了就辞职；有些人罚不得，罚了就生事；有些人训不得，训了就走极端；有些人催不得，给点儿压力就“暴雷”；有些人怠慢不得，稍不注意就搞小动作；有些人委屈不得，稍觉“不公”（自认的）就“躺平”……这些是什么？是没担当，是没骨气，是没有站直的勇气！所以现代教育的重要任务之一，就是让大家站起来，敢干事，真干事，敢担责。当前，有些编辑做书不敢挂责任编辑，一句“图书终身负责”就把一些人吓退了。不过，反思自己，我说了那么多“有些人如何如何”，他们身上何尝没有我自己的影子呢？我应继续“补钙”，让自己的骨头真正硬起来，多做实事。

勇于担当的要义——责任精神与干事勇气。

真诚服务的精神

邹韬奋先生一生致力于为读者服务，他的《生活》周刊和生活书店以读者为中心，提供有价值的内容和服务。这种真诚服务的精神，不仅体现在他的工作中，也影响了他的个人生活，使他成为一位深受人们尊敬和爱戴的公众人物。

现代书刊除了提供知识内容、方法技能、价值观念，还要向外传导服务，为人们提供情绪价值，让人们愿意为美好的服务买单。对于我们编辑来说，真诚服务作者、读者，体现在很多细节里：交流的语气，沟通的态度，编书用心的程度，等等。很多时候，一个很小的疏忽就可能让作者选择终止合作，或让读者放弃订刊。

真诚服务的要义——用一份真诚，想他人所未想，做他人所未做。

高度的社会责任感

邹韬奋先生不仅关注出版事业，还积极参与社会公益活动，用他的笔和影响力为民众发声，展现了强烈的社会责任感和爱国情怀。

我们社始终秉持“双效”（社会效益与经济效益）并重的理念，近几年总社对我们的社会效益考核成绩一直是“优秀”，经济效益也总体呈增长态势。由于国家对期刊的社会效益还要单独考评，所以各期刊编辑部都很关注，并指派专人负责。我们地理编辑部除了有专人负责外，还采取全员参与、主编与编委会主任双重审查的方式进行社会效益考评方案的生成与确定。这几年，地理编辑部十分关注国家教育的公益事业，除了给偏远地区赠送期刊、课程外，还提供主编和编辑的送教服务。除此之外，地理编辑部和另外两家地理杂志社组队，共同向落后地区的地理教育发力——培训教师、改善课堂、为学生解疑，相关公益活动广受好评，既提高了我们编辑部期刊的品牌口碑，也使总社的名字叫得更响。我们的举措也得到了国家的肯定，在国家对我们的社会效益考评中，我们社多次获得“优秀”。

提升社会责任感的要义——发自内心，倾力而为。

通过阅读《韬奋精神六讲》，我深刻理解了邹韬奋先生的精神不仅仅是个人的奋斗史，更是一种时代精神的体现。作为新时代的期刊编辑，我们应该用心学习邹韬奋先生展现出的优秀精神品质——不懈奋斗，勇于担当，真诚服务，提高社会责任感，为国家的繁荣富强、为中国梦的实现贡献自己的力量。

为中国图书馆资源建设开创新形式

——读《图书馆学家彭斐章九十自述》有感

郭佳

图书馆是保存和传播人类优秀文化成果的信息集散地，具有收藏与传播人类文明的重要职能，古往今来都是知识与智慧的象征。凡是到过公共图书馆的人都会明显感觉到，当今中国的公共图书馆早已今非昔比，与几十年前的公共图书馆有着天壤之别。记得我小时候的公共图书馆，肃穆、神圣、高不可攀，不仅闭架阅览，检索目录也需要手工翻检目录卡片，然后再由图书管理员代为查找图书。图书管理员需要反反复复进出书库，效率很低。如今，中国的公共图书馆馆舍众多，大小各异，星罗棋布，遍布祖国各个地方，不仅设计别致，功能多元，而且服务秉承平等、开放、共享的理念，被誉为“城市会客厅”、人民休憩的“第三空间”。其变化之大，令人惊叹。伴随着改革开放的不断深入，中国公共图书馆必将会从“数字”走向“智慧”，必将变得更加美好。

《图书馆学家彭斐章九十自述》是武汉大学信息管理学院教授彭斐章先生的口述史。所谓口述史学，就其实践而言，是利用现代音像、影音技术，通过采访者与受访者的交流互动，挖掘存留于受访者脑海中的历史回忆，并将其保存下来，以弥补现有文献之不足，还原历史真相，并将访谈所得的口述史料整理成文稿或视频、音频资料，加以保存与研究。它与传统史学的主要区别在于，它不是简单地收集和利用已有文献进行研究，而是主动地采集、形成新的文献，并将它保存下来。口述史学在普通民众历史回忆的采集与保存方面显示出独特优势，弥补了传统史学偏重于帝王将相、社会精英而忽视“民史”的重大缺陷。口述史学自诞生以来，很快便得到社会各界，尤其是历史学界的广泛重视，并迅速在全球范围内开展起来，而在我国，口述史学是几十年前才出现并逐渐兴起的。

人类历史上，记录历史的媒介或手段主要有四种：文字、图像、实物和口头传承。口头传承与大脑记忆情况类似，随着个体生命的消逝而消失或出现断裂。但口述史学与口头传承有本质区别：口头传承是自发的、本能的，口述史学则是在一定理论基础上，借助某种记录手段进行的有目的、有计划的学术行为，是丰富图书馆资源的新途径，是图书馆保存并传递我国优秀文化的新方式。

除了图书情报界自身组织学者录制口述史料之外，图书馆还可以通过社会或个人捐赠等多种途径获得史料。进入 21 世纪以来，随着摄像、录音、手机、网络的广泛普及，民间口述文献数量极为可观，尽可能将散存于民间的口述文献纳入图书馆馆藏，已是当务之急。国家有关部门要出台相应的政策法规，搭建口述历史共建共享平台，收集已经采集、制作完成的口述历史作品，由图书馆永久保存。

彭斐章先生是“中国图书馆界重要人物专题”口述史项目首批受

访人之一。《图书馆学家彭斐章九十自述》的出版，即该专题的成果之一。该书由彭斐章先生口述，柯平与刘莉教授整理，情感真挚，态度谦逊，不浮夸修饰，不矫揉造作，阅读起来朗朗上口。它不仅使我从侧面了解新中国成立初期很多鲜活生动、不为人知的历史事件，也使我对中国现代图书馆事业的历史有了更加清晰的认识。

从书中我了解到，彭斐章先生虽然是一名普通的学者，但他治学严谨，并持之以恒地深耕图书馆专业，从事研究、执教近七十年，把毕生精力献给了中国现代图书馆事业。从最初设立图书馆学专业，编教材，辅导学生，到后来从事各种行政工作，彭先生都毫无怨言，事必躬亲，鞠躬尽瘁，为中国现代图书馆事业的建立和建设都作出了重要贡献。

彭斐章先生在图书情报领域德高望重，他的《图书馆学家彭斐章九十自述》给了我许多启迪，用毛泽东主席的三句话可以更好地概括我的深切感受。

一是“星星之火，可以燎原”。中国图书馆事业的星星之火，终成燎原之势。在新中国成立之初，百废待兴，中国图书馆事业也有待重整旗鼓。当时的图书馆管理方式远没有现在这么科学。以彭斐章先生为代表的一批图书馆学人，推动中国现代图书馆事业从无到有、从弱小走向强大，他们辛勤付出、无私奉献，是中国图书馆学当之无愧的奠基人、教育家。彭斐章先生毕业于武昌文华图书馆学专科学校（新中国图书馆学源起于此），后从苏联学成回国，又克服了诸多困难，编教材，建立图书馆学系，培养年轻学子，并且与国外图书馆进行合作，使中国图书馆学实现国际化。

二是“神女应无恙，当惊世界殊”。如今的中国图书馆事业远比彭先生当年留学的时候更发达、更现代。城市里，综合图书馆星罗棋布，主题图书馆如雨后春笋般出现，各馆之间实现互联互通，民众能更加便利地利用公共图书馆获取资料。我们不必再像彭先生那样，需要出国留学、背井离乡获得所需知识和资料。现在，我们足不出户也可以在网络上或“没有围墙的大学”——公共图书馆里，获得所需的资讯信息。当前，在发展新质生产力的号召下，图书馆从业者们正努力建设智慧型图书馆，加快实现图书馆 AI 技术赋能，使中国图书馆事业不再落后于其他行业，甚至走到其他行业前面。

三是“世界是你们的，也是我们的，但归根结底是你们的”。1957 年，彭先生在莫斯科大学大礼堂聆听毛泽东主席讲话的时候才二十七岁，正值青春年华。毛泽东主席对那一代年轻人寄予了厚望，而彭先生没有辜负毛泽东主席的厚望：他为人善良、正直，品德高尚，处处做表率；他勤学苦练，虚心求教，刻苦钻研，在苏联完成高难度学业；他立下园丁志，甘为后人梯，默默为图书馆学建设辛勤耕耘；在特殊时期，他依然坚定地相信党，忠于祖国，忠于人民，相信所有的“不公正”终将成为过去。他用一生践行了青年时的誓言，不仅成为那一代人的骄傲，更为后来者点亮了精神的灯塔。

《图书馆学家彭斐章九十自述》不仅是一部个人奋斗史，更是中国图书馆事业发展的缩影。从手写卡片到智慧互联，从闭架阅览到全民共享，图书馆的变迁折射出时代的进步，而如彭先生这般坚守初心的学人，正是推动这一变革的基石。如今，站在数字时代的潮头，我们既要铭记前辈筚路蓝缕的开拓精神，更需以创新传承其志——让知识的星火永远明亮，让文明的光芒照亮每一代人的征途。

厚植科学家精神的国学根基

——顾诵芬院士解读家传册页《自将摩挲认前朝——〈宋绍定井栏题字〉释注》

卢山秀　张洪

2021 年，九旬科学家顾诵芬获得国家最高科学技术奖，次年又获评“感动中国 2021 年度人物”，作为航空界唯一的“两院”院士，他进入了百姓的视野。早在多部委联合启动的“老科学家学术成长资料采集工程”中，顾老与师元光共同整理《复泉题咏》，于上海科学技术文献出版社推出了两人编著的《自将摩挲认前朝——〈宋绍定井栏题字〉释注》一书。几年间翻看此书，感触与教益良多。2024 年是其父顾廷龙先生诞辰 120 周年，图书馆、古籍保护与整理、目录版本学、书画界等领域的诸多人士纷纷撰文回忆鸿儒先贤，我们对照细读本卷图文，不禁对科学家成长中吸收的中华元素有所领悟。“故家文献，一国精神之所寄也。”正如该书前言中顾诵芬所属望，观者无不借此激发出爱乡里、爱国家、爱我传统文化之心志。

美德善举，源远绵长。苏州多水井，顾诵芬曾祖父买下的一座破败院落中，竟发现了一口约七百年前的井栏。这是一口为悼念爱妻而开凿，供众人取水的“义井”，当时它的井栏铭文中记述了个中缘由，明崇祯七年又增刻“顾衙复泉”四个大字。顾诵芬祖父考证并撰写长文介绍“吾家井栏”“乐石良缘”，让顾廷龙“椎拓全栏，谛审绎读”，明确制作设想，邀约硕学通儒瞻览过目，征集题记，“惓惓于先德”，在井栏拓片的基础上，再创一部家传经典。册页外盒，顾廷龙篆书题写定名；册页外封，廷龙先生外叔祖王同愈以隶书题字，诵芬的名字正是这位曾外叔祖所起。顾诵芬出生当年，王同愈又为册页写下定论：“人之欲善……苟能扩而充之，足以保四海矣。”积德行善，四海安定。顾诵芬舅舅潘景郑填词于册页，感慨沧桑，追念功德，希望“待汲引清芬，泽绵延”。

诗书家族，奉献桑梓。吴湖帆绘制的《宋井栏顾衙复泉图》古意盎然，诚如顾廷龙观感，“繁中置简，静里生奇”。吴湖帆原配夫人潘静淑比诵芬先生的母亲长一辈，在收藏宏富的吴家珍品中，有夫妻各自的珍藏印鉴，也有吴湖帆、潘静淑共同署名的印章。抗战时期，古稀之年的外交家林葆恒才知有此井栏石刻，其夫人与诵芬令堂同属“承”字辈。顾廷龙大学期间曾休学返乡，师从伯舅王怀霖和金天翮学习古文诗词，册页题诗中王怀霖咏怀文物的不凡价值，“语石敢补奇觚短”，弥补史籍的短缺，评价可谓定音之言。晚年王怀霖自揭短处，将自己潜心向学的功夫归功于妻子，可见家族前贤尊重妇女地位的言谈行为，亦透出新文化的塑造培育。顾廷龙平生喜欢的印章中有一方镌刻着“亭林遗族”，他作为顾颉刚的族叔，六十年里叔侄间交往甚笃，亦师亦友，佳话留存。顾颉刚父亲顾柏年为册页运笔吟诗，既有阐释也持疑问，愿家族亲友承载世德家风，“如此奇缘亦前缘，传与子孙用无斁”。

文林学海，尊师求实。胡玉缙、潘昌煦、张尔田、郭绍虞、容庚、闻宥——顾廷龙拜乡邦俊彦为师，向他们组稿，得其赞助，为其编目辑书。顾廷龙年轻时邀约已逾古稀的胡玉缙为《禹贡》撰文，为潘昌煦所著《芯庐遗集》题跋回忆往事，与闻宥师共同过录《积古斋钟鼎彝器款识》校本，辑叶景葵考订跋语为《卷盦书跋》。他记载绍虞师治学方法的“态度严谨，持论平正”“处处都追究一个为什么”，希白师同门弟子的相知相助，同窗胡道静“白首论交久”、老而弥笃的友情。沉潜于父亲“故人遗作，祇可存其旧，以不改为是”的答复，顾诵芬申后学者持正之要，深中肯綮：“对前人的学说见解，尤其对历经沧桑而留传下来的精本、善本、名篇、佳作应有一份尊重甚至敬畏感。不是不可以质疑，但必须有认真研究后得出的新解、新意；不是不可以标新立异、大胆否定，但不应恶语相加、视若敝屣，因为这毕竟是我们先辈的心血结晶。”

聚书捐书，编书印书，读者至上。抄写刻录，著书立说，顾廷龙“毕生尽瘁图书业”，先后就职于燕京大学图书馆、上海合众图书馆，堪称赓续光大传统的见证者、参与者和主持者。敬观册页题赠诗文的书友同道，包括许厚基、杨钟羲、王謇、姚光、章钰、单镇等诸多敬惜字纸之人。“泉为智水，本源有自”“此真功德水”“源清世泽延”“天心剥极终期复，片石摩挲吉谶留”……古诗文的魅力在大家笔墨间挥洒自如。上海合众图书馆初创时，顾廷龙即出任总干事，“因谋国故之保存，用维民族之精神”。藏书以叶景葵所捐 3000 多种、3 万多册旧藏为基础，除了陆续采购外，李宣龚、陈叔通、顾颉刚、潘景郑众人捐出藏书。顾诵芬查阅父亲年谱，发现叶景葵的名字出现次数最多，达到近700次。顾诵芬五岁时，在燕大图书馆外面首度见到叶公公。谆谆关爱晚辈的李宣龚集苏轼诗句，挥毫一副对联供“诵芬仁世兄雅政”——“著书多暇真良计，妙意有在终无言”。因为访书、阅览，青年顾诵芬与胡适、钱锺书交流，向他们请教，钱锺书一口气为册页题诗三首，李军、师元光整理《顾廷龙日记》，其中记载钱锺书、冒效鲁最为丰富，集中在钱氏读书、交友、借阅及捐赠方面；胡适写扇面致谢顾诵芬母亲，致廷龙先生的八通信札始终保存完好，亲历亲见为册页解读提供了独具只眼的史料。

爱国壮志，民族情感，坚贞不渝。忧民瘼，叹国运，“石不能言应自痛，几经水剩更山残”，张元济公公的道德人品和正义举止，幼年顾诵芬印象深刻。伟大爱国智者张元济（陈原语）敢于担当的关键壮举，令顾氏父子念念不忘，钦佩不已。在张元济平生书信网络中，顾廷龙的“点入度”高居第六位。顾诵芬讲述张元济题诗背后的故事，成为本书篇幅最长的解析段落。东方图书馆被日军炸毁，对张元济打击极为沉重。叶景葵、张元济、顾廷龙三人往来书信，形成了合众图书馆章程、制度等文字记录。中坚人物们多次捐款献书，1946年，潘景郑编纂的《海盐张氏涉园藏书目录》作为合众藏书分目之一出版。顾诵芬讴歌国难当头时铁骨铮铮的忠勇之士，赞誉吴梅写就“恐有铁函史，重逢郑所南”时的冲天豪气；景仰清末进士俞陛云卖字谋生，保持民族气节，不与敌伪合作；“纷纷七百年来事，重见江山半壁痕”，刘承干的家国危机意识，于他心有戚戚焉。正如与章太炎等一同创办国学会的金天翮所呼吁：“神州美学，张皇有期。”以张元济为代表的

“近代难得的完人”（陈尚君语）躬身笃行，前不愧于古人，后可师于来哲。

持盈守虚的顾诵芬铭记父亲逊辞“不为个人张本”，做人做事追求的是恬淡、宁静、认真、严谨、一丝不苟。回忆在“向科学进军”的号召下与三位同伴仅用一年半的时间完成气动力的设计，实现了我国第一架喷气教练机新机首飞时，他毫无自矜：“随着飞机用的技术越来越先进和复杂，以及耗资的巨大，我们的新飞机就不可能再像当时那样出得快了。”面对“只专不红”的外界质疑，顾诵芬坚定内心：学习是最重要的，确定方案不容易，问题不是一下子解决的。观瞻墨迹辞章，追思雅士名流的聪慧、道德，抚卷揣摩，考据源流，返本开新，诗文结硕果，尊古更宜今。文史贯通，博洽多闻，人著书，人贵书，耄耋之年科学家的热忱与执着根柢深厚，懿德令称，国粹菁华，令各方读者无不为之钦敬叹服。

铿锵玫瑰绽芳华

——读《中国女劳模》有感

万蕊新

百年风雨，铸就荣光。在时光的长河中，巾帼之美永恒依旧。

一路走来，一路感动。《中国女劳模》一书，阐述了79位巾帼劳模的成长事迹与品质内涵，一个个闪亮的名字，宛若一座座精神丰碑，在璀璨的星河中熠熠生辉，折射出东方女性的坚韧与智慧。

作者以独特的视角切入，用细腻的笔触书写了中国女劳模群体的坚毅人生，以及自强、自立、自信、自尊的品格。

女劳模，她们都是思想的践行者。天地之大，黎元为先；人民生活之幸福，乃国之大者。中国女劳模心系群众，将老百姓的事当作天大之事，用她们的真善美温暖社会，如春雨般浸润人心，于岁月无声处感动山河。

在时代浪潮中，百舸争流立潮头，女劳模们在平凡岗位上的奋斗故事，深刻诠释了新时代的劳模精神，激发着人们对女性坚毅品质的深刻思索。

细品《中国女劳模》一书，读者会情不自禁地被书中生活在不同时代、有着不同背景的巾帼英雄们所感动，她们凭借着智慧与毅力，为“劳模”一词赋予了更深远的意蕴。

“妇女是人类文明的开创者、社会进步的推动者，在各行各业书写着不平凡的成就。”《中国女劳模》中讲述的巾帼英雄，在平凡的岗位上绽放出一束束不平凡的光芒。她们来自五湖四海，在最美的芳华里扎根一线，默默奉献。其身影遍布众多领域——既有工业领域的技术骨干，也有农业科研中的劳动楷模，更有科技前沿的学术精英。

“谁说女子不如男。”中国女劳模们是万千女性的代表，她们用拼搏的一生告诉人们，英雄并不是独属于男性的称号。柔肩挑重担，展现出一种扎根大地的磅礴之势。她们用自己的拼搏与毅力，赢得了人们的敬仰与肯定。每位女劳模，骨子里都渗透着中华文化深处那股韧劲。

田桂英是新中国第一位女火车司机，她凭借着不服输的干劲，在男性处于优势地位的行业里，闯出了属于女性的一片蓝天。她的成长经历，深深震撼着人们。当一名合格的火车司机得从火夫学起，仅投炉一项，每 15 分钟就要投 280 锹煤——这是小伙子都吃不消的体力活儿，田桂英硬是咬着牙坚持练了两个月，闯过了投煤关。到了技术这一关卡，就得面对如天书般的机车构造技术原理与制动机理论手册，多少人劝她放弃，她深知开弓没有回头箭，夜以继日地研学图纸，苦练技能，啃下了一个又一个专业上的“硬骨头”。后来，她不仅当上了女司机，更成为一名出色的司机长。

陕西姑娘徐咏梅扎根海南贫困山区二十三载，以科技赋能引领脱贫，带动 7135 户走向富裕。海南昌江黎族自治县的豹爱芳，敬老护老献青春，三十年如一日呵护十月田镇敬老院的孤寡老人。同为昌江人的“治沙女汉子”陶凤交，成立“绿色娘子军”，这支队伍每日凌晨4点便迎着风沙出发，肩挑130多斤的树苗与10多斤淡水，在热浪翻滚、地表温度高达60摄氏度的沙地上挥汗劳作，用双手在流沙上播种希望，最终创造了在沙丘上植树成林的奇迹。

拉姆，是雪域高原的“蜡烛”，她自愿来到海拔最高的双湖县协德乡任教，一待就是近二十年。“雪域信使”益西卓嘎，每日顶风冒雪，坚守在平均海拔5000米的双湖邮政公司十五年，行程31.5千米，投递邮件5万多件，为牧民群众搭起了联系外界的桥梁。巾帼们的坚守，是一次次在艰难险阻面前，实现着自我超越与挑战。一抹抹坚韧的微笑，宛若高原盛开的格桑花，为人们带来期盼，带来幸福吉祥，女劳模的坚守模样，便是对格桑花高贵品质的最美诠释。

还有从雪域高原走来的摔跤世界冠军西洛卓玛，来自农民工群体、为农民工代言的胡小燕，她们以女性的执着与坚毅打破偏见，在各自领域成为中流砥柱，为女性力量的崛起奠定了坚实基础。她们看似柔弱的肩膀，扛起的是不畏风雨的担当。面对困境，她们不气馁、不退缩，以女子特有的坚韧与风骨，书写了属于东方女性的传奇。

人民创造历史，劳动开创未来。女劳模们在筚路蓝缕、胼手胝足的奋斗中，生动诠释了劳模的光荣使命，践行着“妇女能顶半边天”的豪迈宣言。这些盛放于祖国大江南北的芬芳巾帼之花，是一朵朵铿锵玫瑰，她们用行动书写梦想华章，谱就激荡人心的劳动史诗。她们的人生故事，在我们内心深处镌刻下最美的精神印记。

《散文课》：散文写作“说明书”

张永军

捧读王彬先生在研究出版社出版的《散文课》一书，除震撼于作者见解的深刻、表述的缜密、文笔的流畅之外，更多了一种期待。我一直认为，阅读是有目的性的，这种目的性，源于阅读者自身，又见于人们对阅读者的期待。散文似乎人人可写，但是把散文写好是一件很难的事情。《散文课》兼具的学理性与实用性，会满足我们对于“阅读”的期待。

几年前，学界曾就“散文的边界到底是什么”的问题，展开了一场新的辩论，使散文的“建章立制”“审美判断”等诸多问题重新成为人们关注的焦点。一些知名专家、学者、作家，如古耜、何平、熊育群、朱鸿、陈剑晖、南帆、孙绍振、张炜等，都参与了这场辩论，并纷纷撰文，就相关话题发表了不同的看法和意见。这些专家、学者、作家见解各异，但他们就散文“边界之厘整”“文体之审定”须转入其创作本身这一观点达成了共识。窃以为，文体之别，论其本源当归结为笔法的择取和使用，而具化为在语言表达、辞章表现、行文风格、诠旨习惯以及展现形式等方面的差异。换言之，小说、诗歌、戏剧、散文等文体的确立抑或“边界的确定”，最终应归溯到语言表现和笔法倚重的差异。就此而言，写作实践以及散文家的创作经验和心得，对于推进散文研究和写作无疑具有特殊的价值。

《散文课》全书共分“辨体”“叙事”“法度”“修辞”“创作”五部分（“讲”），是王彬先生为北京作协成员授课的精华内容，也是他多年从事散文写作和研究的经验成果。作者从叙事学的角度入手，将文学理论与创作实践结合，探索当代散文写作的训练途径及应用方案，写就了这本教授大家如何写好散文的书，也可以说是一本名师制作的散文写作“说明书”。

王彬先生本人是散文名家、著名学者，他创作的《祖露在金陵》《三峡书简》《无边的风月》等散文集由国内多家出版社出版，并在市场上获得广泛好评。《散文课》是他首部讲授散文创作方法、分享散文创作心得的作品。作者多年从事散文写作、研究，并给散文作家授课，积累了丰富的创作经验与理论知识，既具有宏观的视野，又能关注于细枝末节之处。《散文课》立意新颖，学理明确，同时注重散文写作的可操作性，读者在学习创作方法的同时，更能探寻散文的真谛，领略散文创作的魅力，这对于我们今天重新审视散文研究、推进散文写作无疑具有特殊的价值和意义。就此或有一譬：学习烹制一道佳肴，单纯照搬、参考菜谱，远逊于大厨亲口说教和示范操作。

《散文课》的重点是运用叙事学理论分析散文文体的本质与特征，以及辨析散文为什么不可以虚构的问题。在书中，王彬先生分享了可操作性极强的创作技巧，从技术层面介绍散文写作的基本原则与具体手法，更从“养气”“才学识”“观物取象”“审美”“修辞立其诚”等中国传统文化角度，在美学层面上对如何写好散文进行论述。切入点深刻、新颖，有助于读者在阅读本书后了解散文创作的门槛，并从学术角度认知散文的价值。

散文属于非虚构类文学形式，散文创作始终在作者的观照或介入下进行，几乎所有的散文家都以自我在场的形式，参与或渗透于文本创建，并使其作品始终保持“我”的向度。换言之，散文创作在展示语言才华、深刻思想、挚厚感情的过程中，更在“我手写我心”的过程中重构日常生活。当下不少散文作家为了吸引读者，增加阅读兴趣，在虚构中下苦活儿，这是散文创作的歧途，甚至悲剧。散文写作，内容要不漏不溢，逻辑要不蔓不枝。我们要学会在写作中收拾自己，修炼自己，提升自己。如果我们阅读的目的是要变成一个更好的阅读者，那就不能逢书即读。如果我们所读的书都在自己的认知范围之内，那就无法提升自己的阅读能力。我们必须阅读并学习超越自己认知、超越自己头脑的书，只有这样的书才能帮助我们丰富思想、提升心智；否则，不可能学到真正有价值的东西。王彬先生的《散文课》，正是这样一本提升我们的阅读能力的书。

作家、文学评论家杨照在《故事效应——创意与创价》中提过一个论点：好的故事都有“然后”。同理，好的作品也都应该有“然后”。如果说，“好散文是穿透生活的光”（《散文课》封面题语），有助于我们点亮生活、照见思想、触及灵魂；那么，《散文课》这样的好作品就是照亮文学写作的光，有助于我们捕捉、描绘生命中的那份独特的靓丽。对于《散文课》，我们格外期待“‘然后’的精彩”。

心中的阿勒泰

——读《我的阿勒泰》有感

张丽萍

打开李娟的作品《我的阿勒泰》，一幅朴实自然的画卷徐徐展开：十八岁的李娟，躺在干爽碧绿的草地上；远处洁白的羊群追随天上的云朵，一起缓缓移动；穿红衣服的牧羊人，孤独地骑在马背上；山脚下木头房子旁，开着白白黄黄的浅色碎花……

走进李娟的阿勒泰，才懂得阿勒泰的爱是淳朴至诚的。宽广厚重的爱包裹着李娟，鼓舞她、感动她，给予她最美好、最闪光的时刻。她在自序中写道："我写下的故事曾让无数读者向往。其实最最向往的是我自己。"

阿勒泰是李娟心中的一片净土，是让她魂牵梦萦的地方，那里给了她最无私的亲情、最真挚的友情、最朦胧的爱情、最热烈的自由。她向往那片土地，挚爱那片土地，依恋那片土地。她的爱掠过了晨曦中的露珠，她的心亲吻着脚下厚实的草地，她的情流淌在潺潺的溪水中。

妈妈张凤侠带着李娟和外婆从四川老家搬至阿勒泰，靠开小卖部养活一家人。她坚强乐观，给了李娟一个遮风避雨的家。因为一句“就是被子薄了点”，第二天晚上妈妈就扛着一床厚厚的驼毛被出现在她面前。“所能带的只有这么多而已”——妈妈给予的是她最需要的东西。

想起我考入中专初次离家时，妈妈把家里仅有的粮票和东拼西凑的学费缝在我裤子的口袋里，一遍一遍叮嘱我要吃饱穿暖。那时家里并不富裕，妈妈给我的是她所能给予我的全部。慈母手中线，游子身上衣。当我为人母时，才深刻体会到妈妈当年的不易。她用尽全力供我读书，是想让我脱离劳累的生活，走自己想走的路，看自己想看的风景，走出小乡村，奔向美好的世界。妈妈用双手托举我，白了青丝，弯了脊背，皱纹如风雨蚀刻的沟壑。“应是母慈重，使尔悲不任。”

上班后不能时常回家，有一次回家时，妈妈见到我，如孩子般高兴，脸上的皱纹像盛开的花朵。恍惚间，记起年少的我看到妈妈时，她也是这样的笑容，于是心中愧疚至极。我像鸟儿羽翼丰满，而妈妈已然衰老；小时候妈妈是我的天空，而今换我撑起妈妈的天空。莫等子欲养而亲不待，即刻回家吧，远方的妈妈是人生最后的温暖。

“我的阿勒泰”，李娟深情地呼唤。阿勒泰的蓝天、大地、一草一木都牵动着她的心房，让她激动震撼。与巴哈提小儿子的“恩怨”，少女古贝的“救命之恩”，喀吾图胖医生的“趣事”，与麦西林无关的“我一个人的爱情”——点点滴滴都是阿勒泰不可分割的一部分，也是李娟生命中不可分割的一部分。

每个人心中都有自己的阿勒泰，寄存在时光的年轮里，堆积在记忆深处，遥远而近在咫尺，清晰又触不可及。它是一片土地、一份情感，抑或一个瞬间、一种精神。它那样朴素真实地存在，平凡却熠熠生辉，在心中最柔软处陪伴、守护你：如穿透云层罅隙的一缕阳光，照耀你、抚慰你，送来光明和希望；如一位学识渊博的老者，岁月为帆，智慧为舟，载你走进清新透亮的世界；如一种坚如磐石的信念，激励你秉持初心，无惧任何挑战，踩着淤泥勇往直前。

我心中的阿勒泰是我想念的故乡，那份遥远的思绪如悠长的笛声，跨过寂寥无声的荒芜，越过苍翠入云的高山，给我力量和勇气，带我走过失落阴霾，走出孤独迷茫，指引我前行的方向。打开思念的时光结，流年如诗，年华如画，故乡的味道、脉搏、温度和那缕乡音，故乡的星光、月光、渔火和那缕煦风，密密交织，把沧桑岁月编织成锦缎，将逐梦少年一点儿一点儿刻画雕琢，不断推向高光时刻。

细细品味《我的阿勒泰》，才懂得无垠大地上的自由与桎梏，诗情画意中的富足与苦难。李娟是个有趣的灵魂，她的作品中充满了真诚、幽默和感染力。她用细腻的笔触，将生活困境和琐碎日子描绘得自在悠闲、富有情趣，且充满哲理、蕴含真谛。恣意慵懒地在荒野中沉睡，在“绿”的海洋中幻想比“绿”更自由，这种自由是一种态度和智慧，证明她具有强大的内心和承受力。在青春爱情中放肆地忧伤，在夏牧场于风雨中追逐被吹走的屋顶——生活的苦难是一种历练，成就了李娟，成就了《我的阿勒泰》，成就了李娟的世界。

生活中充满磨难，但我们要有战胜困难的精神，以温柔且坚定的心去面对。把忧愁放在春光下晾晒——作家迟子建曾说过，春光是一种药，最能给人疗伤。把哀怨投进宽阔的河流，它会像鱼儿一样在清澈的河水中游走；把怨恨当作生活的调味品，酸甜苦辣各有滋味。

不是所有鲜花都盛开在春天，不是所有河流都流向大海，不是所有人都能一帆风顺功成名就。你若是一朵雏菊就盛开于秋天，不必羡慕春花的灿烂；你若是一条涓涓小溪就滋养一方土地，不必羡慕奔腾入海的江河；你若是一个普通人就活出自己的精彩，不必羡慕他人的轰轰烈烈。

找寻自己的阿勒泰，或许它不及李娟的广袤热烈，但只要心中有光，定能展翅高飞，与大雁齐肩；热爱自己的阿勒泰，或许它不及李娟的独一无二，但只要做一个坚毅勇敢的人，穷尽自己的能量，也能在平淡的日子里画出一道最美的彩虹；珍藏自己的阿勒泰，或许它不及李娟表达得精彩，但用自己的方式守住心中的阿勒泰，守住那一方净土，就能找到心灵的归宿。

阿勒泰的风吹过，画面起伏飘荡，这是一片寂寞绝美、遍洒阳光的土地，蓝得光滑，绿得粗犷，白得厚重，红得夺目，弥漫着温情。朴实可爱的人们，忙碌而充实，有抱怨、哀伤、挫折、失落，但他们依然那么自在畅快地生活，怀揣着美好，对未来充满无限希冀。

汪曾祺和他的《金冬心》

王贞虎

20 世纪 80 年代初的某一年，四川《现代作家》编辑陈晓（后因车祸故世），从北京拿回了汪曾祺先生的短篇小说《金冬心》，要刊发在《现代作家》杂志上。汪先生那时已因小说《受戒》《大淖记事》闻名于世，读者和作家都觉耳目一新，惊叹说："原来小说也可以这样写！"汪先生得乃师沈从文先生作品的神韵，行文如行云流水，自然舒卷，于恬淡从容中具隽永味；题材又是三四十年代的凡人故事，同之前鼓吹的"三突出"文学模式迥然不同。陈晓兄笑眯眯地告知同事："汪曾老这篇写金农的，又与《受戒》等篇不同，文笔更老到，意蕴更深邃，直截了当骂'斯文走狗'，真是痛快淋漓！"

金农就是金冬心，字寿门，是人们熟知的"扬州八怪"之一，与郑板桥、石涛等齐名，书画俱佳，又精于篆刻和鉴赏。据说，"扬州八怪"与时相违，不见赏于当时的统治者，又不随俗俯仰，与权贵无缘，他们"不遵成法，不追古风，笔墨恣肆，啸傲士林，做人好出狂言，臧否人物"，自然另成格调，开画坛书坛一种新气象。

但我这人爱读闲书，知道"扬州八怪"是后人所加的称谓，在当世他们并非朋党，书画也各有所长，立身行事更有差异。后世的人总爱把郑板桥作为“扬州八怪”的代表，以为他的诗中“半饥半饱清闲客，无锁无枷自在囚”蕴含的思想、情操、行为，是八人共同具有的；还有人以石涛和尚是朱明宗室后裔，与清朝统治者有不共戴天的国恨家仇，因而不食周粟，隐于方外这一事实，去证受其影响的“扬州八怪”同样遗世独立、品格高标。汪先生要写那个时代的人物和故事，是不是也服膺流俗所认定的“扬州八怪”，去描绘一个风骨高致的金冬心？开卷持诵，却大不然。汪先生笔下的金农，骂别人是斯文走狗，自己却也未脱出金钱爱欲的藩篱，活脱脱露出一副“斯文走狗”相！原来，汪先生描写的重心在金冬心与江淮富贾的盐商交往。淮扬盐贾，浑身铜臭，却偏爱附庸风雅，经常宴集赋诗，以一句“柳絮飞来片片红”出丑。因为柳絮飞绵，断无红色，为了协韵，就出口成谬，引起与宴唱和者起哄嘲笑。这时，金寿门先生的学问和机灵就派得上用场了。他当即出头为盐商解围开脱，称这位富家翁的诗句并非胡侃，因为“夕阳返照桃花渡”，所以“柳絮飞来”自然就呈“片片红”之色。金先生是方家，言之又成理，于是众皆钳口，不得不敬服。盐商有了“台阶”可下，保住了风雅人面子，心存感激，第二天就命人送来了一千两银子，金先生爱极而买不起的十几盆名贵兰花现在也买得起了。当时读毕汪先生所著手稿，不禁与人拊掌而笑，觉得汪先生真是诛心笔墨，那“斯文走狗”四个字，用得实在贴切。这才是真正的金冬心！

一个人，大凡为物欲所累，就很难清高得起来。金冬心癖嗜砚石，搜集甚丰，自号“百二砚田富翁”。一方端歙名砚当时值多少银子，现在已无从知晓，但汪先生小说里的名贵兰花，确是金冬心无力采购的高价之物。怎么办呢？囊橐萧然的文化人就只好周旋于巨商富贾门下，不时扮一个清客帮闲角色，去分一杯羹。所以，人们常说的“洁身自好”，必须有一个前提，即不为功名利禄、财货广厦而动心。清人秦祖永在《桐阴论画》中说：“金寿门农，襟怀高旷，目空古人，展其遗墨，另有一种奇古之气……”此论只看到他作为大画家的一面，没看到他骨子里卑微、拜倒在名利之前的另一面。封建时代的知识分子，很难摆脱人身依附的意识，也很难避免人身依附的行为。板桥先生洞知世相，早就泛论过：“世间鼠辈，如何妆得老虎！”乾隆二十七年，已经七十六岁高龄的金冬心曾经向南巡的乾隆皇帝呈诗，写了《拟进诗表》，说：“谨录所业各体诗进呈御览，肃聆圣训，俾在野草茅，沾恩光于万一，荣莫大焉。”既然自知是在野草茅，这位一朵闲云、一只野鹤般的大师，此行为完全是多此一举！我曾将奏表中这句话告诉北京一位谊兼师友的老大哥，他在信中惊叹说：“这真是头一回听说！”足见我们对文化人“学成文武艺，货与帝王家”的“从龙”心态仍估计不足，其距离“独立人格精神”之遥远，自然也不可以道里计。

汪先生的《金冬心》，其实是有出处的，见于清代野史。我手边无书，记不清书名了，大概是《春冰室野乘》吧，这是一本不经见的、很冷僻的书。汪曾老阐幽发微，加以文学的再创造，将人物形象刻画得入木三分，是我辈望尘莫及的高手。如今人天永隔，真叫人生造物嫉才，不增其寿考之感！

听路遥

赵大民

路遥先生的作品，我最先不是读的，而是听的——从收音机里听，听着听着，就把先生和他的作品听到了心里，听到了血肉里，再也离不开，丢不掉了。

我的父亲是一个农民，却一辈子稀罕识字的人。他唯一的念想，就是自己再苦再累，也要供儿女们读书。他常对我们说："一辈子当'睁眼瞎'可不中，一辈子读好书，做好人就中了。"可父亲四十九岁就去世了，我读完初中，便再也没有机会去上学了。虽然县里的重点高中可以免掉我的学杂费，但生活费家里也拿不出。况且，母亲的身体不好，弟弟妹妹又小，我不能光顾着自己。于是我回到了山里，当了农民。

母亲抱着我哭："娃儿，是娘害了你，娘对不住恁爹。"我说："娘，恁再这样说，俺就真生气了。没有娘，哪儿有这个家啊？娘，俺不是给恁说了，不上学，俺一样能读书识字，还有俺爹给俺留下的收音机，啥都能听。娘，恁放心，俺不会给爹娘丢脸。"

那一日，我从地里回来，灶火旁却不见母亲，我的心一下子就紧张起来，因为母亲近来经常血压高。“娘——娘——”我喊着，还没有母亲的回应，我跑进上屋去，“娘——”我看见母亲正在我住的屋里忙着，一张用土坯垒的书桌已经成了。母亲说：“等以后有钱了，娘给你买个好书桌，现在弄个土台子，你赖好有个读书写字的地方。”

“娘……”我的眼睛湿润了。母亲又说：“新电池，娘也买回来了，收音机里的电池不中了，都出水儿了。”我的床头放着两节金钟电池——是我听收音机必备的，我知道那是母亲用卖鸡蛋攒下的钱买的。

土地最养人，也最磨人，慢慢地，就把一个人的一辈子磨掉了；而我那时只是一个十五岁的乡村少年，有时候就被磨得背着娘哭。学上不成，要读的书也买不起、借不来，觉得苦日子没有边沿儿。

孩子的任何事儿都瞒不过母亲。她说：“娘想和你一起听听收音机了。”又说：“等把麦卖了，你好进城买书去。”

我看着母亲，心里就揪紧了。父亲走了，母亲自己一人养着我们，最苦的就是她了。

我和母亲一起听的路遥先生的第一部书，就是《人生》。母亲听到高加林和刘巧珍刷牙刷得满嘴沫时，就笑着说：“大民，人家老师写得真实，写得真中，以前咱村里也少有人刷牙哩，这俩孩儿带这个头儿真中。”

第二天，母亲就从村里的商店里买了两管牙膏回来，对弟弟妹妹说：“以后谁不刷好牙都不中。嘴臭臭的，可没人稀罕。牙不好，男娃儿长大了，连个小妮儿也找不着。”

我们瞅着笑眯眯的母亲，都笑了——她多好看啊！

母亲陪着我把路遥先生的《人生》一天天听下去，待听到了高加林和黄亚萍好了，不要刘巧珍的时候，她叹着气说："这娃儿爱读书求上进的心，中。可不要巧珍会中？他把最好的人儿丢了。"

我说："娘，他和黄亚萍都有文化，俩人结合，应该更利于他的人生发展。"

母亲瞅着我说："那不假，可做人得懂得感恩，巧珍对他的心，再多的钱、再大的官也换不来。"

我听着母亲的话，品着路遥先生的《人生》，心里亮堂多了。母亲也说："大民，你的气色好了。"

后来，路遥先生的《平凡的世界》，我也是从收音机里听的。每天中午十二点半，中央人民广播电台的《长篇连播》节目都会准时播出。我上地走的时候，母亲总是说："别狠干，别熬晌午头，十二点半前就回来，娘也要听哩。"

我笑了说："娘，恁也听美了。"她说："不是那，是啥？我等着听少平和晓霞结婚哩，这俩孩儿中，稀罕人。少安、润叶、金波也不孬，都中。"

"娘，他们的名儿，恁记得怪清哩。"

"那会忘？跟你们的名儿一样。"

我知道母亲是把他们当作自己的孩子了。

她又喃喃地说："孙玉厚那样子，就跟恁爹一样，天下应爹应娘的，都一个心，恨不得啥都给娃儿了。"

我知道，每天中午母亲让我早点儿回来，是心疼我，想让我歇歇，也是把路遥先生的小说真听到心里去了。

"晓霞在学校时游泳不错，但那是在游泳池里。她在洪水中很快觉得她失去了控制自己的力量。不过，她在漂浮物中抓住一块木板，勉强推到那个小女孩手边。当她看见那女孩抓住木板的时候，一个浪峰便向她头上盖下来。在最后一瞬间，她眼前只闪过孙少平的身影，并伸出一只手，似乎要抓住她亲爱人的手，接着就在洪水中消失了……”

我突然就哭出了声，我也看到了母亲爬满泪水的脸。我拱进她的怀里：“娘——”母亲拍着我，泪水掉在我的脖子上……

不知过了多长时间，我才抬起头：“娘，老师为啥要把晓霞写死？我要给老师写信去，非问问他不中……”母亲不说话，依然轻轻地拍着我，我就住了嘴，替她擦着那不断涌出的泪。

夜里，母亲又和我说起中午听的书：“娘一想就心疼，这霞妮儿啊！可她，中，中哩很。咱都得学她，她一心里都是别人……”她说不下去了，我说：“娘，中，俺会好好学她。”

待听完最后一章，母亲说：“多想再听听。”“娘，我也是。”“说不定啥时候又播了。”“娘，肯定会哩。”母亲突然说：“娘给你钱，把书买回来，你读给娘听，中不中？”

看着母亲期待的眼神，我说：“娘，中。”说着说着，孙玉厚、孙少安、孙少平、田晓霞、贺秀莲、田润叶、金秀、孙兰香……一个个人物就像站在了我面前一样，他们无一不心怀纯洁无私的爱意。

得到路遥先生的全套《平凡的世界》，已是几年以后的事情了，那时家里盖了新房，也有了余粮余钱。母亲笑着对我说：“你也不瓤，中，跟老师书里的人一样。”我听了，就笑了说：“娘，可不敢这样说。”母亲也笑了：“咋不敢？咱跟老师书里的人学得不赖。你抽空买书去，娘想听你给娘读。”

就是在路遥先生的书的激励下，我读完了高中和大学中文系的课程，还和爱书的村友一起创办了山溪文学社，出刊油印的《山溪》，带动了周边和全国各地的社员们好读书、读好书、做好事，这一事迹还在中央人民广播电台播报了。母亲说："你的名字也上了广播了。"

"一九七五年二三月间，一个平平常常的日子，细濛濛的雨丝夹杂着一星半点的雪花……黄土高原严寒而漫长的冬天看来就要过去，但那真正温暖的春天还远远地没有到来……"

当我开始读给母亲听时，她就静静地坐在那儿，听得那么认真，如一个专心上课的学生。

母亲说："你读得中，今儿黑儿（晚上）给娘多读点儿吧！"

"娘，恁累一天了，早点儿歇歇。"

"娘一听，就不使的慌（不累）了。你不也是？"

"是哩，娘。"

1992 年 11 月 17 日，路遥先生去世了，年仅四十三岁。我和母亲从广播中得到了消息，她流着泪对我说："恁爹走时四十九岁，这俩人啊！中了，你也别哭了，跟娘一起送送他吧！"

母亲站了几次也没有站起来，我搀着她，向那柜子走去，她把酒拿了出来，燃了香，敬了酒。

1998 年春天，我的一篇散文获了中央人民广播电台的一等奖。当我去领奖，走进那座大楼时，一下子想起路遥先生的作品就是从这里播出的，路遥先生也曾拿着他的手稿在这里递给了编辑老师和演播艺术家吧。我对电台的老师说："我听得最多的就是路遥先生的《平凡的世界》……"

1999 年，我受邀去县里的一所民办高中工作，母亲说：“在那儿好好干，别萦记（惦记）娘。你不是给娘买的有收音机？你回来了，娘还听你读书。”

后来，我又回到了家乡，到村小学里当代课老师，别人说：“工资恁低，浪费那工夫弄啥哩？不值。现在谁不想法弄钱哩？”我说：“要是看钱，我真就不去了，这不能说钱。”待人家一走，母亲就说：“你说哩中，做哩对。”

我说：“娘，以后不兴夸了。”她说：“该夸就得夸嘛！娘稀罕，你书没白听白读。”

如今，我的书房里满是书，再也不缺书看了。可我每年都要看看路遥先生的书，特别是先生的《平凡的世界》。当然，我也会静下来听听书。现在中央人民广播电台的“云听”上，可以反复听书了。我听的时候，总会想起逝去的父母和先生，泪水就流了出来，想止住都不中。

小人书春秋

吕雪萱

在老家小城，有一条小街道叫环城二街。20 世纪 80 年代初，有一天我途经这条街，抬头看到一幢两层楼房——楼上是住宅，楼下是商铺，楼梯间大概五六平方米，屋主有生意头脑，充分利用空间，将其辟为铺位出租，上端挂有一块小横匾，写着“看看小人书”五字。

彼时正值我国改革开放初期，个体工商户逐渐兴起，茶楼、五金店、百货店、衣物店比比皆是。“看看小人书”应该是租书的店，我有些好奇。望入里面，只见有一张书桌，书桌后坐着一位六十来岁的老者，楼梯间两边墙壁上嵌着一列列顶天立地的书架，每列书架分八层，重重叠叠，都陈列着小人书。不用费心寻找，每层书架上都贴有白色纸条，纸条上有用钢笔端正写下的书名与序号，一目了然，显见店主的细致用心。

小人书学名叫连环画，又称连环图、小书、公仔书等，以连续的图画叙述故事、刻画人物，题材广泛，内容多样。

我在童年时代，头一次真正把小人书捧在手上翻阅，是在 20 世纪 70 年代，那时我在乡村小学校上二年级。那些年，文化娱乐近乎绝迹，以至于很难找到好书阅读。乡村小圩有家杂货店，透明玻璃柜台内杂乱地摆放着几本出售的图书，有八大样板戏的小人书，以及动植物养殖种植类书籍。店员唯恐弄脏图书，从不会拿出来给小孩翻阅，我们也掏不出钱购买，只能探头探脑地瞅一瞅后离开。

有一次期末考试前，班主任梅老师举起三本小人书，正是八大样板戏中的《红灯记》《海港》《奇袭白虎团》。她说："这几本小人书你们看过吗？考试获得前三名的，老师奖励小人书。"我们眼前一亮——这是一份大礼物。但梅老师马上压低声音说："老师自作主张奖励小人书，这个做法不知对不对。好吧，就当是我们之间的小秘密，不要过分宣扬。"在当时那个年代，梅老师的担心不是没有道理。

后来我获得了其中的《红灯记》，感觉如获至宝，整个假期不舍昼夜地翻阅小人书，翻得它破烂不堪。

多年之后，我与梅老师在异地重逢，提及小人书往事。梅老师先摇头苦笑，后开怀微笑，她说奖励我们小人书时始终担心惹来麻烦。得知事情始末的校长比她还提心吊胆，生怕上面追究，幸亏此事不了了之。

我看过的第二本小人书，是本漫画书——漫画家张乐平先生的《三毛流浪记》，它是我无意中在乡村小学的图书室看到的。

当时讲求"破四旧、立四新"，要求学生将存放在家里的各种旧书刊上交学校，集中处理。也许有位老师舍不得，就将这本书悄悄地留了下来。

张乐平先生以幽默和机智的风格，画出了一组组笑中带泪的画。故事叙述了三毛做报贩、擦皮鞋、当学徒的故事，他身处乱世却善良纯真，对有困难者无私关怀，对压迫者无畏反抗，这些情节在社会大众中间引发很大共鸣。

三毛漫画最早在 1935 年于上海《晨报》连载。此后，一个大脑袋、三根头发、蒜头鼻、瘦削矮小的男孩子形象，在上海乃至全中国家喻户晓。

“看看小人书”的小店老者笑眯眯地问我：“你要看哪些小人书？”我脱口而出：“我想看八大样板戏中的《红灯记》，以及张乐平先生的《三毛流浪记》，有吗？”

老者随意地望向书架说：“我有几千册小人书，就是放不下。请不要误以为我夸夸其谈——在我这儿找不到的小人书，其他地方也难觅。”很快，他取下了我所说的两本小人书。

我对老者表达佩服之意：“你有这么多小人书，十分难得！”

老者姓郑，他说，他从小爱看小人书，对其抱有特殊感情。在以前，爷爷、爸爸看到小人书总会替他购买。后来，他还对外收购旧时的小人书，日积月累，小人书越来越多。

楼梯间出口是骑楼，郑老先生摆有三张长板凳，供看书的人坐下阅读。这时，有一群孩子赶来借书，我见老先生忙于应付，便打招呼离开。

一来二往，与郑老先生熟识，我才知道郑家称得上“书香门第”，自爷爷辈起，几代人都任职教师。几十个春夏秋冬，郑老先生经历风雨沧桑，退休下来闲不住，心血来潮想学人做生意，手头本钱不多，大女儿便提醒：“大人小孩不是都喜欢看小人书吗？你的小人书能派上用场。”郑老先生赞道：“一语惊醒梦中人。这个利润不高，但可以充实自己的生活。”

不久后，郑老先生挑选了铺租低廉的楼梯间开店。为了避免小人书受潮受损，他都是小心翼翼地用报纸将每本小人书的封面包裹起来，还嘱咐借书的人尽可能保管好。

郑老先生小店里的小人书，远至20世纪30年代的、近至新出版的都有，会定期更换补充，常见大人小孩来看书或租书。当时看小人书的收费标准是每本两分钱，看两本三分钱，也可以借书回家看。印象中，老先生别出心裁，采取极其优惠的方式，月付费八角或年付费三元，就可以随时来看个够。

遇上家庭困难的学生，老先生二话不说，时常免费借阅。

于是，我也办理了借书登记证，但几年过去，由于各种原因很少看小人书了，甚至十天半月都难得去一趟。20世纪80年代末的一天，再次途经小街，却看到小店换上了“手表维修”的牌子，我大吃一惊。

手表维修店的小老板解释说郑老先生已随大女儿移民海外。他在出国前预先贴出告示，请办过优惠借书登记证的速来领取余钱。小老板递给我一张卡片，说是郑老先生给客人留下了自己儿子小郑的电话。

我给小郑打电话。小郑听到我的名字，说他爸爸要送我两本小人书。我赶去小郑家里，原来郑老先生留下的，正是我第一次去小店看过的《红灯记》和《三毛流浪记》。

光阴荏苒，转眼已是多个春秋，不知长居海外的郑老先生是否健在。我想告诉郑老先生，虽说小人书阅读市场连年萎缩，但盛世兴收藏。无论从艺术价值、史料价值，还是应用价值来说，小人书都很有收藏意义。

时光里的列车
——读《南来北往》有感

李改群

秋去冬来，时间已经来到了 2024 年的 12 月，再有一个多月我们就要迎来乙巳蛇年。新的一年新的开始，我们的这一趟穿越秦岭、驶过巴山楚水，穿梭在时光里的列车也将迎来崭新的、春光灿烂的又一年。

“在行驶的列车上，来来往往的旅客都带着各自的故事，有感人肺腑的友情和爱情，有令人心碎的牺牲和离别，有让人欢喜的团聚和成长。这列横贯四十年的火车轰隆疾驰，我们读到的绝不只是几代人的回忆，更多的是时代变革、人生百态，现实生活中的种种冲突和挣扎……”

这是作家高满堂、李洲所著的《南来北往》里的一段话，也是我感同身受的一段话。自 1997 年来到铁路工作以来，我便跟随列车南来北往，去往不同的城市，送别陌生的旅客，一年又一年，时光荏苒，岁月更替。“忽如一夜春风来，千树万树梨花开”的遥远新疆，“沾衣欲湿杏花雨，吹面不寒杨柳风”的烟雨江南，老舍《住的梦》里写到的“秋天一定要住北平”的首都北京……当然还有许多别的城市，也留下了发生在列车上的温情故事。

刚上班时，我值乘的列车是西安开往新疆库尔勒的绿皮火车，那时的火车上没有空调，没有电茶炉，列车的速度也特别慢。如同书中所描述的，列车上来往的乘客也特别多，行李架上、座位下面，甚至厕所里都是人。挨挨挤挤的车厢里，“瓜子、花生、啤酒、饮料……”，“盒饭，盒饭，五块钱一份的盒饭，抓紧买嘞！”——吆喝声此起彼伏，让人觉得这哪里是火车呀，分明就是一个热热闹闹的市场！卖东西的、买东西的，坐车的、跑车的，大家熙熙攘攘却又和睦相处，一起度过那三天两夜的旅途生活。

那时的我，刚从高中校园来到这样的火车上，这对于一个打小就没有出过远门的乡下孩子来说，是我此生的第一场旅行。只是，我的身份不是旅行者，而是一名工作在火车上的列车员。谨小慎微的我带着一颗胆怯懵懂的心，学着老师傅的样子忙碌在车厢里，为旅客解答问题，帮扶旅客上下车，试着用不太熟练的普通话安慰单独乘车的同我年纪一般大的年轻旅客。那时的我也开始渐渐明白，新的人生之路已然开启。我将要同我过往的学生生涯做一个彻底的告别，就在那一趟开往新疆的列车上。

看着一脸稚气的我，乘车的旅客会善意地询问我的年龄。我浅浅微笑着告诉他们。“这孩子年龄也太小了，家里人咋就放心让她到这么远的火车上来当列车员哪！”车厢里一位满头白发的老人轻声说。“不小了，我已经长大了！”我骄傲地说。那时的我，对于列车员这个全新的身份有一种发自内心的自豪与骄傲。我觉得这是多么光荣的职业啊，穿着藏蓝色的铁路制服，头顶的帽徽在阳光下闪着美丽迷人的光芒。那一年，我跟随着列车穿越巍巍天山，穿行于千里戈壁，车窗外是“长河落日圆”“大漠沙如雪”的绝美景色，车窗里虽拥挤却也温馨，像极了家乡的集市。来自天南海北的陌生人相聚在列车上，在长长的旅程中各自诉说着不同的人生故事，演绎着属于他们的列车故事。

“火车一直一直往前开，载着过路的云彩与星海，载着日与夜的白与黑”，也载着明天的美好与希望一路向前。那是在新疆的一个傍晚，我们的列车停靠在库尔勒车站。站台上人们行色匆匆，忽然，一个戴着眼镜的年轻人提着一大捆厚厚的书，停在了正在车门口立岗的我的面前，微笑着告诉我这是他的一位朋友托他带给我的全套高考复习资料。他的话让我想起了在前几天的乘务工作中遇见的一位旅客，在得知我的年龄，以及我放弃高中学业来到铁路参加工作后，他很惋惜地说：“你应该参加高考去考大学，不上大学，你以后会后悔的。”记得那一天，在列车到达终点站时，他下车送给了我一本封面上题写着“无论什么时候，都不要放弃学习”的书。自那时起，他的话便深深地印刻在了我的脑海里，多年来，我片刻不曾遗忘。后来，我终于有机会去了成都的西南交通大学读书，实现了自己心心念念的大学梦，仿佛也完成了他——一位陌生旅客对一个小丫头的殷切期望。

“雨一直下，大颗粒的雨珠拍打着车窗，像是垂直降落的飞鸟，不惧突变的天气，无畏向前。”蜀地的烟雨朦胧，蜀地的花红柳绿，让年轻的我沉醉不已。彼时的我，刚刚从大学校园回到熟悉的列车上，值乘西安开往成都的列车。巴山蜀地的安逸闲适，让我对诗仙李白、诗圣杜甫曾书写过的温暖的蓉城多了许多美好的情感。我对那一趟横穿秦岭山脉的绿皮火车也多了许多好感，因为它去往的城市曾给我留下无数美好的记忆，因为许多年前我父亲做列车乘警值乘的便是这一趟火车。时光易逝，父亲曾多次提起的那些车站——凤州、略阳、广元等等，也成为我值乘的列车的停靠车站。我踏着父亲的足迹，走着父亲曾经无数次走过的那一条铁道线，服务着沿途的父老乡亲，回头看，仿佛时光无言地诉说着许多故事。

那年除夕的前一晚，我在火车上遇见了一个在广州打工的青年。他告诉我，他很小的时候就出去打工了，因为没有学历，没有技术，只能做体力活儿，一天也挣不了多少钱。后来他想，别人能干好，他也一定能干好。从那时起他每天下了工就泡图书馆、跑书店，努力学知识、学技术。或许，这就是年轻人的朝气吧，无所畏惧，一往无前。那一天，他很骄傲地告诉我："别看我年纪不大，现在已经是厂子里的技术骨干了。"已经好几年没有回家的他，这一次就是回家好好和家人一起过个团圆年，他很感慨地说："在外面时最想的就是妈妈做的饭，那是家的味道。"那一年，我的除夕夜是在返家的火车上度过的。车窗外，烟火绚烂，仿佛新年在用夜空里绽放的无数烟花迎接我们这一趟"穿越时光"的列车。

2024 年，我值乘宝鸡开往广元的火车。列车刚刚停靠凤州车站时，一个扎着马尾辫的女孩兴高采烈地跑过来："又是你，我们好有缘哪！你好啊，好久不见！"我认出来了，这个女孩是几个月前乘坐我们的列车来凤州摘花椒的姑娘。那一次，她同村子里的几个女孩一起去凤州，正巧坐在我负责的车厢里。那一天，她给我讲怎样摘花椒不伤树，来年还能多结果，怎样剪果树，怎样嫁接果树，等等。别看她年龄小，干起农活儿来却早已是老手。“你看，这个苹果老好了，这可是我亲手摘的，特别好吃。”上车放好行李背包，她手里拿着一个粉粉的苹果，跑过来，一把塞给我。她的话打断了我的思绪。“你可一定要吃呀！”怕我不肯拿，她又重重地往我手心里摁了一下。“嗯，我知道，一定吃的，放心吧！”看我收下苹果，她才放心，转身回到座位上。

三百多公里的路程需要十余个小时——这是一趟仿佛运行在过去时间里的慢火车，也是一趟有温度的慢火车。我知道旅客中的哪些人是从燕子砭到略阳去，哪些人是从凤州到聂家湾去。就如同当年的父亲一样，他知道老马哥家新盖了房子，卖猪崽的老孙得挣钱供孙子上学——他说这些老乡就跟自己的亲人一样。在这一趟穿越秦岭的慢火车上，“热爱，是最一无所求的期待”。

“乘客们纷纷上车，人潮涌动。这上车的，是去一节节车厢；下来的，奔着各自的前方。人在旅途，茫茫人海，各自寻找，各自忙碌，各自的脚步丈量着人生。”我亦在这一趟趟的时光列车里寻找着自己的方向，体悟属于自己的人生，用自己的脚步丈量生命，不断探寻人生的价值和意义。相信自己，只要付出汗水和努力，就不会被辜负。

“这一趟工作结束了。一趟一趟路程，一次一次感激，总是在南来北往中，见证那些人、那些事儿。”

中老铁路：纽带之上，共绘发展新篇章

——读《纽带——中老铁路纪行》有感

闫鸿斐

《纽带——中老铁路纪行》系著名作家王雄匠心独运的鸿篇巨制，他以温婉细腻而又磅礴大气的笔触，全方位、多角度、立体式地勾勒了中老铁路从蓝图初绘到竣工通车的壮丽画卷。这部作品不仅仅是详尽记录铁路建设历程的纪实巨著，更是深情颂扬中老两国深厚友谊、讴歌建设者不屈精神的华彩乐章，它以独特的视角和深刻的内涵，将中老铁路的辉煌成就与两国人民的深情厚谊紧密地联系在一起。

当我首次翻开《纽带——中老铁路纪行》时，心潮澎湃，仿佛被一股无形的力量牵引着，走进了那段波澜壮阔的建设征程。中老铁路，这条连接中国昆明与老挝万象的钢铁纽带，宛如一条巨龙蜿蜒穿梭于崇山峻岭之间，横跨江河湖泊之上，气势恢宏，令人叹为观止。它不仅是连接两地的交通要道，更是中老两国人民并肩作战、共筑辉煌的生动见证。

王雄先生以行走者的姿态，引领我们穿越时空隧道，回到了那段激情燃烧的岁月。从建设者们于荒无人烟之地英勇奋战的感人场景，到在“水豆腐”般的地质环境中开凿隧道的惊心动魄，再到两国元首共同下达发车指令的历史性瞬间，每一个场景都被他精准捕捉，生动地呈现在我们眼前——那些无畏的劳动者，在烈日炙烤下挥汗如雨，在风雨交加中屹立不倒，用智慧与汗水铸就了这条象征友谊与合作的钢铁大道。他们的身影在夕阳下显得如此高大，他们的精神在风雨中显得如此坚韧，他们是真正的英雄，是中老铁路建设的脊梁。

作为一名铁路一线职工，我深知建设每一条铁轨、每一座桥梁的艰辛。中老铁路的建设曾面临着无数难以想象的困难和挑战，但建设者们在恶劣的自然环境中，克服了重重困难，用智慧和勇气书写了一段段传奇。他们不仅要面对险峻的山川、湍急的河流，还要应对复杂多变的地质条件。在“水豆腐”般的地质环境中开凿隧道，无疑是一项极具挑战性的任务，然而，他们凭借着坚定的信念和顽强的毅力，成功地将一个个不可能变成了可能，创造了铁路建设史上的奇迹。书中所描述的中老铁路建设历程，每一个字都像是一把重锤，敲打着我的心，那些建设者面临的困难，是我们铁路人在职业生涯中所能遇到的最严峻挑战的集合。从高山峻岭到深谷河流，遇到复杂的地质环境，每铺设一米轨道都像是在与一个顽固的对手较量。开凿隧道时，坚硬的岩石、变化莫测的地层，这些困难在我们的日常工作中或许只是片段，但在中老铁路的建设中，却是持续不断的考验。建设者们如同无畏的勇士，与大自然展开了一场场惊心动魄的较量。

恶劣的气候条件同样令人揪心：长时间的雨季带来大量的降雨，对施工设备、材料保护以及工程进度造成极大影响。在这样恶劣的环境下，建设者们从未放弃，他们用钢铁般的意志扫清了一个又一个看似无法逾越的障碍。这让我深深意识到，铁路建设是一项伟大的事业，需要每一个建设者都具备坚韧不拔的精神，这种精神如同铁路的基石，支撑着每一根枕木、每一条铁轨。

中老铁路，不仅仅是钢铁与枕木的结合，也是中老两国人民友谊的璀璨结晶，更是两国人民心血与情感交融的成果。它不仅是一条连接两地的交通动脉，更是一座沟通心灵的友谊桥梁。它让两国人民的心紧紧相连，共同迈向更加美好的未来。在铁路的建设过程中，中老人民并肩作战，情同手足。老挝人民对中国建设者们的热情欢迎和全力支持，是友谊之花绽放的伊始。他们为建设者们提供生活上的便利，分享当地的文化习俗，那一张张淳朴的笑脸，如同阳光穿透云层，洒在这片充满希望的土地上。中国建设者们也同样怀揣着对老挝人民的深厚情感，全身心地投入工程建设中。中老铁路开通后，不仅显著促进了两国经济的发展，更为两国文化的交流与传播构建了重要纽带。从此，中老两国人民可以更加便捷地往来于两地之间，分享彼此的文化与习俗，感受彼此的风土人情，如同一幅绚丽多彩的画卷铺展开来，尽情展示着中老两国文化的独特魅力和勃勃生机。

在书中，王雄先生不仅深刻揭示了中老铁路建设的艰辛历程，还巧妙地融入了中老两国文化的交流与碰撞。他深情地指出，澜沧江千百年来一直滋养着中老两国人民的心田。这条江流如同一条纽带，将两国人民紧密地联系在一起。两国人民共饮一江水，这条独特的地理纽带也孕育了深厚的文化和情感联系。作者用生动的笔触展现了中老两国在文化交流中的点点滴滴：从古老的茶马古道到现代的铁路建设，从繁荣的边境贸易到互鉴的文化教育，两国人民在长期交往中结下了不解之缘，彼此认同，形成了深厚的友谊。这种友谊超越了地域和民族的界限，成为两国人民共同的宝贵财富。

中老铁路的开通不仅促进了两国经济的发展，更为两国文化的交流与传播注入了新的活力。越来越多的中国游客开始探访老挝，感受这个神秘而美丽的国家的独特魅力。同时，老挝的大量游客也开始探访中国，领略中国的壮丽山河和博大精深的文化。这种文化的交流与碰撞不仅促进了两国人民之间的了解，更为两国文化的传承与发展提供了新的契机。

此外，中老铁路的建设也是中国科技创新实力的一次精彩展示。中老铁路，这条钢铁巨龙横亘在中老两国之间，它不仅是一条交通要道，更是一座科技铸就的丰碑。阅读《纽带——中老铁路纪行》中关于科技的内容，我深受震撼，宛如开启了一场跨越山川的科技之旅。在对桥梁建设的描述中，我看到了科学技术与自然环境的激烈对决。面对老挝特殊土质和雨季水位上涨带来的桩基塌孔问题，建设者们如同无畏的探险家，不放过任何一个可能的解决方案。寻找合适膨润土的过程，就像是在茫茫沙漠中寻找生命之泉，而最终找到并确定了泥浆配比参数，则像是智慧之光照亮了前行的道路。这一过程让我深刻体会到科技对于克服恶劣自然条件所起到的关键作用，每一个数据、每一次试验都是人类挑战极限的有力武器。智慧通关技术在磨憨铁路口岸的应用，展现了科技为贸易便利化带来的巨大改变。它就像一把神奇的钥匙，打开了使中老贸易更加便捷高效的新大门。从“通”到“畅”，从“畅”到“快”，从“快”到“好”，这一系列的变化体现了科技在现代口岸管理中的非凡魅力，让两国的贸易往来如顺水行舟。

王雄先生详细记录了中老铁路建设过程中采用的先进技术和设备，以及中国铁路人在技术创新方面的卓越贡献。这些技术和设备的运用不仅极大地提高了建设效率和质量，更彰显了中国铁路在科技创新领域的领先地位和强大实力。这些技术的成功应用不仅为中老铁路的建设提供了有力保障，更为中国铁路走向世界舞台奠定了坚实基础。

这本书是激励我们不断前行、勇攀高峰的精神食粮，值得我们反复品读。它让我更加深刻地理解了中老两国人民维系友谊、维护团结的重要性，也让我坚定了为铁路事业贡献自己全部力量的决心和信念。我将时刻铭记中老铁路建设的艰辛历程和两国人民的深厚友谊，将它们化作前行的动力，不断追求卓越。我相信在不久的将来，中老铁路将为两国人民带来更多的福祉与机遇。

作为一名动车组机械师，我深知自己的责任与使命。在未来的日子里，我将继续以饱满的热情和坚定的信念投身铁路检修事业，为列车的安全运行保驾护航。同时，我也将用自己的实际行动为国家铁路的繁荣发展贡献自己的一份力量。

以《AI 时代》为引，探阅读新时代之径

明姚

在当今时代，AI 技术如汹涌浪潮，席卷了各个领域，深刻地改变着我们的生活方式。从智能语音助手到自动驾驶汽车，从医疗诊断辅助到金融风险预测，AI 的身影无处不在。它以强大的数据分析、学习和决策能力，为各行业带来了前所未有的变革与机遇。

在阅读领域，AI 同样掀起了波澜。随着数字技术的发展，电子阅读设备日益普及，而 AI 的融入更是为阅读带来了全新的体验。在新华书店，我们能切实感受到这种变化。以前，读者选书主要依赖书架检索和店员推荐；如今，借助 AI 智能推荐系统，读者在店内的数字终端上输入自己的阅读偏好，就能迅速获取个性化的书单推荐。这些推荐不仅基于书籍的分类和销量，还综合了大量读者的阅读数据和评价，精准度大大提高。

AI 还为阅读内容的呈现形式带来了创新。有声读物在 AI 语音合成技术的加持下，声音更加自然、生动，情感表达也更加丰富。一些科普类、文学类书籍，通过 AI 技术转化为图文并茂，甚至带有动画演示的形式，让知识的传递更加直观易懂，尤其是对于儿童和青少年读

者，这种沉浸式、互动式的阅读体验，极大地激发了他们的阅读兴趣。

一、以《AI 时代》为引，洞察阅读的深层内涵

（一）《AI 时代》内容简述

《AI 时代》这本书犹如一把钥匙，为我们打开了理解当下 AI 时代的大门。书中深入剖析了 AI 技术的发展历程，从早期简单的算法模型到如今复杂的深度学习系统，展示了 AI 如何从萌芽走向成熟，逐渐渗透到社会生活的每一个角落。它详细阐述了 AI 在各个领域的应用实例，如医疗领域中 AI 辅助诊断系统如何帮助医生更准确地识别疾病，金融领域中智能投顾如何根据市场变化和用户需求提供个性化的投资建议，以及交通领域中自动驾驶技术的发展前景和面临的挑战。

书中还探讨了 AI 对经济模式的变革，新的商业模式和就业形态随着 AI 的发展应运而生。一些重复性、规律性的工作被自动化的 AI 系统取代，同时也催生了如 AI 训练师、数据标注员等新兴职业。在社会层面，AI 改变了人们的社交方式、信息传播模式，以及政府的治理手段。作者通过大量的数据、案例和前瞻性的分析，让读者全面、深入地认识到 AI 时代的本质特征和发展趋势，为我们在这个快速变化的时代中找准方向提供了宝贵的参考。

（二）书中观点与阅读新时代的关联

《AI 时代》中关于 AI 影响社会、行业及个人生活的观点，与 AI 时代阅读的变革紧密相连。随着 AI 技术的广泛应用，社会信息传播速度呈指数级增长，知识更新换代的周期大幅缩短。在这样的背景下，阅读成为人们跟上时代步伐、获取最新知识的重要途径。

数字出版借助AI技术实现了内容的快速生产、编辑和分发。一些新闻媒体利用AI自动撰写新闻稿件，在事件发生后的短时间内就能发布相关报道，满足读者对信息及时性的需求。对于读者而言，在信息爆炸的AI时代，如何筛选出有价值的信息成为一大挑战。阅读的价值不仅在于获取知识，更在于培养批判性思维和信息辨别能力。通过深度阅读经典书籍、专业文献，读者能够在海量信息中去伪存真，形成自己独立的思考和判断。

二、新华书店：在阅读新时代的坚守与创新

（一）新华书店的传统价值

新华书店拥有丰富的图书资源，涵盖了文学、历史、科学、教育等各个领域，无论是经典名著，还是最新的学术研究成果，读者都能在这里找到。它就像一个知识的宝库，满足着不同年龄、不同职业、不同兴趣爱好的读者的多样化需求。在那个信息传播相对有限的年代，新华书店是人们获取知识的重要窗口，许多人在这里开启了自己的知识之旅，从懵懂少年成长为有识之士。

除了提供优质的书籍，新华书店还积极举办各类阅读活动，如读书分享会、作家见面会、文化讲座等。这些活动不仅为读者提供了与作者、专家面对面交流的机会，还营造了浓厚的阅读氛围，激发了人们的阅读热情。在读书分享会上，读者们分享自己的阅读心得和感悟，思想的火花在交流中碰撞，让阅读的乐趣得到了进一步的升华。作家见面会则让读者有机会近距离接触自己喜爱的作家，了解作品背后的创作故事，感受文学的魅力。

新华书店始终坚守着文化传播的阵地，以其深厚的文化底蕴和广泛的社会影响力，为我国的文化建设和全民素质的提升作出了不可磨灭的贡献。它不仅是一个买书、卖书的场所，更是一个城市的文化地标，承载着人们的文化记忆和情感寄托。

（二）拥抱 AI，创新阅读服务

在 AI 时代的浪潮中，新华书店积极拥抱变革，借助 AI 技术的力量，不断创新阅读服务，为读者带来更加便捷、高效、个性化的阅读体验。

新华书店大力拓展数字化阅读平台，通过线上商城、移动 App 等渠道，将丰富的图书资源呈现在读者面前。读者只需轻点鼠标或滑动屏幕，就能随时随地浏览和购买自己心仪的书籍。线上平台还提供了丰富的数字内容，如电子书、有声读物等，满足读者多样化的阅读需求。同时，新华书店利用 AI 技术对用户的阅读行为和偏好进行分析，为读者精准推荐符合其口味的书籍，提高了选书的效率和准确性。比如，通过分析读者的阅读历史和购买记录，AI 系统可以判断出读者对科幻小说感兴趣，从而为其推荐刘慈欣、郝景芳等科幻作家的最新作品，以及相关的科幻文学评论书籍。

在实体店内，新华书店也引入了一系列 AI 技术应用，提升服务质量和读者体验。智能书架利用 RFID（射频识别）技术和 AI 算法，能够实时监测图书的库存和位置信息，当读者需要寻找某本书时，只需在店内的查询终端上输入书名或作者，就能快速获取该书所在的书架位置，方便快捷。一些新华书店还配备了智能机器人，它们可以解答读者的常见问题，如书店的布局、各类书籍的位置等，还能根据读者的需求进行简单的图书推荐，为读者提供贴心的服务。

三、展望未来：AI 与阅读的无限可能

展望未来，AI 与阅读的融合将为我们开启更加广阔的想象空间。随着 AI 技术的不断发展，阅读设备将更加智能化、人性化。未来的电子阅读器或许能像亲密的阅读伙伴一样，不仅能精准推荐书籍，还能根据读者的情绪和阅读状态，调整阅读内容的呈现方式。当读者感到疲惫时，它会自动切换到轻松愉悦的文学作品，并通过舒缓的语音朗读以帮助读者放松身心；当读者对某个领域产生浓厚兴趣时，它能迅速整合相关的专业资料和前沿研究成果，满足读者深入探索的需求。

在阅读内容的创作方面，AI 将发挥更大的作用。AI 不仅会生成更加丰富多样的内容，还将与人类创作者深度合作，共同打造出更具创意和思想深度的作品。比如，AI 可以根据人类创作者提供的故事框架和主题，快速生成情节大纲和细节描述，为创作提供灵感和素材。人类创作者则可以在此基础上，加入自己独特的情感和思想，赋予作品灵魂。这种人机协作的创作模式，将打破传统创作的局限，为读者带来更多新颖、独特的阅读体验。

阅读社区和社交互动也将因 AI 而变得更加活跃和有趣。通过 AI 技术，读者可以轻松找到志同道合的阅读伙伴，无论他们身处何地。大家可以在虚拟的阅读社区中分享阅读心得、讨论书籍内容，甚至共同创作。AI 还能根据读者的兴趣和讨论话题，自动组织线上读书活动，如主题阅读挑战、线上读书分享会等，让阅读成为一种社交乐趣，增强读者之间的联系和互动。

在这个快速发展的 AI 时代，阅读的本质从未改变，它依然是我们获取知识、启迪智慧、丰富心灵的重要途径。让我们积极拥抱 AI 带来的变革，充分利用其优势，在阅读的新时代中，不断探索知识的边界，享受阅读的乐趣，让阅读成为我们生活中不可或缺的一部分，共同书写阅读新时代的美好篇章。

图书类

大学组

山村“绿富美”，花开二十年

——读《习近平在浙江》有感

洪晨昕

在父亲书房的桌上，总有一本《习近平在浙江》，我经常看到父亲翻阅它。好奇之余，我也偷偷拿来阅读，不看则已，一看深受触动——这本书是一本采访实录，记录了2002年至2007年习近平任浙江省委副书记、代省长和省委书记期间，在浙江大地留下的足迹；通过对当年浙江省委和省政府领导同志、省直部门和地方领导干部、基层干部和企业家、专业学者和记者等的访谈，对习近平在浙江的工作情况做了生动翔实的呈现。

改革开放以来，浙江作为沿海开放地区，凭借独特的地理位置、人文环境、专业市场等方面的优势，实现了经济的快速发展，逐步成为长三角地区乃至全国经济实力强劲、极具发展活力的地区之一。在世纪之交，浙江也遇到了“成长的烦恼”——在整个经济大发展、社会大转型的关键时期，如何更好地发展浙江呢？在坚持改革开放、贯彻党的理论和路线方针政策的前提下，习近平针对浙江的实际，在全面深入调查研究的基础上创造性地提出并实施了引领浙江发展的总纲领和总方略——“八八战略”，为浙江长远发展打下了坚实基础。

那段时间正值高考期间，父亲看到我经常翻阅这本书，笑着对我说：“这是本好书，能够开阔你的视野、提高你的素质，但要真正领会，就要去实地观察、发现、思考，有时间带你一起去走走看看。”机会终于来了——2024 年暑假，父亲作为先进工会干部获得去淳安县千岛湖参观学习的资格，我也有幸跟着他一起前往。

这次参观学习的地方之一正是《习近平在浙江》中提到的下姜村。下姜村坐落在浙江淳安县千岛湖畔的枫树岭镇，这里不仅风景优美，历史文化底蕴也很深厚。北宋靖康年间，渭水郡姜氏从四川迁至这里，因为此地藏在山间，又有一湾雅水溪环村而过，犹如世外桃源，所以曾得名“雅墅峡涧”。清乾隆时期改名为“雅水下姜村”，后成为我们熟悉的名字——“下姜村”。我们驱车前往时，天空下着绵绵细雨，到达后雨已经停了。一下车，雨后初晴的盛景就展现在我的眼前，如同被自然之手精心描绘的一幅画卷，美得如梦似幻。雨如丝线，洗涤了尘世的喧嚣，为这片古老村落带来了一丝清新与幽静。当阳光透过薄薄的云层洒在湿润的土地上时，下姜村仿佛被一层金色的光晕所笼罩，熠熠生辉。白墙灰瓦的楼房错落有致，漫步在村子里，感受着那份宁静与祥和，仿佛时间都慢了下来。这里的村民也非常淳朴热情，让人感觉格外温暖。此刻的村落云雾缭绕，宛如白色的纱幔轻轻覆盖在青山绿水之间。那星星点点的民居、蜿蜒的青石小径、葱茏的低矮树木，都在这轻纱般的云雾中若隐若现，我仿佛置身于仙境之中。远处的山峦在云雾的映衬下，更是显得朦胧而神秘，如同水墨画中的远山，意境深远。

漫步村中，仿佛能听到历史的回声在耳边轻轻响起。那古老的传说、淳朴的民风、悠扬的乡音，都在这一刻交织成一首动人的诗篇。下姜村，就像一个被时光遗忘的角落，如今在雨后初晴的阳光下，焕发出别样的光彩。这时父亲对我说："你觉得这里熟悉吗？"我脑海中突然涌现出模糊的记忆，觉得这里似曾相识。父亲笑着对我说："这里就是电影《我和我的家乡》中的望溪村！""哦，难怪我觉得如此亲近，望溪村就是下姜村啊！"父亲带着我走访了下姜村村民。从普通老百姓到村支部书记，每个人的话语中流露出的都是对如今下姜村生活的满足与对过去几十年里下姜村发展又快又好的感叹，与此同时，亦有对其未来生活的期待。

负责陪同走访的导游介绍了 2003 年时任浙江省委书记习近平初来下姜村时的情景。当时的下姜村还是个穷山沟，新建房很多比较简陋，道路、饮水、厕所等基础设施也很落后，村民们的生活和生产环境都不尽如人意，更别提往昔史书中的"雅墅""桃源"这样诗情画意的美丽景象了。村民们将上山砍树烧炭作为收入来源，四十多座木炭窑一天需要消耗几十吨木头，留下的是被称作"瘌痢头"的山林。"土墙房，半年粮，烧木炭，有女莫嫁下姜郎"，这句俗语道出了彼时下姜人的生活窘境。同时期，还有村民下河挖沙卖沙，虽获得了一定收入，却破坏了青山绿水。于是，习近平留下一句话——"要给青山留个帽"，开启了下姜村的生态整治工作。习近平在 2003 年亲自谋划推动"千村示范、万村整治"工程，在这项重大决策背景下，下姜村全面整治生态环境，在村内部进行"三大改"工程——污水治理、道路硬化、户外旱厕拆除，生态环境得到了显著改善。2011 年之后，下姜村开启了美丽乡村建设，开始向现在大家所见的美丽江南小乡村的样貌转变。

接着我们走访下姜村的果园，大家已经在远处领略到广阔的葡萄园所带来的震撼。220 亩葡萄园、60 亩草莓园、150 亩桃园，打造了“腊月草莓、六月仙桃、八月葡萄”的四季果园。

下姜村的景点也很多，下姜廊桥、思源亭、第一个沼气池、乡村振兴展示馆、下姜杭州书屋、网红小学、狮城酒坊、石头画坊等等，让人目不暇接。下姜村蓬勃发展的乡村旅游业，不但带动了民宿产业，还让餐饮、土特产、观光农业等配套产业发展迅速，同时村集体还成立了景区公司、实业公司，新出现的创业机会和工作岗位吸引着年轻人。

走访完下姜村，我心中大为感叹。二十年来，下姜人实现了“温饱梦”“小康梦”，现在正努力地追逐着“共富梦”。“习书记对下姜村不仅倾注血浓于水的‘情’，更授以发展致富的‘理’。”在《习近平在浙江》一书里，还有许多这样的例子。“两山论”“地瓜经济”“后陈经验”，这些都不是拍脑瓜儿的产物，而是经过大量调查研究提出来的发展战略，它们适应了浙江的发展，也成为习近平新时代中国特色社会主义思想的重要理念和实践准备，进而可以为全国各地的发展提供借鉴。

为更好地学习《习近平在浙江》这本书，我们必须牢牢把握高超的战略思维、科学的理念方法、诚挚的为民情怀、务实的工作作风、崇高的人格魅力这五把金钥匙。我们大学生要循序渐进地领会书中的内涵，进而读懂、读好这本书。此外，读万卷书，不如行万里路，我们还要多去实地走走，通过亲身体验来领会书中的精髓。

《红色家书》：红色信笺里的时代养分

邓慧慧

在迈入大学校园之前，我与阅读一直保持着颇为疏远的关系。对于那些厚重的书本和深奥的文字，我总是提不起兴趣，这使得我读过的书籍寥寥无几。我是我们家第一个有机会接受高等教育的人，我父亲却常常批评我空有一副学生的外表，缺乏内涵，“肚子里没有一点儿墨水”。

大学军训时，我看见一对中年夫妻在食堂门口支了一个书摊，旁边放着醒目的标语——“全场图书六折！”室友拉着我去凑热闹，她不一会儿就挑了三本。为了在刚开学时与室友们拉近关系，我也浏览着这些图书，角落里有一本书，封面上几个不起眼的红色小字吸引了我。我说：“我就要那本《红色家书》吧。”

我选择它作为我大学第一本读物有充分的理由：一是这本书语言风格平易近人，容易读懂；二是真实的革命历史故事最能吸引我的注意——我渴望把自己代入那个年代，去感受革命岁月的硝烟，希望能从中找到自己作为新时代青年的认同感。当我真正开始翻开这本书时，便一发不可收，那一封封家书，时刻触动着我的心灵。它们不是简单的信纸、文字的堆砌，而是那段艰难历史的见证。每一次阅读，都像是在与那些伟大的灵魂对话。

在这些家书中，有“生是为中国，死是为中国”的呐喊。

在那个国家命运与青年前途紧密相连的岁月，这些家书传递着一个时代的声音：“争国权以救危亡，是青年男儿之有责！”这不仅是对自己信仰的表达，更是对国家未来的呼唤。在这些家书中，我读到聂荣臻留学在外对“狼毒野心之列强！无故侵占我国土！”“私位饱囊之政府，只知自争地盘”的担忧；关向应赴苏联留学前向叔父表明“爱本斯义，愿终身奔波，竭能力于万一，救人民于涂炭，牺牲家庭，拼死力与国际帝国主义者相反抗”的决心。

这些家书字里行间都透露着青年们对自己祖国的忠诚与担当。他们或许身处异乡，或许正面临生死的考验，但他们的心始终与祖国同在。他们用笔尖书写着对民族危亡的忧虑，用行动诠释着青年的责任与使命。这些家书，是青年们在国家危难时刻挺身而出的见证，是他们对国家、对民族深沉爱意的表达。它们告诉我们，无论时代如何变迁，青年永远是国家希望之所在，是民族复兴的力量之源。爱国始终是每个时代青年追求的信条。

这些家书里，有“惟于亲亲骨肉之系念，尝与日俱永”的牵挂。

在那个年代，家书如同穿越战火的信鸽，带着革命者们对家的眷恋和对国的忠诚，飞越千山万水，抵达亲人的手中。我读到夏明翰写给妻子“红珠留作相思念，赤云孤苦望成全。坚持革命继吾志，誓将真理传人寰！”的绝笔；我读到左权在战时给妻女的信“只要我俩的心情紧紧的靠拢在一起，一切就没问题了”述说着对妻子与幼女的思念和因局势紧迫不能陪伴家人的内疚。左权将军在写下这封信的第二年就牺牲了，更让人为之动容的是，他的妻子在他牺牲后继承了他的革命遗志，更加坚定了斗争的决心，更是写下“在任何困难之下，我都要咬着牙关渡过去。如果有一点失望和动摇，都不配做你的妻子”的誓言。

每一行文字，都承载着革命者们对家人的愧疚和不舍，对家人的期望和嘱托。这让我意识到革命先烈也是普通人，也有家人，也有牵挂，在那个国家命运风雨飘摇的年代，他们选择了舍小家保大家。他们知道，自己的选择意味着家庭的分离，意味着亲人的担忧和泪水；但他们更知道，没有国家的安宁，就没有小家的幸福。他们用自己的行动，诠释了“为大家舍小家”的崇高精神。

这些家书里，同样有“总期不骛高远实事求是为要”的教诲。

在这些家书中，我看到了先辈们对理想与现实的深刻理解。何叔衡写“幸福绝不是天地鬼神赐给的”，教导义子何新九要踏踏实实做事情；谢觉哉教导侄女谢谦芳“要从艰苦的过程中，得出隽永的味道”；罗瑞卿写给女儿的信中，嘱咐女儿“要做‘大鹏鸟’，决不做‘蓬间雀’”，要立志高远，像共产主义战士一样，严格要求自己；刘少奇在写给女儿刘平平的信中提到“不应当马马虎虎地度过你的青春时期”，教导她要树立共产主义的远大理想。

这些家书中透露着先辈们对毅力的强调与脚踏实地、实事求是的坚持，还有对青春的珍视。他们是以长辈的身份告诉我们，追求理想固然重要，但更重要的是要立足现实，从实际出发。这些家书，是长辈对晚辈的谆谆教诲，教导我们无论面对何种挑战，都应保持清醒的头脑，坚持实事求是的态度。

在阅读这些家书时，我不禁思考，书写这些文字的，是怎样的一群人？他们有着怎样的故事？他们的生活，他们的情感，他们的信仰，又是如何塑造了他们的人生？这些问题激发了我对那段历史更深层次的好奇心，我开始尝试去了解那个时代，去感受那个时代的气息，去理解那个时代的人们。

尽管时代背景不同，但人性中的某些东西是共通的。无论是在战火纷飞的年代，还是在和平发展的今天，人们对家国的热爱，对亲人的牵挂，对理想的追求，都是不变的。艰难抗战时，他们是外敌的无畏抵抗者，是革命的谋略者，是家国的牺牲者；和平与危机并存的当下，他们是边疆的守卫者，是科研的探索者，是教育的耕耘者，是社会的建设者。他们的坚守和奉献，跨越时空，值得我们尊敬和铭记。

“喀喇昆仑种不出玫瑰，却埋藏着祖国最忠诚的麦穗。”我想到那些在喀喇昆仑山脉的边防哨所中，守卫祖国的边防官兵们远离家乡，忍受孤独和严寒，只为守护国家的安宁。他们在执行重要任务前都会留下一封家书以防万一。他们的家书，或许没有华丽的辞藻，但那字里行间流露出的，是对家的思念，对国的忠诚，甚至还有对死亡的无所畏惧。

我想到那些在实验室里夜以继日工作的科研人员，他们用智慧和汗水为国家的科技进步和创新发展贡献力量。500 米口径球面射电望远镜（FAST）被誉为“中国天眼”，其首席科学家和总工程师南仁东倾其一生，致力于推动中国射电天文学的发展，最终建成了世界最大的单口径射电望远镜。他们的家书，或许充满了专业术语和研究进展，但背后是对国家未来的憧憬和对科学事业的热爱，这足以让人敬佩。

我想到那些在三尺讲台上辛勤耕耘的教师，他们用知识和爱心，为国家培养一代又一代的栋梁之才。云南省丽江华坪女子高级中学校长张桂梅，几十年如一日地坚守在教育一线，致力于改变山区女孩的命运。她不仅教授知识，更传递勇气和自信，帮助无数女孩走出大山，实现梦想。他们的家书，凝结了对教育事业的执着追求和对学生未来的深切期望。

这群时代先锋同样为了国家舍弃了自己的小家，将个人的幸福放在了国家和民族利益之后。他们的故事，或许不像那些在战场上的英雄那样轰轰烈烈，但他们的牺牲和奉献同样伟大。他们默默无闻地在各自的岗位上，用行动诠释着对国家的忠诚和对人民的深情。

在今天这个强调和平与发展的年代，我们或许不再需要像先辈们那样抛头颅、洒热血，但我们仍然需要继承和发扬他们的精神。我们要以他们为榜样，将爱国之情转化为报国之行，做新时代的砥砺前行者、和平守护者、行动引领者！无论是在科技创新的前沿，还是在社会服务的一线；无论是在教育的讲台，还是在建设的工地——我们都要用自己的智慧和汗水，为国家的繁荣富强贡献自己的力量，继续传承红色基因，发扬革命精神，以实际行动诠释爱国的深刻内涵。

《乡村国是》：人民伟力铸就丰碑

姜萍

一本好书犹如一位良友，它带领我们领略不一样的风景，感受不一样的温情。当我翻开这本《乡村国是》，破烂的小木屋、冰冷的铁饭盒、雨后泥泞的山路……众多扶贫故事展现在我的眼前。中国扶贫工作的艰辛历程与伟大成就，扶贫志士的奉献精神，以及人民在脱贫攻坚战中展现的伟大力量，都让我忍不住热泪盈眶。人民的力量比天大、比海深，在中华大地上创造出一个又一个璀璨奇迹。

扶贫之路漫漫，困难重重，幸有先锋辈出，勇于担当。

脱贫攻坚战中涌现出一位位誓要改变家乡旧貌的扶贫先锋：在崎岖山路上拉电线的吴天来，身患癌症却仍爱心助学的老师张彦杰，四处奔走为村里修隧道的邓迎香夫妻，坚持养蜂带领乡亲致富的陈俭银父子……这些经历阵痛与涅槃的亲历者，用汗水浇灌贫瘠的土地，终于让山村的石缝间开出绚丽多彩的花。

山川险阻，却阻止不了人们摆脱贫困的决心。四川巴中山高地险，自古以来就有“蜀道之难，难于上青天”之说，但巴中人民并没有被艰难吓倒。从 1994 年开始，他们每年组织几十万群众，背上铺盖、带上粮草，到上百里外安营扎寨去修筑公路。终于在 20 世纪末，他们将一个个闭塞的小山村打通，让 1953 个乡村都通上公路。“宁愿苦干、不愿苦熬”的扶贫精神，感染着整片巴蜀大地。这样的事迹并不是个例，在中华大地上，这样的人、这样的奇迹多如繁星。

值得一提的还有那些驻村干部。无论是烈日炎炎，还是刮风下雨；无论是西北戈壁，还是深山野墺，都不能阻挡他们扶贫的步伐。“我们这地方以前落后，不干不行，不干会更落后，我这个当书记的脸就没有地方挂了。”马岗老书记是村里几十年建设与变迁的参与者与见证者，在他之后，年轻的基层扶贫工作者接过他的接力棒，运用新技术推动“造血式”帮扶健康发展。

贵州海雀村的老支书文朝荣是很多扶贫干部心中的榜样。他任职期间一直都在带领群众上荒山植树；退休后也坚持巡山；病倒后的愿望是再看一次他心爱的林子，走不动了，儿子便背着他去。在蓝天白云下，老支书抚摸着一棵棵高大笔挺的华山松，像爱抚自己的孩子。他说：“以后你们要护好这片林子啊，这是全村老百姓的心血汗水，也是子孙后代的传家宝啊，我死了也会惦记的……”说着，老支书泣不成声，泪水纵横。虽然老支书现在早已离世，但当人们来到绿树环抱的海雀村时，一阵微风拂过，那片绿色的海洋翻涌着，好像是老书记和千百个奋斗的前辈欢迎着远方的来客。海雀虽小，其志坚也。几代人的顽强拼搏，换来了如今脱贫致富的海雀村。林中传来人民的欢笑，那是林海深处最真诚的赞美。

扶贫之路黯黯，路无盏灯，却有朴素的红心闪耀着人民的光辉。

正如习近平总书记多次指出的，“人民是历史的创造者，人民是真正的英雄”。中国人民具有伟大创造精神、伟大奋斗精神、伟大团结精神、伟大梦想精神，不断地在历史进程中创造人间奇迹。

书中详细描述了各地从贫困到脱贫的变化，那份真实让我仿佛跟随作者的脚步，透过他的眼睛，看到了一个个小村庄的巨变，感受到扶贫的艰辛与喜悦。我看到远处的山谷种满了麦子，看到大片金灿灿的麦穗，人们眼角与眉梢都带着笑。他们也像一颗颗饱满的麦粒，挂在国家扶贫工作这株壮实的“麦穗”上。

我试着去想象，如果我是书中的那些人物，面对重重困难，是否也可以如他们般执着坚毅？心中闪过一丝犹豫后，我更加为他们的伟大精神感到骄傲。我知道，渺小的我要学习的地方还有很多。我看见人民的精神在扶贫工作中熠熠生辉，同时，我心中的疑问——“这么苦这么累，为什么还要耗费如此大的人力、物力去实现全面脱贫？”也渐渐有了答案。

扶贫之路遥遥，工作艰苦，但党意志坚定，毫不动摇。

贫困，是世界各国发展中所面临的共同挑战；扶贫，是贯穿新中国发展历程的一项重要工作。是党扶起了每一个被贫困压倒的身躯，用行动诠释了对人民的庄严承诺。多年来，党和政府从产业、教育、就业、健康、易地搬迁、生态保护等多个方面下手，一直努力救济和扶助贫困群众，始终坚持民生为上，不忘根本。脱贫攻坚工作时不我待，回顾新中国扶贫工作的历史，党始终没有忘记对人民许下的承诺，带领着无数仁人志士迎难而上，无惧风浪，拼搏向前。

新中国成立初期，党就开展了小规模救济式扶贫。1978 年，中国迎来了改革开放的新时代，也更加顽强地与贫困作斗争。1994 年，具有里程碑意义的《国家八七扶贫攻坚计划》公布实施，扶贫的薪火在中国大地上传递，从偏远村落蔓延至千里沃野。经过十多年持续奋斗，我国脱贫攻坚目标任务如期完成。到2020年底，现行标准下9899万农村贫困人口全部脱贫，832个贫困县全部摘帽，12.8万个贫困村全部出列，困扰中华民族几千年的绝对贫困问题得到历史性解决，这是人类减贫史上的伟大奇迹。截至2024年8月底，全国脱贫人口务工就业总规模接近3300万人，超年度目标任务……

中国的扶贫史是一部波澜壮阔的壮丽史诗，更是一部言之有物的纪实作品。大量精准脱贫之策，如特色种养业扶贫、光伏扶贫、乡村旅游扶贫、商贸流通扶贫、电商扶贫等，强有力地带动了贫困人口脱贫，促进了贫困地区的经济发展，减少了区域之间的贫富差距，改善了贫困地区农村人口的生活条件。我们咬着牙走出了一条具有中国特色的反贫困之路。从黄熟坠枝的金秋梨，到村干部匆匆穿巷的脚印；从绕山缠雾的茶园，到深谷抱云的村寨——贫困地区的人们在期盼中坚守，在坚守中蜕变，让苦难与烦恼化作远去的云朵，让贫瘠的土地上结出硕果。中国人就是这样顽强不屈！

书中真实的扶贫故事，让我不禁联想到了自己的家乡发生的巨变。时光飞逝，我记忆里的那个山沟沟变了模样：整整齐齐的房屋建了起来，黑瓦白墙间铺了宽敞的马路，丛竹环绕的皖南小镇发展起了旅游业。五湖四海的游客来到我山清水秀的家乡，他们赞美我的家乡；而我，也乘着扶贫的春风，汲取知识的甘霖，走向了更远的地方。读这本书时，我坐在我们学校研究生院的图书馆内，望着窗外明媚的阳光，心潮澎湃。希望在不久的将来，我可以带着学到的知识回到故乡，成为乡村建设的一分子，为它奉献自己的力量。

在祖国的大地上，还有千千万万个如我一般的青年，他们满怀感激与热忱，将自己的梦想与祖国的梦想紧密相连，期待着用实际行动为祖国的繁荣发展贡献一份力量。扶贫工作任重道远，未来仍需砥砺前行，愿即将接过接力棒的我辈青年也可以像我们的前辈那样，在实践中传承生生不息的奋斗基因！

在一个阳光温暖的午后，我翻开这本朴素又厚重的书，阅读一个艰难前行的时代，感受一份份纯粹的真情。扶贫工作者们前赴后继，如森林般扎根乡间田野。一弹指顷，白驹过隙，生命短暂，转瞬即逝，田中的稻谷黄了一年又一年，扶贫的车轮滚滚向前，静静地走过这段岁月，而流淌在其中的扶贫精神不变。先辈坚毅的品格代代相传，他们推动着乡村发展，激励着后人前行。

让邓小平精神风范在新时代绽放耀眼光芒
——读《为什么是邓小平》有感

时成龙

身为一名退役大学生士兵，阅读《为什么是邓小平》这本书时，我仿佛在展开一幅宏伟壮丽的历史长卷。我追随着邓小平同志的足迹，从战争年代的烽火硝烟，到社会主义革命和建设的艰难探索，再到改革开放的波澜壮阔，深刻体会他那跌宕起伏且光辉璀璨的一生，心中澎湃着无尽的敬意与深沉的思索。

邓小平同志的一生，是一部充满传奇色彩的奋斗史。他在青年时期便毅然投身革命事业，将个人的命运与国家和民族的命运紧密相连，从此踏上了一条为实现中华民族独立与解放而不懈拼搏的遍布荆棘之路。在那战火纷飞、硝烟弥漫的战争岁月里，他南征北战，凭借着卓越的军事才能和坚韧不拔的革命意志，为新中国的诞生立下了赫赫战功。无论是在艰苦卓绝的长征途中，还是在抗日战争、解放战争的战场上，邓小平同志始终坚定地站在战斗的最前线，指挥若定，展现出非凡的英雄气概和领导风范。

新中国成立后，邓小平同志积极投身于社会主义建设的伟大事业。

尽管在前进的道路上经历了跌宕起伏，遭遇了诸多挫折与磨难，但他对党和人民的忠诚从未有丝毫动摇，对社会主义事业的信念始终坚定不移。每一次遭受挫折，他都能以顽强的毅力和乐观的精神重新站起，这种不屈不挠的精神令人动容。正是这种精神，使他在困境中不断磨砺自己，积累了更为丰富的经验和更为深刻的智慧，为日后引领中国改革开放的伟大创举奠定了坚实的基础。

“解放思想，实事求是”，这一闪耀着智慧光芒的思想理念，是邓小平理论的精髓，也是他为中国发展指明方向的关键。在那个特殊的历史时期，中国面临着诸多的思想禁锢和观念束缚，发展道路上困难重重。邓小平同志以其高瞻远瞩的战略眼光和果敢无畏的勇气，大力倡导解放思想，鼓励人们冲破思想的牢笼，摆脱旧有观念的枷锁。他深知，只有打破常规，才能为国家的发展开辟新的道路；只有实事求是，从中国的实际国情出发，才能制定出切实可行的政策和战略。

这一思想理念对我个人而言也有着极为深刻的启示。在服兵役期间，我深刻体会到了纪律和服从的重要性。但同时也认识到，在面对复杂多变的任务和挑战时，不能局限于传统的思维方式和既定的模式，需要具备创新思维和实事求是的态度，根据实际情况灵活应变，才能更好地完成任务。如今回归校园，在学习和生活中同样如此。大学是一个知识创新和思想碰撞的殿堂，我们不能因循守旧，而应积极解放思想，勇于探索未知领域，以实事求是的精神去追求真理、解决问题。无论是在学术研究中，还是在参与校园活动和社会实践时，都要敢于突破传统观念的束缚，用开放的心态去接纳新事物、新思想，努力培养自己的创新能力和实践能力。

改革开放政策无疑是邓小平同志为中国发展绘制的宏伟壮丽的蓝图，也是他对中国乃至世界历史进程产生深远影响的伟大创举。他以非凡的胆识和魄力，果断地打开了中国对外开放的大门，设立经济特区，开放沿海城市，引进外资和先进技术……这一系列举措如同一阵阵春风，吹遍了神州大地，唤醒了中国经济的沉睡巨龙，使中国经济迅速腾飞，实现了举世瞩目的历史性跨越。

从书中我深切感受到，改革开放初期，国内外形势错综复杂，中国面临着巨大的压力和挑战。然而，邓小平同志始终坚定信心，稳步推进改革进程。他深知改革开放是中国走向繁荣富强的必由之路，尽管在改革过程中会遇到各种困难和阻力，但他从不退缩，而是以坚韧不拔的毅力和灵活务实的策略一一化解。这让我想起在军队中参加实战演练，面对各种突发状况和艰难险阻时，我们不能畏惧、不能退缩，而是要坚定信念、勇往直前，根据实际情况迅速调整战术，灵活应对各种挑战。这种在军队中培养的坚韧品质和应变能力，在我理解了邓小平同志推动改革开放的历程后得到了进一步的升华。在当今时代，作为退役大学生，我更应积极投身于改革开放的浪潮中，传承和发扬邓小平同志的改革精神，勇于创新、敢于实践，为国家的经济发展和社会进步贡献自己的力量。无论是在创业创新领域，还是在服务社会、奉献基层的岗位上，都要以积极的态度和实际行动，践行改革开放的使命担当。

“发展才是硬道理”，这一简洁而有力的话语，深刻揭示了社会主义的根本任务是解放和发展社会生产力。邓小平同志始终将经济建设作为党和国家的中心任务，他深刻认识到，只有国家经济实力增强了，综合国力提升了，才能从根本上解决中国面临的各种问题，才能保障人民的幸福生活，才能在国际舞台上拥有话语权。在他的领导下，中国人民齐心协力，集中精力进行经济建设，经过几十年的艰苦奋斗，中国发生了翻天覆地的巨大变化，人民生活水平显著提高，国家的国际地位日益提升。

在退役复学后的学习生活中，我也深刻体会到了发展的重要性。在当今竞争激烈的社会环境下，只有不断努力提升自己的综合素质和能力水平，才能更好地契合社会发展的需求，实现自己的人生价值。我们要珍惜大学时光，努力学习专业知识，积极参加各种实践活动和培训课程，拓宽自己的知识面和视野，培养自己的团队协作能力、沟通能力和领导能力等多方面的素养。同时，还要关注国家的发展战略和社会需求，将个人的发展与国家的发展紧密结合起来，努力为国家的繁荣富强贡献自己的智慧和力量。

2024 年恰逢邓小平同志诞辰 120 周年。在这个特殊的历史节点，回顾他的一生，缅怀他的功绩，更具有深远的意义。邓小平同志为中国革命、建设和改革事业作出了不可磨灭的巨大贡献，他的思想和精神已经深深融入中华民族的血脉，成为我们不断前进的强大动力源泉。

作为一名退役大学生士兵，我深感责任重大。我们不仅要铭记邓小平同志的丰功伟绩，更要传承和弘扬他的精神品质。在新时代的征程中，我们要以邓小平同志为榜样，坚定理想信念，保持军人的优良作风和坚韧意志，努力学习、积极进取，在各自的领域中发光发热，用我们的青春和热血，为实现中华民族伟大复兴的中国梦而努力奋斗。

君之名，铸于青铜之上

——读《中共党史人物传》有感

邓婷钰

“最伟大的人，也是最能忍辱的人。”配得上这句话的人，古往今来，史不绝书：勾践如此，潘汉年、袁殊等亦是如此。《中共党史人物传》（全一百卷）真实地记录了一千多位功绩卓著、影响深远的党史人物事迹，其中不少人物都曾在逆境中彰显出惊人的精神力量。他们的故事，构成了中国共产党人精神谱系中最耐人寻味的章节。

中国近代史，是一部屈辱史。有人不愿谈及，但那段历史却恰恰是需要我们反复学习并从中汲取经验的。中国近代史，也是一部抗争史。无数英雄儿女抛头颅、洒热血，在战场上真刀真枪地与敌人奋战，他们可以在阳光下获得赞颂；然而，在没有硝烟的暗夜中，还有一些忍辱负重、如履薄冰的英雄，他们等待阳光的过程却是无比地艰辛和漫长。比如电视剧《伪装者》中明楼这一角色的创作原型——“五重间谍”袁殊。隐蔽战线，坚定信仰，未等六月飞雪，依旧忠诚优秀；掩护电台，和谈牵线，拂去衣袖尘埃，自有历史定论。五卅随军北上，历经变、败、归；化身“东方佐尔格”，尝尽难、苦、哑。二十载冤狱昭雪，祭故人疯癫离世。剧中的明楼曾表示，自己最大的心愿就是能够活在阳光下，褪去“汉奸”的伪装，告诉他的亲人和同胞：他是抗日者，是军人，是中共党员。在那段苦不堪言的日子里，袁殊也曾许过无数类似的愿望吧？这大概也是无数像他一样的地下工作者的心愿。有的人最终心愿成真，但有的人为了最终的胜利，放弃了一切，选择永久地留在黑暗中。

我可以说出他们的名字，但还有千千万万个“他们”拥有那个时代共同的名字，叫“抗战胜利”，叫“和平”，也许还叫“无名”。我们可以读完这套近 3000 万字的书，却读不完他们轰轰烈烈的人生。《堂吉诃德》里有段著名的话可视为他们的自白书：“我的丰功伟绩，值得浇铸于青铜器上，铭刻于大理石上，镌于木板上，永世长存。等我的事迹在世上流传之时，幸福的时代和幸福的世纪亦即到来。”

李克农是中国共产党在隐蔽战线上的杰出代表，是没有指挥过硝烟炮火的战争的开国上将。他每天冒着生命危险传递情报，只为通过智取来减少我方损失，这是持久战的重要谋略之一。1940 年初，袁殊作为“兴亚建国运动”代表访日时获取重要军事情报，影响了苏联对“二战”局势的战略决策。为此，苏联红军特意致电中共表示感谢。

这些人承受了无数的艰难困苦，会被亲人误会，甚至被自己的同志误会，会被骂作汉奸走狗。如果问他们一句“值得吗”，我想，无论如何，他们最终的答案一定都是“值得”。他们也许会遗憾自己死后无名，但作为后辈的我们不会让他们的遗憾长存，我们永远记得他们的名字，日月星辰记得他们为新中国付出的一切。字里行间，总觉得前辈们既有文人的儒雅，亦有武将的潇洒。有人能说出“凡是搞情报工作的大多数都没有好下场，中外同行都一样”，却从不后悔；也有人面对冤枉时，只留下一句“是非功过，自有历史定论”。

常说我们这一代是新生的一代。六七岁时，戴上用无数革命先辈的鲜血染红的红旗一角；十四岁后，一些人能光荣地佩戴上共青团团徽；成年后，少数人可以站在党旗前宣誓。可我们之中又有多少人真正了解过流血的先辈，读过党史？我们不能忘记过去，忘记历史等于背叛！尤其是那些无名英雄，他们无怨无悔地奉献，为国为家，为今日之盛世中华！

如今世界上有的地方又陷入战乱，水深火热的境地引发无数人的同情，这是因为我们想起了百年前的祖国。一步一步，从无到有，一辈人打完了几辈人的仗，换来了如今的幸福安康。我们不能只会喊“勿忘国耻”的口号，更要把振兴中华付诸实践。

仰不愧于天，一片丹心图报国；俯不怍于人，千秋青史胜封侯。星星之火，可以燎原。我们是新一代的星星之火。虽然我们的名字不会被浇铸在青铜器上，但万千奋斗者的星火汇聚，终将在中华史册上化作璀璨星河，光耀千秋。

信仰的力量
——读《星火燎原》有感

辛腾飞

在成为一名光荣的中国人民解放军战士之后，我读到了这本红色的精装书——红色封面上写着四个龙飞凤舞的烫金草书大字“星火燎原”。“星星之火，可以燎原”出自毛泽东 1930 年的书信中，形容当时看似微小的革命力量，却有着巨大的发展潜力和前景。这句话生动地描绘了中国革命初期的境况：尽管面临重重困难，但革命先辈们坚信只要坚持不懈，就一定能点燃熊熊的革命烈火，最终取得胜利。烫金的大字仿佛熊熊烈火一般，将我带入了那个战火纷飞的年代。这本书是历史的见证，同时也引发了我对信仰、勇气和坚持的深刻思考。

这本书记述了中国共产党早期革命斗争的艰辛和不易。在那个风雨飘摇的黑暗年代，无数共产党人面对强大的敌人，毫不畏惧、毫不退缩，毅然决然踏上了寻求民族独立和人民解放的道路。他们如同点点星火，虽然微弱，但是在无尽的黑暗中格外闪亮，给当时深陷泥潭的人们提供了希望和力量。

书中还详细地记载了中国革命历程中的许多关键历史事件。例如，在 1927 年大革命失败后，中国共产党开始独立领导武装斗争。毛泽东领导了秋收起义，原计划进攻长沙，但因敌众我寡，起义受挫，于是毛泽东果断决定放弃攻打长沙，带领部队沿湘赣边界向农村转移。9 月 29 日，部队到达三湾村，进行了著名的“三湾改编”，确立了党对军队的绝对领导。10 月 27 日，毛泽东率部抵达井冈山茨坪，建立了第一个农村革命根据地。与此同时，朱德、陈毅等率领南昌起义军余部在艰苦转战后来到湘南山区。1928 年 1 月，朱德等发动湘南起义，取得重大成果，但随后遭国民党军“会剿”。为保存革命力量，朱德、陈毅决定率部向井冈山转移。毛泽东得知后，率部前往湘南接应掩护。4 月 28 日，朱德、陈毅率领的南昌起义余部和湘南起义部队与毛泽东率领的部队在宁冈砻市胜利会师。井冈山会师壮大了根据地的军事力量，这两支部队会师后合编为中国工农红军第四军。此后，毛泽东、朱德等共同开创了井冈山斗争的全盛时期，形成了“敌进我退，敌驻我扰，敌疲我打，敌退我追”的游击战十六字诀等一系列战略战术，为中国革命的发展奠定了坚实基础。这一系列具有开创性意义的实践和决策，如同在黑暗中点燃的星星之火，为探索“农村包围城市、武装夺取政权”的革命新道路指明了方向，在中国革命史上具有里程碑式的重要意义。

在这本书中，最令我震撼的是革命先辈们坚定的信念和不屈不挠的精神，在极端困难的条件下，他们为了心中共同的理想信念——为了民族独立和人民解放而奋斗。这种信念是他们心中不灭的火炬，照亮着他们前进的道路，也激励后来者不断前行。这对于我们来说，是一种启示：生活在和平年代的我们也应该有坚定的理想信念作为支撑，我们虽然不用面对战争的硝烟和生死的考验，但同样需要面对来自各方面的挑战。我们也应该和革命先辈们一样树立坚定的信念，让其成为我们努力的方向，为我们树立正确的“三观”，让我们在现代快速发展变化的社会中保持定力、勇往直前。

这本书还让我深刻体会到了团结的力量。习近平总书记说：“密切联系群众，是党的性质和宗旨的体现，是中国共产党区别于其他政党的显著标志。”在革命斗争中，共产党人和广大人民群众紧密团结在一起，形成了坚不可摧的战斗集体。他们相互支持、密切配合，共同应对敌人的种种挑衅和进攻。这种团结精神，是革命取得胜利的重要保证。这让我意识到，在当今社会，团队合作和集体智慧同样重要。无论是在学习、工作还是生活中，我们都应该注重培养团队协作能力，学会与他人沟通、协作，共同解决问题。只有这样，我们才能更好地适应社会的发展和变化，实现个人价值和社会价值的统一。

《星火燎原》是一本传承精神、续写辉煌的书。它告诉我，无论时代如何变迁，革命先辈们留下的宝贵精神财富都是我们前进的动力源泉，激励我们铭记历史、开创未来。这本书不仅让我重温了那段波澜壮阔的历史，更让我的心灵受到深刻洗礼，使我明白：只要心中有光，就能照亮前行的道路；只要信念坚定，就能战胜一切艰难险阻。带着这份深刻的感悟和汲取的力量，我将在未来的人生旅途中勇往直前，不断攀登新的高峰！

火种如炬，照亮前路

——读《火种——寻找中国复兴之路》有感

甘靖宇

在这个似乎熙熙攘攘皆为利往的时代，我们还有没有崇高的理想信念？我思考着这个问题，不断追寻，终于在读完《火种——寻找中国复兴之路》后找到了答案。

刚刚拿到这本书，看到封面上烫印的“火种”两个大字的时候，我首先想起的，便是毛泽东在《星星之火，可以燎原》中提到的：“一九二七年革命失败以后，革命的主观力量确实大为削弱了。剩下的一点小小的力量，若仅依据某些现象来看，自然要使同志们（作这样看法的同志们）发生悲观的念头。但若从实质上看，便大大不然。这里用得着中国的一句老话：‘星星之火，可以燎原。’”我好奇星星般的“火种”是怎样形成燎原之势的，于是我翻开书页，开始了阅读之旅。

该书从1900年清末的“庚子国变”写起，到古田会议为止，以点带面地展现了20世纪前30年里风云激荡的一幕幕历史画卷。书中的开头一度让我有些疑惑不解：在历史课本中，我十分清楚地记得

1919 年的五四运动是中国新民主主义革命的开端，它的成功是中国无产阶级登上政治舞台的标志；但为什么这本书，却将时间线整整往前推了十九年？直到我看到书中“中国共产党不是凭空产生的，这是一个‘寻路’的过程”这句话才明白，原来这里的“火种”所指不仅仅是新民主主义革命中的优秀共产党员，还有一批又一批因爱国而奋起的青年，他们不惜以身为炬，用鲜血和生命照亮探索中国独立自由和民族复兴之路。所以这本书不仅仅是一部党史著述，更以宏阔的全球视野与深邃的历史格局，重释了中国复兴的精神基因。

作者向我们全方位地展示了许多尘封的历史细节，还探讨了共产党人在蒋介石背叛革命后的危急时刻，面对国际国内矛盾交织、内外挑战并存的困境，是如何走出立足生存、迈向发展的道路的。说到这里，就不得不提到陈独秀与毛泽东这两位在中国共产党党史中举足轻重的人物，作者也对这两位人物做了极为深刻的点评。他写道：“平心而论，陈独秀从心里是不赞成农民运动的。他虽然从事的是唤起民众的革命运动，但广大农民真正起来了，他又怕得要命，属于毛泽东所说的‘叶公好龙’之类。”所以陈独秀必然要退出历史舞台。讲到以蒋介石为首的国民党反动派对共产党人的屠杀，作者引用毛泽东说过的话——“中国共产党和中国人民并没有被吓倒，被征服，被杀绝。他们从地下爬起来，揩干净身上的血迹，掩埋好同伴的尸首，他们又继续战斗了”，来表明中国共产党人立场的坚定。

当我彻夜读完《火种——寻找中国复兴之路》后，我除了折服于刘统先生对大量党史资料掌握之详尽，以及对历史人物描写之生动，还为那一批批为心中信念而前仆后继献出生命的革命烈士的精神所折服。我在书中读到，李大钊先生在临刑前的亲笔自述中说：“钊自束发受书，即矢志努力于民族解放之事业，实践其所信，励行其所知……”读到此处，李大钊先生对革命真理的求索精神，让我不禁感到震撼。正是在那时，我找到了在文章开头我所追问的理想信念——中华民族的复兴事业！

不错，正是中华民族的复兴事业！这件事关乎国运，也关乎你我。正如书中作者所言，“这本书……献给那些为中华民族的复兴奋斗过、牺牲过的先人”，以启迪后人。

革命先辈的火炬为我们照亮前路。近代以来中国遭受的屈辱与苦难考验着生活在这片土地上的中华儿女，也让中华民族追求复兴的决心愈加坚定。此时此刻，站在“两个一百年”奋斗目标的历史交汇点上，我们比历史上任何时期都更接近中华民族伟大复兴的目标。习近平总书记说：“我国广大青年要坚定理想信念，培育高尚品格，练就过硬本领，勇于创新创造，矢志艰苦奋斗，同亿万人民一道，在矢志奋斗中谱写新时代的青春之歌。”我作为一名新时代大学生，将始终牢记为中国式现代化挺膺担当的使命，在这个充满挑战和希望的时代，把握当下，抓住契机，为民族复兴求索与奋斗，努力实现自己的人生价值。

“叛逆”与创新的科技革命史诗
——读《芯片简史》有感

尹楚倬

蒸汽动力是第一次工业革命的灵魂，电力是第二次工业革命的驱动力，而以原子能、电子计算机、空间技术和生物工程的发明和应用为主要标志的第三次科技革命，加快了全球社会的发展进程。我们今天正强烈地感受和经历的第四次科技革命，其澎湃动力——算力和算法，无疑是引领科技时代的核心。可对于决定算力和算法的关键因素——芯片，我们却鲜有深入了解。汪波所著的《芯片简史》正好弥补我们认知的不足，把曾经不可预知的世界变成了更加可能的现实图景。

《芯片简史》以时间为轴线、以人物与发明为核心脉络，详尽阐述了芯片是如何从量子物理的土壤中生根发芽，如何在肖克利、摩尔等科技群星的悉心“照料”下，由一个简单的开关变成计算机与人工智能等技术的基石。它如同一部激动人心的史诗，带领我们穿越时空，见证芯片技术历经“叛逆”与创新，推动信息时代的伟大变革。书中不仅为具备微电子背景知识的读者提供了深入了解芯片及其发展的机会，也让其他读者可以轻松理解芯片的相关知识。书中详细解释了诸如摩尔定律、芯片尺寸、蓝光发光二极管（蓝光 LED）等重要知识，解答了读者对相关技术细节的疑惑，对了解集成电路（IC）本身有很大帮助。书中不仅从技术角度帮助读者理解半导体、PN 结、晶体三极管乃至金属－氧化物－半导体（MOS）场效应晶体管、数字芯片等，还从人文角度讲述了技术发展过程中的“风云人物”，如肖克利与下属的名利之争，法金被除名而又因芯片上的姓名缩写得以正名等，展现了“人性”在芯片发展中发挥的重要作用，也使本书在严谨中又增添了些许风趣。

芯片技术的发展历程无疑是一部充满“叛逆”与创新的史诗，其根源在于对传统的巨大颠覆、对科技的伟大创新。量子物理的诞生源于对经典物理学的质疑，这为芯片的诞生奠定了理论基础。芯片领域的“叛逆者”们传承了这种精神，突破了早期计算机的局限——庞大的体积和高昂的成本。杰克·基尔比和罗伯特·诺伊斯等先驱凭借非凡的勇气与智慧，突破技术边界，发明了集成电路。这一创新不仅显著缩小了计算机体积，降低了成本，更为微电子时代奠定了基础。

在《芯片简史》中我们看到，芯片技术发展早期，许多重大创新在面世之际都遭到了业界的质疑与抵制，几乎夭折。在当时“数字暴政”的统治下，半导体公司面临着技术路径的抉择：单片集成还是微型模块。仙童半导体公司的副总裁质疑集成电路的收益，主张裁撤相关项目，贝尔实验室的研究主任也认为集成电路“治标不治本”。贝尔实验室在仔细权衡利弊、评估市场后选择了微型模块，而勇敢的仙童团队却以叛逆姿态坚持攻克集成电路，最终创造了辉煌的历史。传统行业巨头的“经验”与“缜密”思考，使得贝尔实验室错失了重大发明的机遇。“叛逆者”们通过无数次的实验与探索赢得了发言权，碰撞出绚丽的思想火花，这是青春无畏，是青年奋进、自信的模样。

由贝尔实验室的衰落我们不难看出，良好的规划并非坏事，领导层的傲慢保守与自身评价体系的僵化导致创新能力的逐渐丧失才是衰落的根源。创新应是持续不断的，需要在前人的基础上不断改进。“叛逆”与创新若不能“持续”，便只是昙花一现，转瞬即逝。摩尔定律不仅是关于过去的规律，更是推动未来进步的动力，它体现了人类的信心、恒心与不断求索之心。正如作者汪波在书中所言，“一个人所要做的全部只是持之以恒”，这恰与古语“有志者，事竟成”，“苦心人，天不负”不谋而合。创新的征途虽然充满挑战，但薪火相传的创新仍然能让我们不断见证奇迹。

通过阅读《芯片简史》，我进一步了解到，芯片技术的飞速发展不仅推动了信息技术的革命性跃进，更深刻地改变了人类社会的方方面面。从个人电脑的普及到智能手机的广泛应用，从云计算的崛起到大数据的深入挖掘，芯片已成为现代社会的基石，深刻影响着我们的生活方式。书中深入探讨了这一技术如何引发全球产业革命，推动经济转型及社会结构的重大变革，使人类与现实世界的联系愈加紧密。

芯片技术的每一次重大突破，都离不开那些勇于挑战现状的科学家和工程师。他们在追求更高性能和更低成本的芯片的道路上坚定前行，推动技术不断进步。而教育与人才培养在这一过程中扮演着越来越重要的角色，许多接受良好教育的杰出科学家，如“中国龙芯之母”

黄令仪和“中国芯片之父”邓中翰，凭借扎实的理论基础和丰富的实践经验，为中国的芯片事业注入了强大的动力。伟大的科学技术革命展示了教育与技术创新、教育与人类文明进步之间的深刻联系，折射出时代的变迁与未来的希望。

数字驱动的信息革命时代，芯片技术的发展依然需要坚守“叛逆”与创新的精神。随着量子计算、人工智能等前沿技术的崛起，芯片行业面临着新的挑战与机遇。如何缩小芯片尺寸、提高集成度、降低能耗以及增强可靠性，都是亟待解决的重要课题。在这个不断变革的时代，只有具备探索精神和创新勇气的人，才能在未来的科技革命中立于不败之地。书中的创新者教会我们，敢于突破常规、勇于探索未知，将是引领科技浪潮的关键。这样的精神不仅应体现在科学研究中，更应融入教育与人才培养的每个环节。我们要传承“叛逆”与创新的精神，激发下一代的创造力与探索欲，激励新一代科学家和工程师在不断追求卓越中引领科技发展。

习近平总书记在给中国国际大学生创新大赛参赛学生代表回信时强调：“创新是人类进步的源泉，青年是创新的重要生力军。”作为新时代的大学生，我们必须紧跟人工智能和物联网等新兴技术崛起的步伐，不断深度学习，利用专业知识探索新的材料和芯片设计、制造工艺，推动芯片技术与时俱进，实现中国芯片的“弯道超车”。

如今，我们站在时代的前沿，要突破技术瓶颈，将“造芯”成果与人民的日常生活紧密相连，造福百姓。这需要我们传承和发扬“芯片精神”，敢于创新、寻找破局之道；更需要我们善用芯片技术，将人工智能与行业发展结合，实现行业的数字化转型，培育和发展新质生产力，促进可持续发展，进而深刻地改变传统行业因受制于资本盲目扩张、人口老龄化和地缘政治冲突等因素而进入低谷的现状。

《芯片简史》容纳了太多作者的思索，他写芯片简史，却又无处不在谈未来。这不仅是一部关于技术发展的历史著作，也是对“叛逆”与创新精神的热烈颂扬，激励人们不断探索、勇于创新。在第四次科技革命的浪潮中，在群雄逐鹿的强大科技竞争压力下，我们每一个人都应成为推动时代前进的力量，勇于质疑、敢于“叛逆”、积极创新，无私奉献、无畏追求，与时偕行并不断超越。

《雪山大地》：一部镌刻时代与人性光辉的史诗

魏存浩

第一次知道这本书，是通过杨志军的茅盾文学奖获奖感言。在这个快节奏的时代，他的发言成功吸引了我，让我产生了了解《雪山大地》的兴趣。这部作品以其真挚的情感、雄浑的笔触和深刻的内涵，刷新了我们对那片广袤神秘的高原大地以及高原居民们的认知。它不仅仅是一个故事，更是一幅时代的画卷、一首人性的赞歌，引领着读者走进那个雪山环绕、大地苍茫的世界，去感受岁月变迁中的悲欢离合、梦想与奋斗。

时代的画卷：在历史长河中展现高原变迁

《雪山大地》的叙事时空跨度宏大，它以青藏高原为背景，生动而细腻地描绘了从20世纪中叶以来，这片土地上所经历的沧桑巨变。这部作品犹如一位历史的编织者，将那些重大的历史节点与普通牧民、干部们的日常生活紧密相连。

从百废待兴的解放初期，到后来的社会主义建设、改革开放等不同阶段，我们看到了在时代浪潮的推动下，高原上的人们如何一步步告别传统游牧生活，走向更加现代化、多元化的发展道路。比如，高原畜牧业的发展从最初的粗放式放牧转变为后来的科学养殖，牧民们在与时代接轨的过程中不断学习、适应，努力提高生活质量。书中对于修建公路、建立学校和医院等基础设施建设的描写，更是让我们真切地感受到了时代进步给这片土地带来的希望与活力。

那些古老的部落传统与现代文明在这里相互碰撞、融合。传统的藏族文化习俗，如盛大的赛马会、庄重的祭祀仪式等，依然在牧民们的生活中占据着重要的位置。与此同时，新的思想、新的生活方式也在悄然改变着年轻一代的思想观念，年轻的牧民们开始融入外面的世界。他们学习科学文化知识，有的成为优秀的医生、教师，回到家乡贡献力量；有的则走出高原，在更广阔的天地里追寻自己的梦想。这种传统与现代交织的景象，构成了一幅色彩斑斓的时代画卷，让我们看到了高原在历史长河中的不断演进与发展。

人性的赞歌：平凡人物铸就非凡人生

这部作品真正打动人心的地方，在于它塑造了一系列鲜活生动、有血有肉的人物形象。这些人物大多是普通牧民、基层干部，但他们在各自的人生道路上，凭借着坚韧不拔的意志、善良淳朴的心灵和对生活的热爱，书写属于自己的非凡故事。

首先是那些朴实的牧民。他们祖祖辈辈生活在这片土地上，与雪山大地共生共息。他们敬畏自然，遵循古老的生存法则，在艰苦的环境中努力维持着生计。像书中的老阿爸，他一生都在守护着自家的羊群，对每一只羊都如数家珍。他虽然没有接受过太多的现代教育，但却有着对生活最朴素的理解和对家人最深沉的爱。在面对自然灾害、生活困境时，他总是默默地承受着，用自己的经验和勇气带领家人渡过难关。他的形象代表了坚韧与勤劳的广大牧民，他们是这片土地上最坚实的根基。

而那些基层干部则是推动高原发展的重要力量。他们怀着对这片土地的热爱，肩负着对人民的责任，义无反顾地投身建设工作。比如那位年轻的驻村干部，他初到高原时面临着诸多的不适应——语言不通、水土不服，但他没有丝毫退缩。他深入牧民家中，了解他们的需求，积极为他们引进新技术、新项目，帮助他们改善生活。在这个过程中，他与牧民们建立了深厚的情谊，成为他们中的一员。他的故事展现了基层干部们的奉献精神和使命感，他们在平凡的岗位上作出了不平凡的贡献。

还有那些在时代变革中成长起来的年轻一代。他们既继承了父辈的优秀品质，又有着自己独特的理想与追求。书中的年轻姑娘卓玛，她热爱自己的家乡，但也渴望去外面的世界看看。她努力学习考上了大学，在城市里开阔了眼界。然而，她始终没有忘记自己的根在高原，所以毕业后毅然回到家乡，利用自己所学的知识，为家乡的旅游发展贡献力量。她的经历体现了年轻一代在传统与现代之间的抉择与坚守，他们是高原未来的希望之星。

自然的敬畏：雪山大地的灵魂所在

青藏高原的雪山大地在杨志军的笔下不仅仅是故事背景，更是作品的灵魂所在。那高耸入云的雪山、广袤无垠的草原、清澈湛蓝的湖泊，构成了一幅如诗的自然画卷。

作者用细腻的文字描绘了雪山的雄伟壮丽：那终年不化的积雪在阳光的照耀下闪烁着耀眼的光芒，仿佛是大自然赐予这片土地的神圣王冠。雪山是牧民们心中的圣山，它象征着纯洁、崇高，也见证着他们的生活与历史。草原则是生命的摇篮，无数的牛羊自由自在地吃草、奔跑，它们是草原的精灵，也是牧民们生活的依靠。草原上的每一朵野花、每一棵小草，都有着自己的生命故事，它们在季节的更替中生长、凋零，构成了一个完整的生态循环。而湖泊则像是大地的眼睛，清澈见底，倒映着天空和雪山的美景。在湖边，常常能看到牧民们取水、洗漱的身影，它是生命之源，为这片土地上的人们提供了生存的保障。

然而，这部作品不仅仅是在赞美自然的美丽，更重要的是传达一种对自然的敬畏之情。牧民们深知自己的生活与自然息息相关，他们遵循着自然的规律，不随意破坏生态环境。在面对自然灾害时，他们也认为这是大自然的一种警示，会努力调整自己的生活方式。这种对自然的敬畏，是高原文化的重要组成部分，也是我们现代社会所应该学习和借鉴的。

主题的升华：爱与希望的永恒旋律

爱是贯穿全书的主线，它体现在各个方面。有牧民们对家人的爱，这种爱让他们在艰苦的环境中相互扶持，共同面对生活的挑战；有基层干部对牧民的爱，这种爱促使他们不辞辛劳地为群众谋福利，推动高原的发展；还有年轻一代对家乡的爱，这种爱让他们在经历了外面的世界后，依然选择回到家乡，为家乡的建设贡献自己的力量。

希望则是在时代变迁、人物奋斗的过程中不断涌现出来的。从最初牧民们对改善生活的简单渴望，到后来对建设繁荣家乡的憧憬——希望就像一盏明灯，照亮了他们的人生道路。即使在面对困难和挫折时，他们也从未放弃过希望，而是凭借着坚强的意志和对未来的信心，继续前行。

这种爱与希望的主题，使得《雪山大地》具有了超越地域和民族的普遍性意义。它让我们看到，无论身处何地、生活多么艰难，只要心中有爱、怀揣希望，我们就能够创造出美好的生活。它也激励着我们每一个人，在自己的人生道路上，要以爱为动力，以希望为指引，去勇敢地追求自己的梦想，去为社会的发展贡献自己的一份力量。

文学价值与社会意义：一部不可多得的佳作

从文学价值上来看，《雪山大地》展现了杨志军高超的叙事技巧和深厚的文学功底。他的文字简洁而富有感染力，能够用寥寥数语勾勒出一幅幅生动的画面，让读者仿佛身临其境。无论是对自然景观的描写，还是对人物心理的刻画，都十分精准到位，人物形象跃然纸上，自然景色如在眼前。

在社会意义方面，这部作品对于促进民族间的理解与交流具有重要作用。它通过展现青藏高原上藏族等少数民族的生活、文化、习俗等方面，让更多的人了解到这片神秘土地上人们的真实生活状态，打破了一些人对于民族地区的片面认知和误解。

《雪山大地》是一部不可多得的佳作，它以丰富的内涵、深刻的主题、高超的文学造诣，为我们呈现了一个真实、生动、充满魅力的青藏高原。它能让我们在阅读的过程中，感受到时代的脉搏、人性的光辉、自然的魅力以及爱与希望的力量。相信这部作品将会在当代文学史上留下浓墨重彩的一笔，继续影响更多的读者，让他们对生活、对世界有更深层次的理解和感悟。

大漠长歌，敦煌不朽
——读《愿为敦煌燃此生》有感

赵俊萍

在华夏大地的西北一隅，敦煌宛如一颗璀璨而神秘的明珠，镶嵌在无垠的沙漠之中。它是历史的沉淀，是文化的交融，是艺术的瑰宝，承载着千年的记忆，散发着无尽的魅力。当我翻开《愿为敦煌燃此生》这本书时，仿佛穿越了时空的隧道，走进了常书鸿先生与敦煌文化的传奇世界，一场震撼心灵的文化之旅也就此展开。

常书鸿先生的艺术之路，犹如一幅徐徐展开的画卷，自他幼年时期便开始着墨。童年时期，他绘画方面的天赋和兴趣，在叔父的引导下已初露端倪。小学时对国画的初步尝试，中学毕业后于浙江省立甲种工业学校的深入学习，都为他的艺术成长奠定了基础。而 1927 年赴法留学深造的经历，则是他艺术生涯中的华彩篇章。在法国这片艺术的沃土上，常书鸿先生如饥似渴地汲取着西方艺术的养分，他的绘画天赋也在此得到了充分的发挥。他在绘画领域屡获佳绩，作品被法国国家博物馆等众多知名机构收藏，成功举办个人画展以及当选巴黎美术家协会超选会员等众多荣誉经历，使他在国际画坛赢得了一席之地。

这段留法经历，让他不仅淬炼出了卓越的艺术造诣，还接触到了世界前沿的艺术理念与研究方法，拓宽了他的艺术视野，为他日后深入研究敦煌文化打下了基础。

命运的转折点，总是在不经意间降临。1935 年，在巴黎的一个书摊上，常书鸿先生偶然间发现了由伯希和等人从敦煌掠夺的文物所影印成的《敦煌石窟图录》。那本画册如同一道划破黑暗夜空的闪电，瞬间唤起了他内心深处对传承祖国文化遗产的使命感。书中所呈现的精美绝伦的敦煌石窟壁画，以及伯希和在藏经洞挑选经书的照片，如同一把利剑深深刺痛了他的心灵。他意识到，在遥远的祖国，有这样一处无比珍贵却被忽视的文化宝藏，正面临着持续被掠夺、被破坏的危险。那一刻，他仿佛听到了敦煌跨越万里风沙的深情呼唤，那是一种来自古老文明的召唤，一种对祖国文化保护与传承的强烈诉求。于是，他毅然决然地告别了当时法国相对优渥的生活和如日中天的艺术事业，踏上了回归祖国、奔赴敦煌的征程。

常书鸿先生初抵敦煌时，眼前的景象可谓满目疮痍，令人痛心疾首。莫高窟，这座曾经辉煌无比的艺术宝库，在岁月的无情侵蚀和人为的肆意破坏下，已然失去了往昔的光彩。风沙如同恶魔一般，肆意席卷着这片土地。许多洞窟被厚厚的积沙所掩埋，仿佛在诉说着无尽的哀怨；壁画褪色严重，原本绚丽多彩的颜色逐渐黯淡；剥落的墙皮如同岁月的伤痕，触目惊心；塑像也残缺不全，失去了曾经的庄严……然而，这些并没有让常书鸿先生退缩，反而更加坚定了他守护敦煌文化的决心。他就像一位英勇无畏的战士，带领着他的队伍，在这片艰苦的土地上，开始了一场漫长而伟大的文化保卫战。

清理积沙是他们首先要攻克的难关。常书鸿先生身先士卒，与队员们并肩作战，一锹一铲地清除洞窟内外的积沙。这是一项异常艰苦且枯燥的工作，但他们始终毫无怨言。因为他们深知，每清理出一寸空间，就意味着为敦煌文化的延续多争取了一份希望。在清理积沙的同时，加固崖壁和修建栈道的工作也紧锣密鼓地展开。敦煌的崖壁质地疏松，极易崩塌，这给洞窟的安全带来了巨大的威胁。常书鸿先生四处奔走，积极争取资金和技术支持，采用当时最为先进的加固技术，为崖壁筑牢了一道道坚固的防线。修建栈道则为他们进一步深入研究和保护洞窟提供了便利条件，使得他们能够更加全面地了解莫高窟的每一个角落、每一处细节。

在洞窟的保护工作中，常书鸿先生展现出了非凡的智慧和远见。他带领团队对洞窟逐一进行测绘、编号，详细记录每个洞窟的位置、大小、结构、壁画内容等信息。这一举措犹如为敦煌洞窟建立了一份信息详尽的“户口簿”，不仅为洞窟的保护和修复工作提供了科学精准的依据，也使得敦煌文化的研究从此走上了系统化、规范化的道路。常书鸿先生和其团队的这些努力，犹如在风雨飘摇中为敦煌文化撑起的一把坚固的保护伞。

常书鸿先生对敦煌壁画的临摹与研究工作成果，无疑是他保护敦煌文化的又一座不朽丰碑。他深知，敦煌壁画是敦煌文化的重要载体，蕴含着丰富的历史、宗教、艺术等信息。然而，由于敦煌地处大漠深处，交通不便，外界对敦煌壁画的了解犹如雾里看花，极为有限。为了打破这种僵局，让更多的人领略到敦煌壁画的独特魅力，常书鸿先生毅然决定开展大规模的壁画临摹工作。他所倡导并践行的临摹理念独树一帜，强调“以忠诚的态度，作比较详尽、充实、有系统之临摹”。这种理念摒弃了以往那种主观随意、片面肤浅的临摹方式，转而追求对壁画原貌的忠实还原。常书鸿先生及其团队临摹的壁画作品，在国内外都引起了广泛的关注。这些作品先后在国内多个城市以及国外的一些国家和地区巡回展出，所到之处无不引起轰动。它们成为传播敦煌文化的重要使者，让更多的人了解到了敦煌文化的独特魅力，在国际文化交流的大舞台上发挥了举足轻重的作用。

除了在壁画临摹领域成就卓越，常书鸿先生在敦煌文化的学术研究方面同样建树颇丰。他笔耕不辍，撰写了大量有深度、有影响力的学术著作和论文，如《敦煌艺术的源流与内容》《从敦煌近事说到千佛洞的危机》等。在这些作品中，他运用自己深厚的艺术修养和丰富的实践经验，从敦煌艺术的起源、发展脉络、演变历程等方面入手，深入分析了敦煌文化与中原文化、西域文化以及其他外来文化之间相互交融、相互影响的复杂关系，从而清晰地揭示了敦煌文化在中西方文化交流中所占据的重要地位。他还对敦煌壁画、彩塑、建筑等艺术形式进行了详细的解读，阐述了它们各自的艺术特点、制作工艺以及所蕴含的审美价值。这些学术成果，犹如一盏盏明灯，为敦煌学的蓬勃发展照亮了前行的道路，也为后来者进一步深入研究敦煌文化提供了宝贵的思路启迪和方法借鉴。

常书鸿先生在敦煌文化保护工作中的坚持与奉献，铸就了伟大的“莫高精神”。这种精神，是在极端恶劣的自然环境和艰苦的生活条件下，坚守初心、不离不弃的执着信念；是在面对资金短缺、物资匮乏、人才流失等重重困难和挫折时，永不言败、勇往直前的坚韧毅力；是为了保护和传承文化遗产，无私奉献、舍小家为大家的崇高情怀。“莫高精神”的影响力早已超越了敦煌文化保护的范畴，它如同一股强大的精神洪流，成为整个文化遗产保护事业的坚实支柱和不朽灵魂。而常书鸿先生用自己的一生践行这种精神，谱写了一曲对敦煌文化热爱与忠诚的壮丽赞歌。

如今，敦煌文化以更加多元、创新的形式走进了人们的视野。由国家话剧院推出的音乐话剧《受到召唤·敦煌》，便是一次以全新艺术形式展现敦煌文化的精彩尝试。2024 年 10 月 30 日，《受到召唤·敦煌》发布会在北京召开。发布会上，主创人员分享了创作背后的故事和心路历程，让我对这部话剧充满了好奇和期待。这部话剧以常书鸿先生等敦煌守护者的故事为蓝本，通过精湛的舞台表演，将敦煌文化背后的人物情感和历史变迁生动地展现出来。在剧情设置上，这部话剧巧妙地将敦煌的历史故事与现代元素相结合，让观众在感受敦煌文化古老魅力的同时，也能体会到它在当代社会的价值和意义。

我因个人学业原因，无缘在北京观看这部话剧，但我仍会满怀激动与热情，等待之后在上海欣赏这部话剧。我期待着与大家共赴这场文化的盛宴，感受敦煌文化的无穷魅力；也期待着常书鸿先生等敦煌守护者的故事，在话剧舞台上鲜活呈现。我相信，话剧演员们的精彩演绎定能将常书鸿先生等人物形象刻画得栩栩如生，吸引众多年轻观众的关注；我也相信，这必将使敦煌文化在年轻群体中更广泛地传播，激发他们对文化遗产保护的兴趣和热情，吸引更多的年轻人投身到敦煌文化的保护和传承中。

回看《愿为敦煌燃此生》这本书，它不仅仅是常书鸿先生个人的传记，更是一部记录敦煌文化保护历程的壮丽史诗。它让我们深刻地领悟到，文化遗产是一个民族的灵魂根基，是人类文明发展的璀璨结晶。常书鸿先生用他的一生告诉我们，保护文化遗产需要坚定不移的信念、无私无畏的奉献和持之以恒的努力。在文化遗产保护的道路上，他的事迹激励着我们每一个人奋勇前行。

敦煌，这片古老而神秘的土地，承载着千年的文化记忆。常书鸿先生的故事，恰似一首激昂澎湃的大漠长歌，永远回荡在敦煌的上空。愿我们都能从他的事迹中汲取力量，为保护和传承敦煌文化、守护人类共同的精神家园，贡献自己的一份力量，让敦煌文化这颗璀璨的明珠，在历史的长河中永远熠熠生辉，照亮人类文明前行的道路。

古往今来的月

——《文明——中西交流三千年》读后感

唐伊琳

“壮志西行追古踪，孤烟大漠夕阳中。驼铃古道丝绸路，胡马犹闻唐汉风。”“今人不见古时月，今月曾经照古人。”驼铃叮当，羌笛悠远。骆驼踏过黄沙而不留痕迹，时光与月影一同悄然流逝。

回首过往，中西文明间的互动交流时间悠久、次数频繁、内容丰富，已在世界文明交流史中占据着重要篇章。在大航海时代前，在欧亚大陆和北非地区发展起来的诸多文明便不断向外探寻，拓展文明的边界。东方是以中国为代表的农耕文明，西方则是以古罗马、古希腊为代表的海洋文明，东西方通过官方或民间渠道频繁交流往来。虽然由于各种原因，这种交流在不同时期时而繁荣旺盛，时而隔绝中止，但交流的纽带总会将中西文明联系到一起，它们在理念碰撞和思想交锋中实现共同进步、共同成长。

由中央党校出版集团所属的大有书局出版的《文明——中西交流三千年》，便是一部梳理中国与西方交流互鉴史的专著。作者张国刚教授是清华大学在中西文化交流领域深耕多年的权威学者，他在书中凭借独到的视角和深厚的学养，详细介绍了中西交流的历史脉络。该书语言凝练，观点令人印象深刻。开卷即见一张巨大的折页，展开后可见正反两面绘制着精美的“中西交流大事记”图表，按照从夏朝至清朝的时间顺序，全面直观地梳理了中西方交流的重大事件。附录部分则包含《丝绸之路著名使者》《历代著名和亲公主》《中西交流中中国著名僧人》《郑和七次下西洋一览表》等内容。这些附录表格与开篇折页同正文内容相互印证、补充，共同为读者构建起一个关于中西文明交流清晰明了的整体框架。

书中以周穆王西巡见西王母的传说为开端，按照朝代顺序一路共游。书中讲述了汉朝张骞通西域、甘英使大秦以及丝绸之路的初现，魏晋南北朝佛学与中原文化的碰撞，隋唐时期玄奘西行、西域文明与大唐王朝的交汇，五代宋辽金时期海上丝绸之路、四大发明的西传与外国来使，元朝时期西方旅行者的造访和伊斯兰文化的传入，明朝郑和下西洋、利玛窦传教士来华、徐光启和西方科技，清朝东学西渐和西学东渐。详尽的史实内容配以精美插图，让读者仿佛置身于真实历史之中，享受一场精妙绝伦的阅读盛宴。

作者在讲述早期中西交流时提到的“草原之路”与“绿洲之路”令人印象极为深刻。在汉朝张骞通西域前，中西之间的交流往来已有萌芽。“草原之路”通常是指始于中国北方，经蒙古高原逾阿尔泰山脉和准噶尔盆地，进入中亚北部哈萨克草原，再经里海北岸与黑海北岸到达多瑙河流域的通道。古代游牧民族利用其迁徙往来，而商代在国家巩固和领土扩张的过程中，经常同北方民族发生战争，促使他们向更北方向迁徙。“绿洲之路”则位于“草原之路”南部，是由分布于大片沙漠和戈壁之中的绿洲城邦开拓出的通道，它逐渐成为欧亚大陆间东西往来的交通干线。“草原之路”与“绿洲之路”作为丝绸之路的前身，不仅在地理上连接了东西方，更在文化和经济上促进了不同文明之间的交流与融合。

中原与西域之间的交融在书中可见一斑。在“边疆民族语言与中西文化交流”一节，作者将各个已在历史上消失的民族的古语言文字作为研究对象，囊括了焉耆－龟兹文（吐火罗文）、于阗文、粟特文、突厥文、回鹘文等，解释它们的起源、使用方法和消亡缘由。这些冷门语言很多人都闻所未闻，但通过讲解介绍，我们能对其有大致了解。语言是文化信息的最重要载体，是文化交流的最重要手段。它不仅是沟通的媒介，更是文化认同和历史记忆的载体。每种语言都承载着一个民族的历史、文化、思想和情感，是连接过去与未来的桥梁。在辉煌灿烂的民族文明已然谢幕后，历经千百年沧桑的文字依然可以跨越时空，让现在的人们看到古人的所思所感，成为研究他们的政治、经济、文化的材料，这也是一种文化与精神的传承。

在欧洲文艺复兴和新航路的开辟后，西方的科学技术、思想逐渐开放进步，而后终于迎来了工业革命，极大地提高了社会生产力。而同时期的清朝却仍抱着“天朝上国”的美梦不愿苏醒，对外国使节不甚重视，长期以来将欧洲诸国笼统认知成一个“大西洋国”；只把钟表机械等当成新奇特异的玩物，没有进一步深入挖掘了解其内部构造和科学原理。与此同时，欧洲对于中国的态度也逐渐从崇拜走向对立。随着“欧洲中心论”观点的抬头，很多学者通过分析中国的民族性格和政治特性，论证“中国的古老及其孤立主义带来的落后性”，从而强调欧洲的强大，可是中国文化曾经在欧洲启蒙时代就为欧洲文化和社会转型作出贡献了。我们可以从这段历史中汲取深刻教训：封闭导致落后，开放促进发展。历史的经验告诉我们，不同文明之间的交流互鉴是推动人类进步的重要动力。

无论是古代还是现代，中西之间的交流与合作都是推动文明进步和世界发展的重要力量。古丝绸之路积淀了以和平合作、开放包容、互学互鉴、互利共赢为核心的丝路精神；当今的“一带一路”倡议，正是这一精神的现代传承与创新发展。立足经济全球化时代潮流，“一带一路”倡议秉持共商共建共享原则，致力于促进沿线国家基础设施联通与经贸合作，加强互联互通，推动贸易投资便利化，深化人文交流。该倡议统筹陆上丝绸之路与海上丝绸之路建设，构建起更加全面、立体的复合型合作网络。

古往今来的月，亘古长明。同一轮明月曾经洒下白光，洒向在沙漠里跋涉的商队和在远洋上漂流的货船；如今明月仍在，世界换了新颜，轰鸣的火车和货轮载着三千年来人们的期许，也承载着三千年文明交融的历史驶向远方。

《书于竹帛》：千年竹文书东方浪漫

伍雅琪

竹简和木牍是中国最早的书写材料。

——《书于竹帛》

如果说提笔写字是与古人往来应心的对话，那么钱存训先生在《书于竹帛》中对文字历史的考索，便是与文明根脉贯通古今的对话。在今天，人们表达浪漫有无数种方式；但数千年前，浪漫最精妙的载体便是这文字，它被刻印在竹简木牍的肌理上，成为古人一笔一画的神仙佳话、金戈铁马。

中国文字除了具有一般文字通有的音、义外，还有特殊的形体。这种形体超越了时间和空间的限制，团结了中华民族，联结起中华民族的文化整体。而承载文字的“书”对古人而言是极其稀罕而珍贵的东西。一个人若能垂名竹帛，便可以不朽。

“中国文字记录的一个重大特点，便是它独有的持久性和延续性。这一特点使得世界上一个有创造性的远古文化，得以继继绳绳，绵延至今。”文字记录时间，时间改变文字。一撇一捺交织千古悲喜，书写绝唱春词。群山微寂，画染墨色，竹生于荒芜，又归于浪漫烟火。我在千年竹文的字里行间穿梭，曾窥见过万国朝贺、灯火璀璨的盛唐，领略过“东风夜放花千树”的繁闹风光，似亲临过寒山寺旁的姑苏，也曾为兰因絮果愁苦，为山河零落破碎恸哭。竹在风雨摇曳间低吟浅唱，任凭笔墨挥毫，留下傲骨与诗行，坚固且柔韧，静默而深沉。

“中国古代的书籍和文字记录的多彩多姿、源远流长，是中国民族精神之所寄，也是世界文明中特有的奇迹。”汉字约有六千年的历史，传播方式经历了从口耳相传向物质载体的演变：早期铭刻于龟甲兽骨及金石之上，而后逐渐发展为以竹简、木牍、丝帛等为载体的形式。在这一漫长的历史时期中，这些古老的文字载体，不仅见证了人类文明的演进，更承载了无数先贤的智慧与心血。

钱先生以博学之姿，引经据典，辅以数据和图表进行佐证，将外来的文献与考古的实物巧妙地交织在一起。在分析古代典籍的珍贵价值、社会背景的变迁与学术发展的脉络之后，他深入而细致地探讨了甲骨、青铜器、陶器、石刻、竹简、木牍以及纸卷这些书写载体的文化起源、内涵、本质，乃至记录方式、制作形态、编排体制。透过他细腻的笔触，我仿佛能够听到穿越千年的历史回响，感受到古人对于知识的渴求与传承的执着——他们用尽一生，将知识与智慧凝结在这些载体之上，让后人得以窥见古代文明的辉煌。

墨子云：“又恐后世子孙不能知也，故书之竹帛，传遗后世子孙。”钱存训先生著此书的意义不仅是载竹帛之书，更是传汉人之声，那是“死生不然，天下康宁”的东方浪漫。

“成为一个传递浪漫的出版人”，这是我在高考志愿表第一行写下

“编辑出版学”时许下的愿望。虽然从1897年商务印书馆成立至今，中国现代出版业已走过一百二十多个春秋，但公众对编辑出版的理解仍多局限于传统图书出版行业。这在一定程度上引发自媒体蓬勃发展的数字时代中，网络对纸质出版的唱衰之声——“出版已经成为夕阳行业”“互联网浪潮中，出版行业即将被淹没”“纸质书迟早会被替代”。

作为一名读者，在一打开手机就能阅读到数以万计的文本的今天，我可能不会否认这些观点。但若站在出版人的立场上，从钱老先生所记录的千年竹文开始回望，就不难发现出版绝不仅仅是发行书籍，更是对文化的联结和传递、对东方浪漫的赓续。在这个意义上，它永远不会成为夕阳行业。

中国新闻网在一篇报道中写道：“与‘变化’相对应的，是‘应变’。”在新媒体行业的高速发展浪潮中，新一代出版人该如何应变呢？

钱老先生在《书于竹帛》中早已给过我们答案——抓住中国文字记录独有的持久性和延续性。

对于作者来说，“执笔之人，一生之至乐，在于自由。我手写我心，方能写出血肉”。而出版人要做的，就是通过出版行业与当今互联网高新技术的紧密结合，将这份自由，带向更广阔的天地。作者的文字是出版产业链的根基，出版人应以敏锐的眼光，在互联网浪潮中探寻文字的矿脉，在字里行间打磨出宝石的光辉，使其积淀酝酿出更有力量的声音，赓续文脉，润泽人心。

在这条传递东方浪漫的出版路上，其实早已有前辈为我们开疆拓土。张元济老先生在战争的硝烟中重返商务印书馆，说“平地尚可为山”；邹韬奋先生在生活书店里告诉我们，紧贴时代脉搏的关键就是“永远立于大众立场”；江曾培老先生被问及“什么是出版”时回答，“出版是文化的选择，是深度文化的传播和积累”。正因为我们是作者文字的第一读者，我们会一次次为文字热泪盈眶，也会一次次因为好的文字能影响世间万物而欢欣鼓舞，所以出版人选择义无反顾地在这条路上奋力奔跑——我们的前辈是，我们亦是。

新一代出版人生逢其时，此时此刻我们正站在巨人的肩膀上眺望出版业的未来图景。数字出版和互联网传播给了书籍传递东方浪漫的途径，有声书、网络文学、跨行业联动等渠道让出版业的发展方向更加多元化。这就意味着，我们需要积蓄更多的能量去接过出版行业的接力棒。

前路必将风尘仆仆，但梦想何必瞻前顾后？

无论怎样，这个盛世渴望涵纳不同声音的时代色彩不会变，出版业作为“思想之舟”的内核不会变，出版人对“用文字传递浪漫”的执着不会变。这就注定了未来将会有越来越多的青年学子选择出版行业，以青春之名踏上出版的漫漫征程，去铭记、去唤醒、去传递那些即使蒙尘已久却值得被品读的中国式浪漫。

千年竹文书东方浪漫，这是古时出版人所创下的基业；赓续文脉作时代礼赞，这是我们新一代出版人给出的承诺。

无论古今，心神皆往，笔墨难凉。

散落“人间”的古蜀星辰

——读《追寻三星堆——探访长江流域的青铜文明》

刘帝佐

“蚕丛及鱼凫，开国何茫然！尔来四万八千岁，不与秦塞通人烟。”诚如李白诗中所咏，古蜀国的起源笼罩在神话的迷雾中。传说中的蜀王朝，就像一片浩瀚的星辰，在时间长河中闪烁明灭，见证着无数文明的兴衰流转。而今，最令人神往的，正是那如星辰般散落人间的三星堆文明。

说到三星堆，听信坊间传闻的人们可能会好奇，这个前无古人后无来者，似乎“凭空而降”的文明，究竟是如何在巴蜀地区出现的？三星堆人是怎样生活的？而这些问题，即使翻阅典籍，或是求教于当今考古学界，依然难以得到确切的答案。

但正如薛芃老师在书中所提到的，三星堆文化承载的是非常严肃理性的考古问题和历史脉络。读完这本书后，在我看来，三星堆并不是“凭空而降”的，它与其他文明有着千丝万缕的联系。放在整个青铜文明背景下来看，三星堆文明的出现不仅重构了中国青铜时代的文明图景，也极大地丰富了中国古代文明的多样性。而当我们读完这本书中几位老师对三星堆文明的解读和研究后，可能会对中国青铜时代有着更为深刻的理解。

三星堆文明的青铜铸造技艺，无疑是古代世界的一项杰出成就。在缺乏现代冶炼技术的条件下，三星堆人如何能够铸造出如此巨大且精美的青铜器，至今仍是一个未解之谜。这些青铜器不仅体积庞大，而且造型奇特，既有威严庄重的青铜立人像、青铜神树，也有形态各异的青铜面具和神像，每一件都凝聚着古代工匠的智慧与心血。

对于像青铜神树等复杂的青铜器，三星堆铸铜匠人采取了分段铸造的方式：先将青铜器的各个部位分别铸造出来，然后再以铸接、焊接等方式连接各个部位，使整个器物成型。这种方法需要高超的技术和精准的操作，才能保证各个部位连接牢固，并且使器物整体具有良好的稳定性和完整性。

这些机械加工方式在中原地区的青铜器上比较少见，是三星堆青铜器铸造技术的独特之处。如果这些薄片铜器是在三星堆本地制作的，那就说明当时古蜀人的锻打技术比同时期中原文化的中心——殷商还要发达。这些薄片铜器上有的还有小孔以及类似云雷纹的彩绘纹饰，其锻造水准较高，展现出古蜀人的精湛技艺。

引人注意的还有三星堆青铜器上的纹饰与图案，它们既体现了对自然的崇拜，也反映了古人对宇宙秩序的理解与想象。青铜神树上的鸟、龙、蛇等形象，似乎在诉说着一个关于天地、人神共处的古老传说；而那些夸张变形的面具，则可能代表着某种仪式或信仰中的特殊角色。这些艺术品的存在，揭示了三星堆文明深邃的文化内涵和精神追求。

三星堆文明是与其他青铜文明相联系、相沟通的。

就像中国社会科学院考古研究所的施劲松老师所说，三星堆遗址如同一把钥匙，开启了我们对青铜文明认知的新大门，颠覆了传统的历史观念，为我们提供了一个前所未有的思考维度，这正是考古发现赋予现代人们的最大宝藏与最高价值。

在对不同地域间的文化或文明进行对比时，我们应当从知识体系的广度与价值体系的深度两个维度来综合考量。这要求我们不仅要敏锐地捕捉到各文明出土文物间的相似特征与内在联系，更要深刻洞察这些文物所承载的象征意义。比如，当鱼鸟纹饰同样出现在权杖之上，这或许就暗示了一种跨越地域的图腾崇拜的共鸣。

在此基础上，我们甚至可以超越出土器物与考古材料的直观表象，深入挖掘其背后所隐藏的区域文化间的互动与联系。如此一来，那些看似孤立封闭的不同地域，便在文化的层面上搭建起了沟通的桥梁，实现了跨地域的文化对话与交融。而这一切关于文明传播与文化关联的深刻理解，都依赖于未来我们对三星堆文明的持续与深入探索，期待更多关于青铜文明的新发现能够为我们揭示更多未知的秘密。

通过文化的关联，我们还得以窥见古代社会的深层秩序与结构。正如张光直先生在《中国青铜时代》中所深刻阐述的那样，青铜生产的兴起，不仅仅是技术进步的标志，更是社会结构与秩序变革的直接反映。它意味着一种能够动员并维持强制劳动力的社会组织与力量的出现，这种力量推动了新的社会秩序的形成。而青铜，作为这种社会秩序的产物与象征，不仅强化了这一秩序，更成为其维持与巩固秩序的重要工具。通过对青铜文明的考古发现与历史推演，我们能够清晰地勾勒出那个时代的社会轮廓，无论是政治结构还是经济形态，都为我们提供了宝贵的启示，展现了人类社会在特定历史阶段的发展轨迹。

张光直先生的考古人类学视角，为我们提供了一种跨学科的思考框架，使我们认识到，考古发现不仅仅是物质文化的堆积，更是人类历史与文化心理的深刻印记。这一视角不仅适用于三星堆这样的神秘遗址，也广泛适用于其他考古发现，它们共同构成了我们理解人类历史与文明的宝贵资源。三星堆的谜题，无疑是其中最引人入胜的篇章，它以其独特的艺术风格、高超的青铜铸造技艺，以及至今尚未完全揭开的神秘面纱，激发着无数学者与公众的好奇心与探索欲。

随着“大胆假设，小心求证”的考古方法与历史研究的不断推进，我们不仅逐步揭开了一个个历史谜团，更为其他学科提供了丰富的借鉴素材。这些发现与研究成果，不仅加深了我们对区域文明、中华文明的理解，更让我们对自身的起源，以及祖先的宗教信仰、内心世界与宇宙观有了更为清晰透彻的认识。它们如同一面面镜子，映照出人类文明的多样性与复杂性，也启示我们，在探索未知、理解过去的过程中，应始终保持敬畏之心，以开放包容的态度，去拥抱这个多元而精彩的世界。

因此，考古不仅是对过去的挖掘，更是对未来的启迪。它让我们在追寻历史足迹的同时，能够更加深刻地理解人类社会的本质与规律，为构建更加和谐、包容、可持续发展的未来社会提供智慧与力量。

我相信，还会有更多的“星辰”正等待着我们去发现。

一城两代六百载，华夏文明五千年
——读《藏在故宫里的中国史》

杨溪若

作为凝聚中华传统文化精髓和文化成果精品的殿堂，对于每个中国人而言，故宫具有独一无二的地标意义和文化象征。“北京中轴线”申遗成功，不仅向世界全面展示了中华文明的突出特性，更集中呈现了中国文化遗产保护与可持续发展的理念和水平，为世界的文化遗产保护与传承事业提供了中国经验，贡献了中国智慧和中国力量。中央民族大学历史文化学院院长、教授彭勇认为，故宫的价值早已不限于朱红高墙内的宫阙亭台：有形的故宫成为中华优秀传统文化传承、中外文化交流的场所和见证者；无形的故宫延续着中华历史文脉，承载着国家记忆，彰显着中华文化的软实力。故宫，不仅是明清历史的见证者，更汇聚了五千年中华文明的文化瑰宝，呈现着源远流长、博大精深、绚丽多姿的中华文明史。

文物之窗：洞见五千年中华文明史的闪耀繁星

作为中国人民大学出版社的第一本特装书,《藏在故宫里的中国史》

以故宫博物院中典藏的传世名画《万国来朝图》作为封面与刷边，不仅印装精美，而且内容更为优质。这本书遴选具有代表性的故宫文物，按照朝代顺序罗列，讲解了青铜器、瓷器、玉器等器物的制造之法及书法名画的赏析。党的十九大报告指出，要“讲好中国故事，展现真实、立体、全面的中国”——这句话的核心就是讲好中国文化。这本书作为资料书，并不是简单地介绍文物，而是透物见人、以物讲史。作者将每一件瑰宝的时代背景、历史内涵及背后的传奇人物故事娓娓道来，以细腻精湛的文笔勾勒出各个时代的历史变迁。散氏盘、毛公鼎记录着中国先秦时期的政治与文化发展；宴乐渔猎攻战纹图壶闪耀着青铜的文明之光；秦始皇诏文权彰显着大一统的基调；北魏元绪墓志见证着中古社会民族融合的进程；《步辇图》展现了贞观时期唐王朝的外交威仪，《虢国夫人游春图》则折射出天宝年间贵族生活的奢靡浮华，二者共同构成唐代不同阶段的社会剪影；《重屏会棋图》表面虽描绘的是一屋之内的闲暇娱乐，其背后却暗含着南唐复杂的政治局势；《清明上河图》将北宋物阜民丰、兴旺繁荣的景象定格在画卷中；《千里江山图》传达着宋徽宗对“丰亨豫大”盛世景象的美学追求……故宫文物以宫廷视角浓缩中华文明的高光片段，几乎能串联起从新石器时代至明清时期的中华文明发展脉络，生动复现了古代中国的礼制威仪、艺术巅峰与王朝兴衰。

书中讲述的动人故事，让馆藏的文物不再冰冷，而是获得了鲜活的生命。透过它们，我们得以洞见中华文明一路走来的风风雨雨和前人的种种经历；得以穿梭在华夏文明的千年画卷之中，跨越时空来到先辈身边，近距离感悟五千年中华文明史中不计其数的高光时刻与令人唏嘘的昨日悲歌；得以让生活在新时代的我们追本溯源，鉴古知今。

民族之光：道尽纵贯古今的中国智慧与中华风骨

书中所介绍的一件件精美绝伦、巧夺天工的文物，即便在当今也堪称一绝，可见古代劳动人民开拓进取、勤思钻研的民族精神与中国智慧。我们走近观看先民在简陋的条件下手工雕琢的红山大玉龙，就会不禁为五千年前古人的手工艺技术所折服。如今被后世视为稀世珍宝的汝瓷，因其精湛的艺术价值与极高的文化价值，成为中国瓷器的明珠。这全然来自聪明勤恳的中原先民，是他们在不断的探索中找到瓷器生产之奥秘，又发明出“裹足支烧”“芝麻挣钉”等多种烧制工艺。走近一件件精致考究的文物，我们方能真切地感悟其中凝结的中国智慧和倾注的心血与汗水。中国人勤勉细致的优良品质也在一代代传承中得到延续，铸就了今日的大国工匠精神。

文物瑰宝不只具有审美意义，更承载着民族的基因和血脉。中华儿女因“龙”而凝聚在一起，认同自己是“龙的传人”。“龙”不仅仅是一个简单的称谓，也是民族归属感和认同感的一种标志。三国时期的青釉堆塑谷仓罐，罐上塑造的屋檐之下簇拥着燕子，传达着中国人对家门德善、家道发达的企盼。隋代展子虔的《游春图》体现了中国人对大自然的崇拜与敬畏，图中博大雄浑的山川湖海反映出中国人宏大的气度和宽广的胸襟。《朱巨川告身》，一份简单的官文书，却向我们诉说着唐代风云变幻的社会变革，江南地区文人如何对朝廷鼎力相助，表现出中国人渴望国家统一的坚定政治倾向。宋代淡雅质朴的汝瓷暗含着中国人清雅含蓄的审美情趣，正如莹润细腻的玉石契合中国人对“温润如玉”“冰清玉洁”这般气节品质的追求。清初画家朱耷身处饥寒交迫、困顿凄凉的现实窘境，却能悬腕运气，纸墨生发，为后世留下清秀平和、浑厚高古的书法佳作《桃花源记》，将中国人坚强乐观、温暖纯真的品德展现得淋漓尽致。清代后期的翡翠珍品“翠玉白菜”，叶上刻有栩栩如生的螽斯，暗寓中国人多子多孙的愿望。正如书中所言：“中华民族既看透了无常而现实的红尘俗世，又始终对人世间保持热情与梦想。”文物虽小，却向世界展现出中华民族数千年绵延不绝又多姿多彩的精神追求。

传承之责：守护瑰宝赓续华夏文脉的经验启示

习近平总书记对加强文化和自然遗产保护传承利用工作作出重要指示，强调“守护好中华民族的文化瑰宝和自然珍宝”，“让文化和自然遗产在新时代焕发新活力绽放新光彩”。做好文化和自然遗产保护传承利用工作，是传承民族精神、赓续中华文明的内在要求。这本书便是一个优秀的范例。它生动地展示承载古代文化的藏品，有利于后人尊重、理解、传承和发展祖先的文明智慧，对传承中华优秀传统文化、建设文化强国有重要作用；同时，有利于引导广大人民群众，尤其是青少年群体，从心理、认知、感情上更好地认同中华文明，对于提振民族自尊心、民族自豪感和文化自信心有着非凡意义。

此外，这本书不仅介绍了珍宝的来历，更将其流转中的岁月沧桑细细述说。命运多舛、颠沛流离的秦石鼓，历经离乱、蛀洞累累的《五牛图》，险些被“焚烧殉国”的《富春山居图》……随着中国逐步走向世界舞台的中心，许多宝贵的文物才得以重新汇聚到紫禁城中。

一个文明，如果没有文化传承，即便有再强大的军队、再恢宏的建筑，也终将成为过眼云烟。在历史的长河中，中国人民在文化传承方面始终坚守，让中国抵住了历史的大潮，保持了文明的延续。而这一切都有赖于国家的统一、政权的稳定以及社会的繁荣昌盛。

墨香浸透书页间，字句珠玑映心田。通过阅读这本书，我理解了中华文明能够在世界之林屹立不倒，成为世界上唯一没有中断的文明的重要原因，并深刻领悟到坚持文化传承、保持政治稳定、推动经济发展的重要意义。唯有代代相承、发扬光大这份深厚的文化底蕴，方能将民族自信的涓涓细流汇聚成奔涌向前的时代浪潮，也让世界真切感知中华民族源远流长、生生不息的精神气韵。

感谢这本好书，让我能够沉浸于中华文明之美，并在中华文明多元一体、连绵不绝、兼容并蓄的浩荡洪流中，展望文明的未来！

作嫁衣者叶圣陶：出版界的文化守望与传承灯塔

——读《中国出版家·叶圣陶》有感

张文艺

出版自诞生之始，便深深刻下了“文化”与“思想”的不朽印记。在这广袤的文化天地间，诸多力量相互交织，彼此纠葛，构建起一种微妙而复杂的动态平衡。借由出版物的精美呈现以及出版活动的蓬勃开展，一幅恢宏而细腻的时代文化长卷徐徐铺展于世人眼前。而隐匿于这文化盛景幕后，穿梭于光影交错之间者，正是那群矢志不渝、默默耕耘的出版人。他们以“为他人作嫁衣裳”的旷达与谦逊，在幽暗中精心雕琢文化的稀世瑰宝，仿若暗夜中的守烛人，以一己之微光，护佑文化的薪火长燃。他们实则是国家文化传承的巍峨砥柱，历史记忆的虔诚守望者，岁月长河的忠实摆渡人。《中国出版家·叶圣陶》以细腻入微、深情款款之笔触，铭刻了叶公那为编辑事业、为出版大业殚精竭虑、鞠躬尽瘁的辉煌一生，我将从六个方面述说。

一、一生只做一件事。叶圣陶把生命“碎割在给人改稿子，看稿子，编书，校字”（鲁迅语）这些事情上，一生以编辑出版为志业。他认为：“他们（编辑）的事业真是重要且伟大！他们给人以精神的粮食，授人以心的锁匙……至少也应是先驱者。”在叶圣陶的编辑事业中，他无愧于“把关人”的角色。无论是教材还是文学选编，他都做到尽善尽美，以传承文化、传播思想为编辑目的，充分体现了人文关怀与社会担当。

二、把编辑作为崇高的事业。他强调“编教合一”——编辑和教师一样，都是思想文化园地中辛勤劳作的园丁，是人类灵魂的工程师。在做教员期间，叶圣陶选编了小学国文教材，课文包括翻译作品、古典名作、根据名作改写的语体文，还有一大批新文学作品。对于教材的选编，叶圣陶既传承了中华优秀传统文化，也发展了新的思想风潮，还做到了博采众长、中西贯通，展示了编辑影响教育、文化和思想的力量。

三、为中国新文学和新思想而奋斗。叶圣陶、沈雁冰、郑振铎等人以文学研究会为依托，合作主编《文学旬刊》（后改名为《文学周报》），为中西文学互鉴提供了最佳实践。他们在《文学旬刊宣言》中说：“人们的最高精神的联锁，惟文学可以实现之。……世界文学的联锁，就是人们最高精神的联锁了。……在此寂寞的文学废墟中，我们愿意加入当代作者译者之林，为中国文学的再生而奋斗，一面努力介绍世界文学到中国，一面努力创造中国的文学，以贡于世界的文学界中。”文学研究会对于我国本土新文学的传播与勃兴也功不可没，直接催生了我国新诗史上第一份新诗刊物。此外，《文学周报》还是传播新思想、反帝反封建的重要阵地。1925 年“五卅惨案”发生后，《文学周报》一连四期推出专号，对反动势力进行了坚决的揭露和批判。

四、弘扬爱国主义，救亡图存。1926 年 5 月，叶圣陶接受中国济难会委托，筹备《光明》半月刊。在创刊号编后记《编辑馀言》中，叶圣陶引用了萧朴生先生的话："人们并不努力创造光明，人们有什么权利咒诅黑暗？"此句点题，深刻阐明了刊名中蕴含的深刻寓意——开启民智，发人警醒；反对压迫，救亡图存。

五、关心性别平等和妇女解放。1919年，《新潮》杂志第1卷第2号刊载了叶圣陶的论文《女子人格问题》，并成为不朽的佳作。在那个父权制为主流的年代，一个男子能有如此之关怀实属不易。叶公在文中这样写道："我今日提出这个'女子人格问题'，他们还未必承认这是一个问题，有成立的价值。他们必将说道：'女子有没有人格，不必讨论，但看历史的事实便可知道。历史上早已解决了。'果真如此，我也不必同他们讲话了。"此言标志着叶圣陶与旧思想、旧势力划清了界限。20世纪初，中国正处于社会变革的关键时期，传统的性别观念仍然根深蒂固。叶圣陶等先进知识分子通过在《妇女杂志》等刊物上发表文章所做的努力，挑战了这些传统观念，提出了性别平等和妇女解放的主张，为社会的思想解放和观念变革注入了新的活力。

六、岂曰无衣？与子同袍。在办报的道路上，叶圣陶遇到了志同道合的朋友——顾颉刚。从在草桥中学读书时一起组织诗社，到一起复兴"放社"，加入新潮社，再到多年的互相欣赏、鼓舞和扶持，共同的思想、立场促成了他们之间的宝贵情谊。此后，叶公与沈雁冰、郑振铎、胡愈之等人展开编辑合作与社会交往，不仅创办了诸多优秀文学刊物，推动了中国新文学和新思想的发展与传播，还使其成为弘扬爱国主义和新民主主义的重要阵地与力量。

叶圣陶的一生，是与编辑事业紧密相连的一生，是与新文学、新思想共同成长的一生。他用自己的笔触，书写了一部关于文化、教育和社会进步的壮丽史诗。从《新潮》杂志到《文学周报》，再到《光明》半月刊与《妇女杂志》，叶圣陶不仅是中国新文学和新思想的推动者，还是性别平等和妇女解放的倡导者。他的一生，见证了旧时代的落幕和新时代的曙光，让我们看到了一个知识分子的担当与情怀，看到了一个文化人的坚守与追求。他的一生，如同一盏明灯，照亮了后来人前行的道路，也温暖了无数人的心房。让我们铭记这位伟大的编辑家、思想家，他的精神将永远激励着后人砥砺前行，在文化的海洋中扬帆远航。

青年是时代的号角
——读《家》《春》《秋》有感

高佳涵

20 世纪初的中国，一座庞大而陈旧的公馆里住着几个家庭四代人，表面的富丽堂皇也掩饰不了内里的荒唐与罪孽。这是巴金在《家》《春》《秋》开篇描绘的高公馆——封建时期最典型的大家庭象征，辉煌与腐朽、绝望与转机都在此上演。从高老太爷到子孙辈，一共四代人，新旧思潮在这座偌大的公馆里碰撞交织。以高老太爷为代表的一辈人固守君臣父子的顽固礼教，在他们的统治下，整个高公馆如同一座囚笼，力图屏蔽一切新思潮，囚住新一代觉醒的青年子弟的肉体与精神。

然而，这座囚笼已是“大厦将倾”，内里早已朽坏，在外界新力量的猛烈攻势下终是不堪一击。在这里，像觉新、觉民、觉慧这样的新青年们接受了新教育、新思潮，他们渴望自由，追求进步，一次次地抗争，遭受重重打压也决不妥协，敢于与一切不合理的封建礼教作斗争。他们看过了太多的牺牲，也为了让历史不再重演，决心奋力挣脱束缚，执着前行，终于突出重围，开辟了新的天地。

萌　芽

高公馆里最为坚定的封建礼教卫道者，无疑是高老太爷。他自私专制，企图以一己之力维系摇摇欲坠的家族；他不容许任何子辈“离经叛道”，违背他的权威。他为孙子高觉民安排了一桩“门当户对”的亲事，在他看来觉民只能顺从也必须顺从，从未料想到会遭到激烈的反抗。这是他无法控制的，他惊诧、恐惧，预感到毕生固守的传统礼教正在崩塌。

这何尝不是新旧交替的社会缩影？五四的思潮已经弥漫到高公馆所在的内地城市——成都，青年一代都受到感染，高老太爷遵循了一辈子的封建礼教早已败絮其中，在新生力量的冲击下不堪一击。高公馆的年轻一辈，身上闪现着当时有志青年的影子，他们是这腐朽古树上挣扎而出的新芽，终将成长为摧毁枯树的力量。

二少爷觉民对高老太爷的反抗，实则暗喻新生思潮对旧制度的冲击。高老太爷再也无法自欺欺人，幻想自己还拥有不可违抗的权威。他预见到高公馆的未来，却没有胆量面对这样的失败，死对他来说是一种逃避，正如《红楼梦》中的贾母之死——他们的离去隐喻整个家族的衰败。临终之际，他与觉民和解，或许是终于明白，这些生机勃勃的年轻人是无法被压抑的，无论是自己还是这座公馆，都囚不住这群自由的鸟儿，这些新力量会在高公馆里生根发芽，推翻这座庞大却落后的古老建筑。

觉　醒

新生的力量不断与旧势力展开博弈，无论是高觉民反抗老太爷安排的婚事，还是高觉慧逃离高公馆，都是这些新青年的抗争举动。然而，在这艰难斗争之中，难免有失败与牺牲，高觉新是其中最为典型的例子。

大少爷高觉新，一个矛盾又可怜的人，高公馆里的每一桩事都离不开他。无论罪恶还是进步，他都“义无反顾”地揽下明明无力承担的责任。多少次，他明知不该这样做，面上却不得不顺从，直教人恨铁不成钢。多少次，我期望他能像弟弟们一样斗争，却也多少次失望透顶。

直到故事深入，我才知晓他的无奈。这个家族里的悲剧——梅芬、瑞钰、蕙、枚的不幸，都同他有关，纵使不是他亲手造成的，但他也间接参与了。真正的刽子手是不会醒悟的，只有他这样违心的“帮凶”才会愧疚悔恨，清醒又可怜。

觉新，亦是“觉醒”，他是高家青年一辈里第一个接受新式教育的人。他不是没想过改变，而是有太多的顾忌。弟弟妹妹的兄长、高家的长房长孙，一重重身份牢牢束缚着他，他所接受的新式教育在与陈旧的家族观念的斗争中败下阵来。弟弟妹妹尚未长成，他不得不孤军作战，于是他妥协了，不仅放弃理想，还妄想捍卫陈旧的制度，甚至畏惧弟弟们的激进——好一个“作揖主义”！多像中国近代社会的觉醒历程，最早一批有识之士“睁眼看世界”，试图改造落后的社会现状，却被固有秩序压迫；他们渴望以新思想拯救国家，却曲高和寡，未能团结起足够对抗封建礼教的力量，终究势单力薄，以失败告终。

然而，也是觉新帮助弟弟觉慧和妹妹淑英逃离囚笼的。纵有万般不足，他仍在帮助高公馆里的青年们成长，是他的牺牲换来了弟弟妹妹们的自由。高觉新，本着大哥、长子的责任支撑着摇摇欲坠的家族，也怜惜弟弟妹妹身受拘束，竭力为他们创造更多的机会。他是牺牲者，也是引路人，他的付出最终也为自己换来新的生机。高公馆在父辈纨绔的荒唐挥霍下，不可避免地走向毁灭。他们本以为年轻一辈里和家族羁绊最深的高觉新会和高公馆一起走向灭亡，幸而作者对他保留一丝善意——曾帮扶过的弟弟妹妹反过来开解他，帮他重获了新生。高觉新的前半生经历了太多身不由己，回归本心后，一条崭新的路已摆在他眼前。

高觉新象征着当时社会上最早觉醒的人——曾经历坎坷，内心动摇过，所以一部分选择了妥协，但另一部分坚守初心，担起救亡图存的使命，从学习先进技术，到接受先进思想。近代中国正是依靠着这些开拓者不断试错，逐渐进步的。

新　生

偌大的高公馆里，塑造得最为多样鲜活的恰恰是那些被封建礼教束缚的女性角色，无论出身高低，她们都一样地命运坎坷。不像同辈男子，她们从出生就被安排好了命运。比起活生生的人，她们更像物品，被古板迂腐的长辈操控，甚至要为家族的名声和前途献祭自己，她们中的大多数从来不得自由，也终将陨落，成为这个新旧交替时期最为悲惨的牺牲者。梅芬、瑞钰、蕙的悲惨结局，象征那个年代无数女性的命运：在家从父，出嫁从夫，上学读书是男子“特权”，被规训、被安排才是她们的宿命。这些可怜女子的血泪厉声控诉着封建礼教的腐朽落后。

好在巴金为世人留下了希望，他同时塑造了一群思想进步、敢于抗争的新女性。像琴、淑英、淑华这样的女子，她们果敢聪慧，不盲从长辈的专制，敢于向礼教发出挑战。她们找到了改变命运的最好出路——读书，接受新教育。新文化让她们开阔了视野，见识了家族以外的世界。过去她们或许有心挣脱囚笼，却力不从心，但新的思想、新的文化给予她们冲破束缚的决心和力量，使她们不再茫然，勇敢为自己谋求自由光明的前途。她们是时代女性的先驱，背负着前辈女性的苦难，为后人开辟了光明的道路。

《家》《春》《秋》通篇描述着高公馆的"家事"，看似没有多少宏大的叙述，都是些家长里短、鸡毛蒜皮，实则映射着整个时代的历史变迁。女子被无情地压迫，残酷礼教压制着人性，一群封建遗老固守着本该坍塌的陈旧秩序——这是一个旧时代的没落。同时，亦有像觉新一样的开拓者，也有觉慧、觉民这样为民族存亡奋斗的有志者，还有琴、淑英、淑华这些不甘压迫、奋起反抗的进步者。

一切都在朝着崭新的方向前进，新时代正在以不可阻挡的趋势滚滚而来。历史已经证明，未来属于这些新青年，"高公馆"必然崩塌且已经崩塌，随之而来的是一个开放进步的世界。无数前赴后继的热血青年，不忍看到国家腐朽衰败，于是以救国救民为己任，团结起来，艰难前行，义无反顾地朝着理想走去，将中国社会旧时代的阴影抛在身后。

《家》《春》《秋》结尾并未详细交代高公馆众人的结局，这或许与成书年代有关。最晚出版的《秋》刊载于 20 世纪 40 年代前期，正值抗日战争激烈之时，清朝早已覆灭，但中国社会仍笼罩在阴影之中，旧思想旧制度尚未完全肃清，帝国主义的野蛮入侵更是将挽救国家于危亡置于刻不容缓的境地。故事最后，面向未来，巴金将希望寄于笔下人物。结局虽不明朗，但历史已经给出答案：一个崭新的中国就在不远的前方迎接着这些有理想、有担当的时代青年。书中展现了 20 世纪初青年的精神风貌，百余年后的我们仍应延续他们的奋进精神，沿着新时代的道路，砥砺前行，将青春的汗水挥洒在祖国大地上，一同见证中华民族伟大复兴的光明未来。

图书类

中小学组

青春奋斗与家国担当

——新时代青少年读《习近平的七年知青岁月》有感

徐健航（中学生）

《习近平的七年知青岁月》如同一部震撼心灵的成长史诗，不仅让我心潮澎湃，更让我深刻理解了我们这一代人的责任与担当。书中的每一页都承载着厚重的历史，似一艘艘时光之舟，引领我这个新时代青少年穿越时空回到那个物质匮乏、生活艰辛的年代。我们这一代青少年，虽然生活在一个与书中完全不同的时代，但习近平总书记的青春奋斗故事，让我们找到了共鸣，激发了我们为梦想而奋斗的决心。青年习近平在陕北梁家河村度过的七年知青时光，不仅是他个人青春的生动记录，更是他从人民群众中汲取智慧与力量的成长画卷，他对党和国家的深情厚谊在那时生根发芽。这让我深切领悟到，青春对于我们新时代青少年而言，是在奋斗中找寻自我、追逐理想、担当责任的光辉旅程。

当我翻开那本记录青年习近平在梁家河村生活点滴的书时，仿佛开启了一段震撼心灵的时空之旅。书中的每一个字、每一个故事，都像一把重锤，敲击着我的内心，让我对青年习近平面对困难时展现出的坚韧不拔的精神肃然起敬。梁家河生活条件的恶劣，远远超出了我们这一代人的想象：破旧的窑洞、匮乏的物资、艰苦的劳动环境，每一项都像是一座难以逾越的大山。青年习近平并没有被这些困难吓倒，没有丝毫退缩之意。他毅然决然地选择和村民们一同生活，一起面对那些看似无穷无尽的艰难险阻。他就像一颗坚韧的种子，在这片贫瘠的土地上深深扎根，与村民们同呼吸、共命运。反观我们如今所处的时代，生活条件已经有了天翻地覆的变化。我们住在宽敞明亮的房子里，享受着丰富的物质资源，周围充满各种高科技带来的舒适与便利。可即便如此，许多人常常在遇到一点儿微不足道的困难时就怨天尤人。每当我意识到这一点，心中便涌起一阵羞愧。我们拥有了如此优越的条件，却丢失了那份在困境中奋勇向前的勇气。从青年习近平的经历中，我深刻地领悟到：青春，本就应该是一场在挑战中不断突破自我的壮丽征程。每一次的困难都是成长的契机，每一次的挫折都是磨炼意志的试金石。阅读了青年习近平的故事，我要更加珍惜眼前来之不易的生活。这种珍惜，不是简单的口头说说，而是要化为行动，化为我们面对困难时的坚韧，化为我们追求梦想时的执着。

书中，青年习近平那浓厚的家国情怀，就像一盏明灯，在我的心中闪耀着璀璨的光芒，留下了深刻的印记。在梁家河的七年漫长岁月里，青年习近平不只是一个旁观者，他完完全全地融入了当地农民的生活。他用自己的双脚丈量着那片土地，用自己的双手感受着艰辛的劳作。他与村民们一起在田间地头挥洒汗水，一起在寒冷的窑洞中围坐谈心。在这个过程中，他与村民们建立了深厚情感，真正地理解了村民们遇到的困境。打井，是为了解决长期缺水的问题。青年习近平带领大家，一锹一锹地挖掘，一米一米地深入，清泉终于涌出，滋润了那片干涸的土地，也滋润了村民们的心田。修路，是为了打破村庄与外界的阻隔。青年习近平和村民们一起搬石头、填沟壑，让曾经崎岖难行的小道变成了通往外面世界的希望之路。建沼气池，这一创举更是改变了村民们的生活方式，让他们告别了烟熏火燎的日子。这些看似普通平凡的事情，对于当时的梁家河村民们来说，却无异于开启了一个全新的生活篇章，是迈向幸福生活的巨大进步。

从青年习近平的这些行动中，我深刻地认识到，家国情怀绝非空洞的口号，不是高高在上的理论，而是要通过实实在在的行动来展现、来诠释。它体现在为人民群众解决每一个实际问题的行动中，体现在为国家发展贡献的每一份力量里。作为新时代青少年，我也要像青年习近平那样，从身边的点滴小事做起：在家中，主动承担家务，关心长辈健康，聆听家人心声，让家充满爱的温馨；在生活中，关心同学，为朋友解开愁绪，向邻居伸出援手；在社会中，积极投身公益，为贫困地区的儿童捐赠书籍，参与社区的关爱老人行动，将温暖传递给需要的人，让家国情怀在这些行动中熠熠生辉。

新时代青少年应怀揣强烈的责任感与担当意识。如同书中的青年习近平一样，我们不能让群众观点停留在嘴边，而要将其融入行动。我们要尊重每一个人的意见，无论是街头巷尾的老者，还是朝气蓬勃的同龄人；要明白群众中蕴含着无穷智慧，这是推动社会发展的伟大力量。我们要勇敢地走出自己的舒适圈，积极地和不同年龄段、有着不同人生经验的人接触。我们要以服务群众为己任，用实际行动为社会的和谐与美好添砖加瓦，让责任与担当成为青春的底色，为时代发展注入青少年的活力与热情。

在梁家河那段知青岁月中，青年习近平用行动诠释了责任担当的深刻内涵。他把自己完全融入梁家河，与村民休戚与共，大到梁家河的发展蓝图规划，小到村民生活的点滴琐事，他都全力以赴。这种担当并非一时兴起，而是源于对村民真挚的情感和对这片土地深深的眷恋。反观我们这些新时代青少年，过着优渥的生活，有些人却常常在面对一些微不足道的挑战时，表现出怯懦与退缩。然而，青年习近平的经历如同一盏明灯照亮了我们前行的路。责任担当的品质不是与生俱来的，而是在生活的磨砺中逐步形成的。它是我们对待学业、工作一丝不苟的态度，是面对困难险阻时果敢抉择的勇气，是为了集体利益而甘愿牺牲个人利益的无私。我们应以青年习近平为楷模，吹响青春的号角，无论是荆棘密布，还是风雨交加，都坚定不移地履行自己的使命，彰显责任担当，为青春画卷增添浓墨重彩的一笔。

《习近平的七年知青岁月》让我深刻体会到青年习近平是个了不起的思想者与知行合一的践行者。在梁家河的七载岁月里，他将自己所学的知识与当地的实际情况通过实践紧密融合。他深刻认识到，知识不应只是存于脑海的理论，而要成为改变生活的有力工具。他带领村民打井、修淤地坝、建沼气池，让知识在这片黄土地上落地生根、开花结果。这一系列行动深刻地改变了村民的生活，也让我们这些读者得以重新审视学习的真谛。曾经，我们在学校中往往单纯地认为学习等同于知识的堆积，却忽略了其价值的真正体现——实践。而青年习近平的实践告诉我们，只有通过实践，知识才能得到升华，学习必须与实践紧密结合。我们要在日常生活中不断验证所学，真正做到知行合一。《习近平的七年知青岁月》这本书更如同一面镜子，映照出青年习近平坚定不移的理想信念。在梁家河艰苦的环境中，他没有丝毫退缩，反而以困境为熔炉，锤炼自我，升华信仰。他心怀责任，通过不懈努力改善村民的生活条件，生动诠释了理想信念的力量。这种力量并非空洞的口号，而是在艰难困苦中砥砺前行的强大动力。如今，我们生活在物质条件丰沛的时代，容易在安逸中迷失自我，忘却信念与责任。而这本书让我们警醒，理想信念是青少年实现自身价值、推动社会发展的重要基石，它能让我们在面对各种挑战时保持清醒的头脑，朝着目标奋勇前进。对于我们新时代青少年来说，理想信念是不可或缺的精神支柱，是进步的源泉。无论遭遇怎样的挫折与困难，我们都要紧紧守护这份信念，将其转化为奋斗的动力，为实现个人理想、助力国家繁荣而挥洒青春的热血与汗水。

《习近平的七年知青岁月》这本书，让我更加坚定了自己肩负的责任与使命，我将牢记书中的教诲，秉持家国情怀，坚定理想信念，努力在青春的岁月里实现自我价值，服务人民。我坚信，唯有在实践中历练自我，在奋斗中实现理想，才能无愧于青春、无愧于时代。我将以青年习近平为榜样，在今后的生活中勇敢前行，不断提升自己，让青春在奋斗中闪光，在奉献中升华。

中华文明领航复兴征程

——读《世界里的中国》有感

户若凡（中学生）

何以中国，华夏泱泱。站在历史的长河边回望，亘古流传的中华文明，就像一条奔流不息的大江，历经五千载春秋冬夏，挥毫写就一部波澜壮阔的厚重史诗。从远古先民在黄河岸边播下文明的种子，到今天我们大步迈向中华民族伟大复兴，中华文明始终以开放的姿态拥抱世界，并以其悠久的连续性、独特的创新性、坚定的统一性、博大的包容性、持久的和平性，刻写下中华民族的独特文化符号与深邃血脉基因。韩毓海教授的《世界里的中国》一书，上溯中华文明的古史起源，展望中国道路的前途命运，以时间演进为轴线，以文明兴衰为坐标，为我们勾勒出华夏九州五千年的历史浮沉，解码中华民族生生不息的不竭源泉。阅读本书，我深刻领悟到，作为新时代的中学生，更应以文明交融的视角与家国天下的维度探寻中华文明的历史脉络，把握蓬勃跃动的时代脉搏。

文明肇始、源远流长：多元一体的壮美画卷

中华文明的起源不是单一的故事，而是一部雄浑壮丽的交响乐。在广袤的中华大地上，辽阔的山川江河成为中华文化激荡融合的摇篮，黄河文明、长江文明、辽河文明等如繁星点点，交相辉映。良渚古城遗址中精美的玉器，三星堆里出土的神秘面具，红山文化中栩栩如生的玉龙，都在诉说着中华文明多元一体的起源故事。这些文明从来不是孤立存在的，它们通过贸易、迁徙、战争等方式不断交流融合。考古发现表明，早在五千年前，黄河流域的彩陶文化与长江流域的玉器文化便已存在密切交流。这种交流实现了对简单模仿的超越，而且在相互借鉴中熔铸创造出新的文明形态。

韩毓海教授书中开宗明义地提出："开放、包容是我们文化的基因。"可见，中华文明很早就展现出开放与包容的特质。无论是北方的游牧文明抑或是南方的农耕文明，最终都融入了中华民族的大家庭。同时，中华文明在形成过程中始终与外部世界保持着联结。有考古资料确证，早在商周时期，中国就与中亚地区出现了文化交流——天山北路出土的大量青铜器兼具中原风格与鲜明的西亚元素，生动展现了早期文明交流的图景。这种开放与包容赋予中华文明以强大的生命力与独特的精神气质，进而构成了中华文明的核心价值，成为维系中华民族的精神纽带，一个嵌套于天下秩序中的青春中国正孕育着一场历史的变革。

文明演进、星汉灿烂：辉煌盛大的绚丽篇章

韩毓海教授依据时间顺序讲述了秦、汉、唐、宋、元、明、清等

多个朝代，将中国古代的历史与文化娓娓道来。

经历了先秦的积淀，秦汉时期的中华文明迎来了一次大发展。在秦始皇统一文字、货币、度量衡的背后，更重要的是文明认同的统一。汉武帝时期，张骞出使西域，“凿空之旅”开辟“丝绸之路”，开启了中外文明交流的新纪元。通过这条横贯欧亚的文明对话的桥梁，中国的丝绸、瓷器、造纸术传向国外，而国外的音乐、舞蹈、宗教也传入中国。

进入魏晋南北朝后，中华民族虽然在政治上处于分裂状态，但其内部的文化交流却空前活跃。这时，北方游牧民族与中原农耕文明交融，为中华文明注入了新的活力。

唐宋时期，中华文明达到鼎盛，中国成为韩毓海教授在书中所讲的“世界交通与贸易的中心”。唐代的长安是当时世界上最大的国际大都市，来自世界各地的商人、学者、艺术家云集于此。唐诗宋词不仅是中国文学的巅峰，也是人类文明的瑰宝。通过海上丝绸之路，中国的丝绸、瓷器、茶叶远销中东，而阿拉伯的天文学、医学知识也传入中国。这一阶段，中华文明对日本、朝鲜等周边国家产生了深远影响。

明清之际，中国虽然出现了闭关锁国的倾向，但中华文明仍始终保持着开放包容的特质。郑和七下西洋，展现中华文明和平友好；明末清初的“西学东渐”成为中外文明交流的重要篇章，彰显出海纳百川的气度与胸襟。

文明冲突、近代沉浮：刚毅坚卓的苦难斗争

韩毓海教授在第六章的标题中提出了一个尖锐的问题——“长期

领先于世界的中国，为什么在近代落伍了呢？”近代中国的衰落，某种程度上是闭关锁国、故步自封的结果。当西方文明在工业革命中突飞猛进时，我们却沉浸在“天朝上国”的迷梦中，一度错失了与世界文明交流互鉴的机遇，最终在鸦片战争的炮声中惊醒。然而，中华文明从未沉沦。从洋务运动到戊戌变法，从辛亥革命到新文化运动，一代代仁人志士苦心孤诣求索救国之道。他们翻译西方著作，引进先进技术，学习现代制度，为中华文明注入新的活力。在这一历史进程中，中华文明展现出惊人的韧性。

“时间是真理的忠实听众，一切嘈杂喧嚣都会湮没在时光的尘埃里，一切真知灼见都将沉淀在历史的河床上。”一百零四年前，一群年轻人聚集在上海兴业路的一栋小楼里，以革命星火，燃烧出一片崭新的天地。红色的洪流冲向黄色的大地，荡涤风雨如磐的暗夜，迎来光耀中华的绚丽日出——人口众多的中国选择了马克思主义。最终，我们既没有全盘西化，也没有固守传统，而是在交流中实现创造性转化。以毛泽东、邓小平等为代表的一代代中国共产党人，在带领中国人民革命、建设、改革的过程中，催生出一套全新的政治制度，走出一条全新的发展道路，实现了古老中华文明与马克思主义的有机结合。马克思主义在中华文明“砸碎旧世界”“创造新世界”的伟大探索中取得了伟大胜利。正如韩毓海教授所言，马克思主义“空前提升了全世界人民，特别是被压迫民族、被压迫人民的自信”。

文明互鉴、天下大同：民族复兴的精神航道

文明因交流而多彩，因互鉴而丰富。近代以来，西方社会倚仗其

文明观的主导地位，不断塑造着“我们”与“他者”、西方与非西方之间的尖锐对立。狭隘僵化的文明尺度激起日益白热化的冲突与斗争。面对世界百年未有之大变局的加速演进，超越了从威斯特伐利亚体系到雅尔塔体系的“西方中心论”的人类命运共同体理念，与对“文明冲突论”和“历史终结论”祛魅的文明交流互鉴观，都成功跳出西方理论窠臼，为我们思考人类、世界、文明向何处去，提供了中国方略。“己所不欲，勿施于人”的古典哲学，“四海之内皆兄弟”的大同理想，“亲望亲好，邻望邻好”的东方智慧，成为中国极具道德感召力的旗帜，为全球治理注入新的内涵。

革命先驱李大钊曾言：“黄金时代，不在我们背后，乃在我们面前；不在过去，乃在将来。”当前，在这个普遍联系的世界里，没有哪个文明可以置身事外。进入新时代，中国以更加开放的姿态拥抱世界。“一带一路”倡议作为文明交流互鉴的典范，让古老的丝绸之路焕发新生。我们不仅与沿线国家分享发展机遇，更促进了不同文明的对话与理解。中华优秀传统文化也在这个时代迸发出新的生机。从故宫文创走红，到《国家宝藏》等文化节目的热播，传统文化以全新方式走进现代生活。这不仅增强了中国人的文化自信，也为世界了解中华文明打开了新的窗口。这些无不是对《世界里的中国》第十四章标题——“世界站在了历史的十字路口，我们该怎样选择？”这一问题的最好回答。

上下五千年，纵横一万里。中华民族能够成为全世界唯一创造出辉煌灿烂文明且从未中断历史进程的民族，靠的正是莽莽神州、茫茫华夏五千年沧桑岁月中，中华儿女共同经历的非凡奋斗、共同塑造的民族精神和共同坚守的文明品格。恰如韩毓海教授在书中所说："一旦认识到中国特色社会主义道路的根基在五千年文明，那么，我们这一道路，就更加宽阔，更加长远了；一旦明确了这一道路的主体性是中国共产党带领中国人民建立起来的，就有了强大的领导主体，这条道路就更加气势磅礴了。"走过"雄关漫道真如铁"的昨天，跨越"人间正道是沧桑"的今天，奔赴"长风破浪会有时"的明天，中华文明精魂不老，赤县神州风华正茂！

吾之所爱，名为华夏
——《觉醒年代》读后感

汪家璇（中学生）

以吾人之青春，柔化地球之白首，虽老犹未老也。

——题记

风云激荡，时代觉醒。《觉醒年代》以其磅礴大气和史诗般的叙事，重现了那个特殊年代的思想觉醒与斗争；以生动的语言，展现了陈独秀、陈乔年、陈延年等历史人物的鲜活形象。

“我翻开历史一查，这历史没有年代，歪歪斜斜的每叶上都写着‘仁义道德’几个字。我横竖睡不着，仔细看了半夜，才从字缝里看出字来，满本都写着两个字是‘吃人’！”国危民靡，犹如一潭死水。漫天黄沙里，民众如同行尸走肉，有把手插进袖子里围观砍头的“猫”，有拿白面馒头跪在地上准备蘸死人鲜血的愚民。天被黑暗笼罩，那是暴风雨之前的宁静，如此压抑，让人透不过气来。人民在水深火热中挣扎，而那时的袁世凯却在富丽堂皇的宫殿中签署不平等的条约。如何拯救这样的中国呢？答案是——启迪民智。为了达到这一目的，陈独秀 1915 年创办《青年杂志》，之后改名为《新青年》。

《新青年》是新文化运动的主要阵地之一。它提倡科学和民主；反对旧道德，提倡新道德；反对旧文学，提倡新文学。它就如同一颗巨石，被扔进了那个幽深的死潭之中，激起万丈狂澜，“给沉闷的思想教育界吹来一股清风，使人们从封建专制主义造成的盲从和蒙昧中解放出来”。《新青年》猛烈冲击了封建主义，广泛宣传民主主义，给辛亥革命失败后沉闷彷徨的思想界带来了巨大的震撼，促进了人民的思想解放，使得更多的人开始思考中国的现状和未来，推动了各种新思潮的传播和讨论。

在巴黎和会期间，国内的学生都十分关注国际形势。可是“弱国无外交”，日本对于在青岛的利益紧咬不放。对此，义愤填膺的大学生们走上街头游行示威，毫不畏惧北洋政府的追捕。

陈独秀从日本回国后曾说二十年不谈政治，可政治局势不稳定，学生又怎能安心学习、进行学术交流呢？国家形势与学习知识，孰为轻重，岂能不知？学习知识固然重要，但若国家不稳，谁又能安心坐在课桌之前呢？此时遭到愚昧政府的打压，“誓死力争，还我青岛”的口号是学生们的抗争，他们不怕被当局迫害，立志“出了研究室就入监狱，出了监狱就入研究室”。很多青年本就有优渥的条件，他们本可以袖手旁观，但他们为什么要去参与这种危险的活动呢？因为他们是当时的先行者，是那时先进的知识分子，他们甘愿做先锋喊醒全国民众，喊醒中华民族，推翻封建主义，做中国的脊梁。

“虽千万人，吾往矣。”不止陈独秀一人，还有一夜白头的郭心刚，有不远万里来到北京领导“驱张运动”的毛泽东，还有放弃学业从日本回国，并投身革命事业，传播马克思主义的李大钊……在《觉醒年代》里，青年是主角；在波澜壮阔的革命事业中，流动着青春的血液，激荡着生命的力量。当最有力量的人挺身而出，用稚嫩的双肩挑起国之大梁时，这个国家就有了前途，这个民族便有了希望。我泱泱华夏，生生不息，一撇一捺，皆为脊梁！

《觉醒年代》中最令我触动的部分，是陈氏兄弟的牺牲。风和日丽的一天，两位风华正茂的年轻人正踏上去往法国的道路，他们英姿飒爽，笑容明朗。可一瞬间，画面转变，天空乌黑，他们脚上的皮鞋变成了鲜血淋漓、戴着脚镣的赤足，走过的砂石泥洼染上了鲜血，可他们仍然挺着脊梁，保持最真挚的笑容，眼神清澈而又坚定。他们死的时候年纪还很小，在现在应该是还在上大学的年纪。

一代革命先驱用他们激荡的青春热情，力挽狂澜的气势，敢为人先的担当，点亮了民族的希望与未来。他们就如中国的普罗米修斯，不怕天罚，敢于盗火，为苦难的中国照亮前程。这些坚守信仰、不忘初心的青年，为中华之崛起而苦苦求索，砥砺前行。在他们身上，我们看到的不仅是那段历史，还有中华民族生生不息的精神。

书所记载的内容是有限的，一翻便是他们的一生。我们歌颂他们伟大英勇的爱国精神，却常常忽略他们内心最细腻的情感，其中有陈延年与柳眉分别时的无奈，高君曼面对外界对陈独秀的言语时所表现出的坚强，还有赵纫兰为了不让李大钊分心而选择回乡生孩子所体现出的伟大。

吾之所爱，名为华夏。这份爱是对国家的爱，对民族的爱，对人民的爱，对子孙后代的爱。这份爱来自每个平凡的中国人的内心，真挚而热烈。我们生在红旗下，长在春风里，应当有先辈之信仰、爱国之热情，接过历史的火炬，完成我们的使命。心中有方向，脚下有力量，我们要将脉搏和足音连缀成时代铿锵的鼓点，奏响时代华章。

《觉醒年代》有续集吗？我想，我们现在的美好生活就是续集。

落叶归“乡土”

——再读《乡土中国》

舒竞萱（中学生）

初识乡土，便是梦开始的地方。

在小学的纯真年代初遇《乡土中国》，仿佛无意间推开了一扇通往未知世界的窗。那时的我，对“乡土”二字的理解还停留在字面意思上：它是爷爷菜园里的泥土芬芳；是村头老槐树下老奶奶摇着扇子讲故事；是我和朋友们一起爬树摘桃子，然后被妈妈拽着领子灰溜溜地回家……“从基层上看去，中国社会是乡土性的。”这句话，在我幼小的心灵里种下了一颗好奇的种子，我开始好奇：在费孝通老师那个年代，乡土究竟是什么样子？乡土性又指的是什么？那个没有高楼大厦，没有电视手机，只有青砖黛瓦、炊烟袅袅的年代也和我小的时候一样有趣吗？后来接触到了形形色色的人，又学到了许多知识，我才逐渐明白“乡土性”不是简单地指故乡的土地，更多的是指生活方式、社会结构、人际往来关系。书中提到的“差序格局”，此刻也如同一圈圈荡漾开去的涟漪，让我初次感受到人际关系的微妙与复杂，也让我对“人情味”有了初步的认知。

“绿树村边合，青山郭外斜。”孟浩然的诗句不经意间在脑海浮现，仿佛与书中的景致交相辉映，让我对乡村生活充满了向往。虽然那时的理解还停留在表面，但那份探索的热情，如同“儿童急走追黄蝶，飞入菜花无处寻”般纯真无邪，也让《乡土中国》在我心中种下了一颗探索乡土文化的种子，等待着时间的浇灌，逐渐生根发芽。

后来步入初中，随着知识的积累和心智的成熟，再读《乡土中国》，我有了更深层次的理解和感悟。我开始尝试从书中寻找自己生活的影子，那些关于土地、家族、礼俗的描述，仿佛让我在书中寻到了我生活的影子，处处相同却又处处不同。“乡土社会是靠亲密和长期的共同生活来配合各个人的相互行为，社会的联系是长成的，是熟习的，到某种程度使人感觉到是自动的。”这句话深深触动了我。我开始意识到，家乡的那些看似平凡的日常，实则蕴含着深厚的文化底蕴和社会规范。家族的聚会、节日的庆典、邻里间的互助，无一不是乡土社会“礼俗”的体现。这些习俗，如同一条条无形的纽带，将我们紧紧相连，形成了独特的社会结构和人际关系网。我也开始理解，为什么乡土社会中的个体总是能够在广阔的天地间找到归属感，因为他们的根深深扎在了那片养育他们的土地上。

初中时期的阅读，犹如春日里的细雨，悄无声息地渗透进我心灵的每一个角落，滋养着那片正待茁壮成长的绿意。因为离别，也因为思念，或许也是因为偶尔的孤单和心情不佳，我开始懂得用更加细腻和敏感的心去感知周围的世界：学会了停下脚步，聆听内心的声音，感受身边人的喜怒哀乐；体会到了“独在异乡为异客，每逢佳节倍思亲”的乡愁，也更加珍惜与家人、朋友的每一次相聚。此刻的我，仿佛站在了成长的又一个十字路口，回望过去，那个青涩懵懂的少年已渐行渐远，一个更加成熟稳重的自己正缓缓走来。是的，我觉得我好像“长大了”，也更加理解“乡土性”这简简单单三个字的深意。

再后来，到了高中，随着知识面的进一步拓宽，我再次翻开《乡土中国》时，更多了一份理性与批判。我开始尝试从更广阔的视角去审视乡土社会，思考在现代化进程加速的今天，乡土社会是否还能保持其原有的风貌；思考那些古老的习俗、传统的价值观，是否会在现代化的浪潮中渐行渐远。而偶然看到陶渊明“采菊东篱下，悠然见南山”这句诗，我不禁联想到乡土社会中那份宁静致远的生活态度。

“乡土社会在地方性的限制下成了生于斯、死于斯的社会。”这句话，在高中时期的我看来，既是对过去的一种缅怀，也是对未来的一种警醒。随着城市化进程的加速，传统的乡土社会正在经历着前所未有的变革。一方面，我们享受着现代化带来的便利与自由；另一方面，也不得不面对乡土文化流失、人际关系疏离等现实问题。“问渠那得清如许？为有源头活水来。”《乡土中国》不仅仅是一部描述过去的社会学著作，它更像是一面镜子，映照出我们当前社会的种种问题，也启发我们去思考如何在现代化与乡土文化之间找到平衡点。

阅读，让我学会了用更加成熟和理性的态度去面对生活中的挑战与机遇，也让我更加坚定了自己的信念与追求。我开始思考，如何在快速变化的社会中，保持对乡土文化的敬畏与传承，同时积极融入现代社会，实现个人价值与社会责任的和谐统一。或许，答案就在路上，就在下一次我与《乡土中国》重逢的那一刻。

“读一本好书就仿佛和一位高尚的人谈话。”三次阅读《乡土中国》，每一次都带给我不同的感受与收获。从最初懵懂好奇，到逐渐理解认同，再到最后深刻反思，这本书不仅丰富了我的知识储备，更促进了我的思想成熟与心灵成长。费孝通先生既看到了乡土社会的美好与和谐，也清醒地指出了其中存在的局限与挑战。这种客观而全面的态度，让我学会了在看待问题时，不仅要看到表面现象，更要深入挖掘其背后的原因和逻辑。

“稻花香里说丰年，听取蛙声一片。”在《乡土中国》的字里行间，我仿佛看到了那片充满生机与希望的田野，听到了那熟悉而又遥远的乡土之音。它提醒我，无论走到何处，都不应忘记自己的根在哪里。那份对乡土的深情与眷恋，将永远是我前行路上的力量源泉。

追寻古人足迹　探访《诗经》世界

潘彦伶（中学生）

“今人不见古时月，今月曾经照古人。”迎着村庄里的第一缕阳光，我来到社区的书屋，继续翻阅我常常来读的《诗经》。我追寻古人的足迹，看到了他们的世界。

每一部文学作品都体现着它的时代特点，《诗经》就反映了西周到春秋时期人们的日常生活。“七月流火，九月授衣。一之日觱发，二之日栗烈。”一年十二个月里，每个月都有应做的农活。妇女们在九月制作冬衣，才能在寒风凛冽的十一月穿上冬衣。聪慧的古人将一年的农活写成诗来记忆，通过观察气候来安排农业活动。“呦呦鹿鸣，食野之蒿。我有嘉宾，德音孔昭。”贵族安排筵席宴请来宾，在一派欢欣和悦的气氛里赞美嘉宾、殷勤劝酒，彰显周朝人的待客之道。从老百姓到王公贵族，《诗经》书写着他们的生活，描绘了多彩的时代画卷。

诗歌的创作源于情感的产生，或悲或喜，或哀或怨。《诗经》既书写着无数的故事，也抒发了别样的情思。

比如，《桃夭》中有“桃之夭夭，灼灼其华。之子于归，宜其室家”。绚丽鲜艳的桃花映衬着这位将要出嫁的年轻美好的女子，众人围着新娘，热情地赞美她的美貌与娴静，祝福她婚后生活幸福。

又如《关雎》里的“参差荇菜，左右采之。窈窕淑女，琴瑟友之”。君子弹琴奏瑟亲近淑女，使她欢愉。真挚的爱情流淌在琴音之中，美好的淑女是很多君子所爱慕的对象。

“绿兮丝兮，女所治兮。我思古人，俾无訧兮。”斯人已逝，衣服上的一针一线都是妻子对丈夫深厚的爱，二人只能在梦中再次相见吧！

苛捐杂税的剥削与压迫使人民不堪重负，他们斥责着“硕鼠硕鼠，无食我黍。三岁贯女，莫我肯顾”，强烈控诉统治者的贪婪无耻。

“惟殷先人有册有典。”正是因为先人的记录，经典才得以永久流传，后人才能了解他们的世界。

数千年前，宫廷乐官走遍祖国大地搜寻乐曲，这些乐曲渐渐发展为现在的《诗经》。它囊括了那个时代不同阶层的作品，有各地的民谣，贵族大臣所作歌词，以及祭乐的祭词。它是我国第一部诗歌总集，是中国诗歌史乃至整个中国文学史的光辉起点。“诗三百，一言以蔽之，曰：‘思无邪’。”这些凝聚着古人纯真情感的诗篇，经由乐官记录、传唱，后人才得以了解先人的世界。

千百年来，这些诗歌创作者早已被人遗忘，唯有诗作传于后世。但宫廷乐官却赋予了他们新的生命，为他们去记录、去传唱，让他们以另一种方式被后人记住——尽管乐官自己也消失在历史的长河中。

经典永世流传。正因为《诗经》，在千年后的今天我才能透过文字看到古人鲜活的灵魂，漫游于他们的世界。也正因为社区的书屋，我才得以在凝视家乡这片土地时理解了乡亲们丰富的情感，以及他们在劳作与生活中展露的那份质朴，如《诗经》里的一般美好。

时代洪流中的坚定足迹和光辉篇章

——《一个女孩朝前走》读后感

李浩铭（中学生）

每个人的生命轨迹都如同星辰般闪耀，在浩瀚的历史长河中闪烁着独特而璀璨的光芒——无论他们多么渺小或伟大。《一个女孩朝前走》是一部以细腻的笔触、深刻的思考见长的作品，它聚焦于微小的光点，进而让它折射出耀眼的光芒。

作品讲述的是黄文秀——一位年轻共产党员的故事，开篇自西南边陲那大石山区深处起笔，记叙她成长的艰辛与面临的挑战，一开始就深深抓住了读者的心。家庭的贫困、学业的压力，这些都是她生命的磨石。正如书中所言："我生长在一个贫穷的家庭，但我从未抱怨过命运。因为我知道，只有通过自己的努力，才能改变命运，才能让家人过上更好的生活。"这样的信念，驱使着她不断前行。

后来她成为一名共产党员，始终将群众的利益放在首位，践行共产党员的使命。在驻村工作期间，她不畏艰难、不惧挑战，自学百坭话，主动融入村民生活，和村民一起背背篓、摘橘子，努力提升与村民的沟通能力，打破了村民对于她这个“城里人”的偏见。她用自己的真心和真情，赢得了群众的信任和拥护，成了群众心中的“贴心人”。她带领群众发展甘蔗、砂糖橘、油茶产业，提高大伙儿的收入水平。她不仅率先为百坭村开通了电商平台，还利用直播等方式卖货、宣传百坭村。她的付出和努力，不仅让百坭村发生了翻天覆地的变化，更让群众看到了自己的价值和潜力，感受到了党的关怀。

这本书在深入挖掘黄文秀成长经历的同时，也融入了深刻的思考和文学性的表达。作者阮梅以细腻的笔触和生动的情节，将黄文秀的故事娓娓道来，让读者在了解黄文秀事迹的同时，思考人生的意义和价值。作品中不乏对黄文秀内心世界的深刻描绘。她在面对困难和挑战时，总是能够保持坚定的信念和乐观的态度。小时候她在母亲因过失烧山而面临巨额罚款时是如此，在刚到百坭村被村民冷眼相待时也是如此。这种积极向上的精神风貌，不仅感染了她身边的人，对读者也是一种激励。作品还有意展现了黄文秀在不同阶段的成长。从一个普通壮族小女孩到一名大学生、一名共产党员，再到驻村第一书记，黄文秀的身份和角色在不断变化，但她的初心和使命却始终如一。正是因为这种坚定的信念和不懈的努力，她最终成长为一名优秀的党员干部。

黄文秀的故事，不仅让我看到了一个人如何通过自身的努力实现个人的成长和蜕变，更让我看到了新时代的青年应该具备的品质和担当。她的坚韧不拔、无私奉献和勇于担当的精神，如同璀璨的星辰，照亮了我前行的道路。她的经历让我明白，只有坚定信念、勇往直前，才能在时代的洪流中留下自己的足迹，书写属于自己的光辉篇章。同时，我也被书中对黄文秀内心世界的深刻描绘所打动。她的每一个决定、每一次行动，都源自她对家人、对群众、对国家的深厚情感。这种情感，让我更加坚信，只有心中有爱，才能走得更远。

如果说《一个女孩朝前走》只是黄文秀的故事，不免有些片面。我认为这部作品也从侧面展现了人民群众的伟大。黄文秀从北京师范大学毕业后做了一名支教教师，而她所在的支教队伍中也有不少和她一样在默默奉献的人；还有黄文秀的父亲黄忠杰，他参与修筑水渠，“第一批人走了，他不走；再一批人撤了，他不撤”。——他们何尝不是以劳动为荣的伟大人民群众的缩影！我由此想到，不论是公务员、教师，还是外卖员、清洁工，他们的工作不分高低贵贱，他们都在用智慧和汗水创造属于自己的美好生活，都在为中华民族从站起来、富起来到强起来的伟大飞跃贡献力量。

总之，《一个女孩朝前走》不仅是黄文秀的个人成长史，更是对伟大人民群众的深情讴歌。它让我看到了一个普通女孩如何以知识为灯、以奋斗为桨，在时代机遇中走出大山，最终照亮家乡脱贫之路的壮美历程；也让我看到了人民群众在创造美好生活过程中的伟大力量和智慧。在未来的日子里，让我们以黄文秀为榜样，携手共进，共同书写新时代的辉煌篇章！

绽放在高原上的生命之花

——读《像格桑花一样绽放》有感

李依航（中学生）

《像格桑花一样绽放》这本书，宛如一幅徐徐展开的雪域高原风情画卷，引领我进入了一个充满神秘与希望的世界。书中塑造的那些栩栩如生的人物形象，讲述的那些感人至深的故事情节，犹如高原上的劲风，驱散了我心中的浮躁与迷茫，让我生出对生命之坚韧、奉献之美的深深敬意，引起了我对人生价值的重新思考。阅读这本书不仅是一次心灵的旅行，更是一次精神的洗礼，让我感觉仿佛亲身经历了那些故事，感受到了那些人物的喜怒哀乐。

书中的主人公们，无论是坚守在偏远山区支教的老师、为改善乡亲们的生活而努力工作的基层干部，还是那些在艰苦环境中刻苦学习的孩子，他们都如同格桑花一般，在雪域高原上顽强绽放。格桑花，这种在高原随处可见的花朵拥有着顽强的生命力，它不择土壤，不惧风霜，只要有阳光雨露，便能绽放出绚丽的色彩，装点着广袤的大地。书中的人物亦是如此，他们身处自然条件恶劣、物质匮乏的环境中，却从未向命运屈服。他们以自己的方式诠释着生命的意义和价值。他们的故事，如同格桑花一样，给这个世界带来了希望和光明。

支教老师放弃了城市的繁华与舒适，来到简陋的教室，为孩子们传授知识，用爱与耐心为他们打开一扇通往外面世界的窗。这些老师面对的不仅仅是破旧的校舍、短缺的教学用品，还有孩子们因长期封闭而产生的羞涩与懵懂。但他们没有丝毫退缩，从最基础的拼音、数字教起，一点点地点燃孩子们对学习的热情。他们的奉献，让我看到了教育的力量，那是一种能够跨越山川、穿透心灵的力量，足以改变一个孩子乃至一个地区的未来。这不禁让我反思：我们是否珍惜了优越的生活环境和教育资源？是否用心去追求知识、提升自我？这些支教老师就像格桑花一样扎根高原，把自己的青春和热血留给这片土地，只为让知识的芬芳在每一个孩子心间弥漫。他们以无私的奉献诠释了社会主义核心价值观中的“敬业”与“友善”，用行动书写着对这片土地和人民的深情厚谊。

书中那些为家乡建设不懈努力的基层干部，同样令人动容。他们翻山越岭，深入每一个村落，了解村民的需求，为引进项目、改善基础设施不辞辛劳。在他们眼中，每一位乡亲都是自己的亲人，乡亲们脱贫致富的梦想就是他们奋斗的目标。为了修建一条通往外界的公路，他们四处奔走争取资金，协调各方关系；为了推广新的农牧业技术，他们亲自下田示范，手把手教村民操作。他们面临重重困难和压力，却始终怀揣对家乡的热爱和对责任的担当，一步一个脚印地推动着家乡的发展。这种扎根基层、服务人民的精神，正是社会主义核心价值观中“爱国”与“敬业”的生动体现。他们在平凡的岗位上，做出了不平凡的业绩，如格桑花般默默点缀着高原的山川，让这片土地焕发出新的生机与活力。

而那些在艰难求学路上奔跑的孩子，更是格桑花精神的传承者。他们每天要走几个小时的山路去上学，简陋的书包里装着的是他们对知识的渴望和对未来的憧憬。尽管生活给予他们的是贫困和艰辛，但他们的眼神中却闪烁着坚定与不屈。在寒冷的教室里，他们用冻僵的小手握着笔，认真书写着自己的梦想；在昏暗的灯光下，他们如饥似渴地阅读着每一本来之不易的书。他们懂得只有知识才能改变命运，只有努力才能让家乡变得更好。这些孩子是高原的希望之星，他们在困境中奋发图强，展现出顽强拼搏、自强不息的精神风貌，这正是社会主义核心价值观在新一代身上散发的闪耀光芒。

在阅读过程中，我被书中人物所展现的无私奉献的精神和坚强的意志深深打动。他们的故事不仅仅是关于个人的奋斗，更是关于一个民族、一个地区在逆境中不断前行的缩影。这不禁让我思考，我们每个人都是社会大家庭中的一员，我们的行动和选择，无论大小，都会对周围的人和环境产生影响。正如格桑花在高原上默默开放，我们每个人也可以在自己的岗位上，以自己的方式，为社会贡献出一份力量。

书中的故事也启示着我们，面对困难和挑战，我们不应逃避，而应勇敢地克服困难和应对挑战。正如那些在恶劣环境中坚持学习的孩子，他们用实际行动告诉我们，只要有梦想和坚持，就没有克服不了的困难。他们的故事激励着我们，无论遇到什么困难，都不应放弃，而应坚持不懈地追求自己的目标。这种精神，正是我们这个时代所需要的。

此外，书中还描绘了人与人之间的深厚情感和相互支持。无论是老师与学生之间，还是基层干部与村民之间，都展现了一种超越血缘和利益的深厚情谊。这种情感的力量，让我们明白，在这个快节奏和物质化的世界里，人与人之间的真诚和关爱是多么宝贵！它提醒我们，要珍惜身边的人，学会关心他人，传递正能量，共同构建和谐社会。

合上这本书，我的心情久久不能平静。书中的故事如同一股清泉，流淌在我的心间，滋润着我的灵魂。这些平凡而伟大的人物，他们用坚持、奉献和勇气，让我深刻领悟到生命的价值不在于索取，而在于付出；不在于享受安逸，而在于勇敢挑战。我们生活在一个物质丰富、机遇众多的时代，所以更应珍惜当下，传承和弘扬这种格桑花精神，在自己的岗位上努力奋斗，为实现中华民族伟大复兴的中国梦贡献自己的力量。让我们像格桑花一样，无论身处何地，都能绽放出最绚烂的光彩，用爱与奉献温暖这个世界，让社会主义核心价值观在我们的行动中熠熠生辉。

最是书香能致远

陈姿妤（中学生）

在我乡下的老家，有处水泥和砖砌的围墙，旁边的桂花阵阵飘香，石凳光溜溜的，一口老石磨诉说着岁月的记忆。静谧的一隅，藏着一间农家书屋，那是由百年旧屋改造而成的，门口挂着一副对联："及时当勉励，常日好读书。"我喜欢静静地待在这里，它是我心灵的避风港，是我梦想起航的地方。

书屋的一角，柔和的灯光洒在原木色的书架上，每一本书都像是沉睡的精灵，等待着被唤醒。从古典文学到现代科幻，从哲学思想到历史传记，它们静静地排列着，仿佛是一个个时空的大门，随时准备带领我穿越到另一个世界。闲暇时，我便会选一本心仪的书，沉醉在书香的世界里。

以书为枕，手有卷香。在这里，我与李白对饮月下，感受"举杯邀明月，对影成三人"的孤独与旷达；与莎士比亚共话人性，体味《哈姆雷特》中"生存还是毁灭，这是一个值得思考的问题"这句话的深刻哲理。书页翻动，我仿佛与古今中外的智者进行着一场场跨越时空的对话，他们的智慧与情感，在我心中种下了一颗颗梦想的种子。

读《伊索寓言》，给我带来欢声笑语，教我如何做人，让我感悟人生哲理。读司马迁的《史记》：王侯将相，素衣平民，无数感人的英雄事迹都深深印在我的心里；奸臣当道，帝王昏庸，民间疾苦，又令我痛恨不已。读高尔基的《童年》，我的思绪常常会随着主人公的喜怒哀乐而变化：主人公的悲惨命运使我潸然泪下，主人公的一点点进步也会让我兴奋不已。

记得一次考试失利后，我烦躁不安，便来到书屋休憩。我翻开《钢铁是怎样炼成的》，见证了保尔·柯察金的成长，读出了平凡中的伟大。他经历了太多磨难，却仍坚守信念，正像该书作者奥斯特洛夫斯基，身残志坚，在病榻上仍坚韧不拔地完成这部作品。字里行间，我感受到了一股能够战胜苦难的力量：似“山重水复疑无路，柳暗花明又一村”的豁然开朗，又似“长风破浪会有时，直挂云帆济沧海”的勇往直前，更似“会当凌绝顶，一览众山小”的雄心壮志。缓缓地，我从书中抬起眼来，细细闻着那阵油墨香味——我的心平静了下来。

“书中自有黄金屋”，这间农家书屋承载了我对未来的期许。在这里，我学会了坚持与努力，明白了知识的力量。每当遇到困难和挑战，只要走进书屋，翻阅前辈们留下的那些宝贵财富，我就总能找到继续前进的勇气和灵感。

书屋如同一盏明灯，照亮了我前行的道路，让我在追梦的路上不再孤单。在这里，我学会了思考，学会了成长；更重要的是，我学会了如何追逐并实现自己的梦想。未来的日子里，无论我走到哪里，这份来自书屋的力量都将伴随着我，激励我不断探索，勇敢追梦。

“最是书香能致远。”我的书屋，我的梦，它们紧密相连，共同谱写着我人生的精彩篇章。

《昆虫记》：神奇而有趣的昆虫王国

麦合丽娅·麦麦提艾力（中学生）

法布尔给予昆虫的是一个乐园，而昆虫回馈他的是全世界。

——题记

在夏日的时光里，我常常抱着冰镇西瓜，慵懒地坐在绿荫之下。此时，大自然美妙的虫鸣声如同一场盛大的音乐会，奏响在我的耳边。这对任何人来说都是一种惬意无比的享受。可是，又有多少人真正深入地去了解过周围的这些发声者呢？难道它们仅仅是毫不起眼、用来充数的小生命吗？有谁留意过脚下那个小小的世界呢？当我翻开法布尔的《昆虫记》时，我仿佛被领进了一个精彩纷呈的昆虫世界，心中的疑惑也随之烟消云散。

《昆虫记》是法国昆虫学家法布尔倾其一生精力所创作的伟大著作。在这本书里，作者以独特的视角将我带入了一个神奇而有趣的昆虫王国，生动形象地描绘出昆虫的生活习性、外貌特征以及性格特点。这本书让我爱不释手，我沉浸其中，仿佛置身于那个昆虫世界，它简直就是一件无与伦比的艺术杰作。法布尔通过大量反复的实验，细致入微的观察，从而得出可靠的结论，再加上优美而不枯燥的文笔，使得《昆虫记》成为一部文学瑰宝。这本书语言活泼生动，字里行间充溢着热爱与诗意，不像一般的昆虫科普书籍那样晦涩难懂。法布尔有着哲学家般深邃的思想，美术家般敏锐的观察力，文学家般细腻的感受力，并且能够用精准的文字进行描写。

蚂蚁就像一个厚颜无耻的掠夺者，它会毫不留情地把蝉的食物抢夺一空；而蝉则是辛勤的劳动者，在黑暗中默默工作数年，只为了生命的最后一个月在阳光下纵情歌唱。许多母蜘蛛都是伟大的母亲，为了孩子鞠躬尽瘁，死而后已；蝎子虽然是令人畏惧的有毒动物，但在作者笔下，母蝎子也是细心呵护孩子的母亲。飞蛾历经数月蜕变，最终要突破坚硬的茧才得以翩翩起舞；蟋蟀就像一个快乐的音乐家，在夏夜总是以那优美的叫声陪伴我入睡。螳螂捕食时凶悍无比，甚至会同类相残，如同恶魔一般——看到此处，我不禁打了个寒战。在我们眼中，许多昆虫外表丑陋，但正如法布尔所说：“我们所谓的丑美脏净，在大自然那里是没有意义的。”法布尔以“人性”观照“虫性”，在他笔下，昆虫仿佛都有了情感，整个昆虫世界变得妙趣横生。他尊重、呵护昆虫，公平地对待它们，而不是把昆虫当作一堆可怜又可悲的东西进行开膛破肚式的研究。

“纸上得来终觉浅，绝知此事要躬行。”《昆虫记》处处都流露出法布尔对观察昆虫的执着，他锲而不舍的精神令我钦佩不已。他写道：“在对某个事物说‘是’以前，我要观察、触摸，而且不是一次，是两三次，甚至没完没了，直到没有任何怀疑为止。”这或许就是《昆虫记》成为百年经典的原因吧。受到法布尔求真精神的影响，我也想去多多接触大自然，去观察和欣赏每一个灵动可爱的小生命，并且尽我所能去爱护它们。

兴趣是最好的老师，我们做任何一件事，都应该保持好奇心，要有一股打破砂锅问到底的劲头，不断探究，追求真理，同时还要脚踏实地做好每一个步骤。让我们持之以恒，坚定地向着热爱与未来勇敢前行吧！

唐诗之路，我的诗与远方

——追随《唐诗三百首》的文化旅途

岳王梓妍（小学生）

人的旅途在大地高山上，留下一个个脚印；诗词的旅途在书本竹简上，留下一个个韵脚；文化的旅途在朝代国度里，留下一个个遗迹。

背《唐诗三百首》时，我睡着了。我梦到一条最美的路，它不是由工人叔叔用水泥浇筑，而是由骆宾王、李白、杜甫、白居易和李商隐等诗人用诗篇铺就的——那是一条金光闪闪的唐诗之路。梦醒后，爸爸告诉我，我们浙江有一条“浙东唐诗之路”，他让我自己去尝试了解。我查阅了很多资料，开始了我的唐诗之旅。

梦里，李白带我游览了一条从初唐到晚唐的曲折的唐诗之路；现实中，我追随唐朝诗人的足迹，找到了一条适合我们小学生游玩的浙东唐诗之路。

梦里，李白带我游唐诗之路

我做了一个奇怪的梦，李白闯入了我的梦。

李白说，他是文曲星，看我那么喜欢唐诗，带我梦回大唐共游唐诗之路。

我们骑上黄鹤，一飞冲天。穿过唐朝的彩虹，我们来到了一座由唐诗组成的巍峨大山。

黄鹤落在了山腰上，我看到了四个院子，其中一个院子旁边有一个池塘，池塘里养着几只鹅。我知道，那一定和骆宾王有关。骆宾王的《咏鹅》，我幼儿园时就会背了："鹅，鹅，鹅，曲项向天歌。白毛浮绿水，红掌拨清波。"李白说，这四个院子是"初唐四杰"——王勃、杨炯、卢照邻、骆宾王的。我们本来想去拜访，可惜他们云游去了，仅留下空荡荡的院子，所以只能下次拜访。我记得，王勃的经典名句是"海内存知己，天涯若比邻"；杨炯的名句是"送君还旧府，明月满前川"；卢照邻的诗句让我记忆最深刻的是"关山有新曲，应向笛中吹"。

初唐除了"初唐四杰"，还有陈子昂。一句"前不见古人，后不见来者"，让我和李白黯然泪下。可惜，陈子昂也不在家。

我们又骑上黄鹤，到了山顶——唐诗的巅峰。峰顶，有一座茅草屋，还有一座充满浪漫主义色彩的宫殿，名字是"诗仙宫"。李白说我们到家了，原来那座宫殿是李白回归仙位后修建的。

走进李白的宫殿，墙壁上都是李白的代表作：《望庐山瀑布》《行路难》《蜀道难》《将进酒》《早发白帝城》《黄鹤楼送孟浩然之广陵》。李白说，他浪漫了一生，如果小朋友能记得他的十首诗，他就知足了。李白很谦虚，不好意思自吹自擂。我们简单参观了一下，就到了隔壁的杜甫家。

杜甫家是山顶的那座茅草屋，让我想起《茅屋为秋风所破歌》："安得广厦千万间，大庇天下寒士俱欢颜。”在茅屋里，杜甫给我讲了他苦难的一生：杜甫小时候家境还很殷实，青年时也安定富足；他跟骆宾王一样，七岁就能赋诗……谁也没想到，晚年的杜甫竟然沦落到了“床头屋漏无干处”的悲惨境地。什么叫饥寒交迫？杜甫曾经被困舟上五天五夜没东西吃！《暮秋将归秦，留别湖南幕府亲友》是杜甫创作于生命最后一年的一首五言律诗：

水阔苍梧野，天高白帝秋。
途穷那免哭，身老不禁愁。
大府才能会，诸公德业优。
北归冲雨雪，谁悯敝貂裘。

杜甫这首诗的意境，让我想起宋词“而今识尽愁滋味，欲说还休，欲说还休，却道天凉好个秋”。写完《暮秋将归秦，留别湖南幕府亲友》这首诗没多久，杜甫就在江面上的小舟中去世，终年五十九岁。

离别杜甫，我和李白骑着黄鹤，又到了中唐，一起参与了由白居易和元稹倡导的新乐府运动。白居易十六岁，凭借一句“野火烧不尽，春风吹又生”便在长安立足；就如他的名字，凭自身才华，在哪里安居都是一件容易的事情。我很喜欢白居易的《长恨歌》《琵琶行》和《卖炭翁》，也喜欢因为他而得名的白堤。白居易任杭州刺史时，曾以“最爱湖东行不足，绿杨阴里白沙堤”赞颂西湖风光，后人为纪念白居易，将此堤命名为白堤。白堤其实并非白居易修建，而是因白居易的诗篇得名。

在中唐，我们还跑去跟刘禹锡和李贺一起喝了茶。临走前，我偷偷告诉李贺，“天若有情天亦老”太经典了。据说，直到宋朝，才有人对出下半句“月如无恨月长圆”。

最后，李白带我到了晚唐，受邀参加了温庭筠、李商隐、杜牧和韦庄组织的诗会。我得到了李商隐的一张签名，无比兴奋……能参加这些诗人的诗会，真是“相见时难别亦难”！

唐诗之路，是一条上山的路，也是一条下山的路——从初唐到盛唐，再到中唐直至晚唐；唐诗之路，也是一条曲折的路——从山水田园诗派到边塞诗派，又延伸到浪漫主义诗派，后来转弯到现实主义诗派。

寒假，跟随大唐诗人的足迹去寻诗

浙东唐诗之路，是 400 多位诗人，用 1500 多首千古名诗铺设而成，也是一条金光闪闪的文化大道。

何谓“浙东唐诗之路”？爸爸说，唐代很多诗人，来到杭州后，从萧山西兴（越州属地）出发，游览完镜湖（今鉴湖），沿浙东运河到曹娥江，后南向折入剡溪，经新昌县天姥山，最后至天台山，一边游玩一边写诗——这条路线就是我们今天所说的“浙东唐诗之路”。

我和妈妈坐地铁来到了西兴古镇，此处是我的唐诗旅途的第一站，也是“浙东唐诗之路”的起点。这是我第二次来西兴古镇，来到这里，我马上就想到了爸爸之前提过的孙逖的《春日留别》：

春路逶迤花柳前，孤舟晚泊就人烟。

东山白云不可见，西陵江月夜娟娟。
春江夜尽潮声度，征帆遥从此中去。
越国山川看渐无，可怜愁思江南树。

唐朝时期的西兴，已经是交通要塞，众多诗人路过这里都留下了千古名篇。爸爸说，古诗里以西陵、白马湖和城山等涉及西兴地域地名的诗篇，就有400首之多。孙逖的《春日留别》只是其中广为流传的一首。

贺知章来到杭州时，先去游览了西兴，然后去了镜湖。我和妈妈也跟随着贺知章的足迹去了鉴湖，鉴湖就是古时的镜湖。镜湖的名字应该取自“月明风清，波平如镜”的意境。贺知章在鉴湖游憩时留下了另外一首同样出名的《回乡偶书》：

离别家乡岁月多，近来人事半消磨。
惟有门前镜湖水，春风不改旧时波。

诗仙李白、诗圣杜甫，以及孟浩然也多次来过镜湖，他们都留下了动人诗篇。李白连续写下了五首《越女词》，这是其中一首：

镜湖水如月，耶溪女似雪。
新妆荡新波，光景两奇绝。

杜甫更是留下一首长诗《壮游》，这是其中四句：

越女天下白，鉴湖五月凉。

剡溪蕴秀异，欲罢不能忘。

田园派的孟浩然既作诗“晴山秦望近，春水镜湖宽”，又写下过“试览镜湖物，中流到底清。不知鲈鱼味，但识鸥鸟情”。

一代代的诗人老了，但镜湖未老，青山未老，春风也不改旧时波，只是名字由镜湖改为了鉴湖。这次从唐诗的角度再游鉴湖，我对鉴湖有了新的认识。鉴湖，是唐诗之路上很重要的一个驿站——大唐诗人的心灵驿站。

追随大唐诗人的脚步，我们又来到“浙东唐诗之路”中诗篇璀璨的另外两个地方——天姥山和天台山。我去过华顶国家森林公园看杜鹃，但天姥山一直未能成行。“山不在高，有仙则名；水不在深，有龙则灵。”天姥山没有神仙，也同样地灵，这是因为李白的《梦游天姥吟留别》：

我欲因之梦吴越，一夜飞度镜湖月。

湖月照我影，送我至剡溪。

…………

世间行乐亦如此，古来万事东流水。

别君去兮何时还？

且放白鹿青崖间，须行即骑访名山。

安能摧眉折腰事权贵，使我不得开心颜？

《梦游天姥吟留别》是一首游仙诗，展现出李白的一身傲骨，他坚韧不屈的气节至今令人敬佩。

爸爸说，暑假要带我坐高铁去新昌游天姥山……

尾　声

唐诗之路，在浙江大地上，也在我们每一个小朋友的心里。它从西兴出发，经过天姥山，到达天台山，最后延伸进我们的心里。

唐诗之路，在书本上，在高铁上，也在我们的灵魂里。

唐诗之路，是我的诗之路，也是我去往远方的路。

在书中见识世界

韦景森（小学生）

自小，我便读书写字。渐渐地，我爱上了读书。一本好书就好似一首精美的诗歌：我从书中的字字句句中摘录珍宝，我在书中的行行段段内寻找答案；书中的一横一竖好似柔美绵长的群山，书中的一篇一章仿佛富丽堂皇的宫殿。

读书带我见识这大千世界。法布尔的《昆虫记》让我仿佛穿越于丛林之间；帕多瓦的《宇宙的奥秘》让我犹如身在宇宙中漫游，在太阳系中游览。我在书中也交到了一群好朋友。我在《三国演义》中认识了足智多谋的诸葛亮；我在《西游记》中认识了本领高强的孙悟空。读书让我认识世界、交友自如。书中生机勃勃、美如画作的山水，就藏在字句之间；书中的每一段文字、每一句话，都是独一无二的风景。

袁隆平爷爷曾经说过："我以为人生最值钱的东西，是脑袋里的知识。"而我自小就在农村，看到的楼房只有两三层高，房子里没有光滑的瓷砖。后来在一本书中看到好几幅照片，那些照片是一栋栋高耸入云的大楼，我便来了兴趣，就看起了那本书。后来我知道了，书中描绘的是称为"城市"的地方。我也记下了那些城市的名字，开始向往远方的世界。

后来，在语文课本里，我学到《少年中国说》这篇课文："少年智则国智，少年富则国富，少年强则国强。"那时听老师解释它的意思：少年聪明国家就有智慧，少年富裕国家就富裕，少年强大国家就强盛。"这是梁启超在清朝末年写的，是为了激起人民群众的爱国热情而写的。"那时听到老师这么说，我当时就立下了要报效祖国的志向。那一天，一回到家我便读起了书，我看着《少年中国说》中的一段文字："红日初升，其道大光。河出伏流，一泻汪洋。"它把少年比作刚刚升起的红日，前途灿烂；又把少年比作河流，进步很快。我想，我也要像那初升的太阳，努力向上，长大以后，努力做一个有用的人！

读书是穿越时空的邂逅，对于我而言，读书既是一种陪伴，也是一种温暖。我希望我能继续努力读书，在书中见识更广阔的世界！

阅读新时代，经典伴成长

郭思彤（小学生）

在这个日新月异的时代，我们小学生正站在新时代的起点上，面对着无数的机遇与挑战。经典无疑是我们成长道路上的一盏盏明灯，照亮我们前行的方向。

经典，是那些经过时间沉淀，依然闪耀着智慧光芒的书籍。它们或许讲述着古人的智慧，或许描绘着未来的图景，能为我们提供宝贵的知识和深刻的启示。

通过阅读经典，我们可以学习到丰富的知识。无论是关于科学技术的，还是关于文化艺术的，这些经典都能为我们打开一扇扇知识的大门。我们可以在书中领略到科技的魅力，了解到历史的变迁，感受到文化的底蕴。这些知识不仅能丰富我们的内心世界，还为我们未来的成长奠定坚实的基础。

除了知识，经典还能培养我们良好的品德。在这些书籍中，我们可以遇到各种各样的人物，他们勇敢、坚韧、善良。阅读他们的故事，我们可以学习到他们的优秀品质，激励自己在现实生活中也成为更好的人。同时，这些经典还能教会我们如何面对困难和挑战，让我们学会坚持和勇敢。

当然，阅读经典最直接的感受就是快乐。书籍是知识的海洋，也是想象的天空。我们可以在书中自由翱翔，探索未知的世界。当我们沉浸在书中的故事里时，时间仿佛静止了，只剩下我们和书中的世界。这种阅读的快乐是无法用言语表达的，只有亲自体验过的人才能真正感受到。

在我自己的阅读经历中，有一本经典作品给我留下了深刻的印象，那就是《小王子》。这本书是法国作家安托万·德·圣埃克苏佩里的杰作，它用简单而富有哲理的语言，讲述了一个关于成长、爱与责任的故事。小王子生活在一个遥远的星球上，他拥有一朵独一无二的玫瑰。然而，他却因为玫瑰的虚荣和自负而离开，踏上了寻找真正朋友的旅程。在这个过程中，他遇到了各种各样的人，包括国王、酒鬼、商人等，他们各自代表着成人世界的某种特质。最终，小王子意识到，真正的宝藏其实是他那朵独一无二的玫瑰，以及他所承担的爱的责任。

这个故事让我深受启发。它让我明白，成长不仅仅是年龄增长的过程，更是心灵成熟的过程。我们要学会珍惜身边的人，承担起自己的责任，用爱和包容去面对生活中的每一个挑战。每当我遇到困难或者陷入迷茫的时候，我都会想起小王子的故事，它像一盏明灯，指引着我前行的方向。

作为小学生，我们正处于成长的黄金时期。在这个阶段，阅读经典对我们的成长有着不可估量的价值：不仅可以拓宽我们的视野，增长我们的见识，还可以培养我们的思维能力和创新能力。这些能力将伴随我们一生，成为我们未来成功的基石。

此外，我还读过一本经典作品，它是关于中国历史的《上下五千年》。这本书以生动的语言和丰富的插图，将中国五千年的历史娓娓道来。我被书中那些英雄人物的事迹深深吸引，他们为了国家的繁荣和民族的尊严，不惜付出生命。通过阅读这本书，我不仅了解了中国历史的演变，还懂得了什么是真正的勇气和牺牲精神。这本书让我更加珍惜现在的幸福生活，也激发了我对祖国的热爱之情。

这些书，只是我阅读的经典作品中的冰山一角。每一部经典都为我打开了一个全新的世界，让我在其中汲取知识、体会情感、领悟人生哲理。我相信，只要坚持阅读，经典一定会陪伴我们快乐成长，成为我们人生道路上最宝贵的财富。

因此，我呼吁所有的小学生都拿起书本，走进经典的殿堂，让阅读成为我们生活的一部分。无论未来我们走到哪里，无论我们面临什么样的挑战，只要我们心中有书，就有无尽的力量和智慧。

希望每一位小学生都能爱上阅读，在阅读经典的过程中，收获知识，培养品德，感受快乐，让阅读成为我们成长道路上最亮丽的风景线。

最后，我想用一句话来作结：阅读新时代，经典伴成长。

让我们在书海中畅游吧！

期刊类

点亮灯塔：跟着《中国编辑》学做编辑

谢晓丽

习近平总书记说："阅读是人类获取知识、启智增慧、培养道德的重要途径，可以让人得到思想启发，树立崇高理想，涵养浩然之气。"阅读一本好期刊，恰似巧遇一座灯塔，它默默点亮灯火，为你引路导航。《中国编辑》就是我编辑生涯中的一座灯塔。

和《中国编辑》的相识，缘于五年前我初任期刊编辑之时。那时，我刚进入出版行业，急需汲取业务养分，阅读自然是最便捷的途径。某天，在图书馆期刊阅览室的一众编辑出版类期刊中，我一眼便相中了它——《中国编辑》。它立在书架的最上层，洋溢着国风之美：朱红的纯色封面，热情喜气；白色刊名一旁的"中国编辑"篆刻题签，古朴典雅；书脊上的线装纹路，古韵悠长；纵横错落的布局，简约通透。取下细读，我犹如涸鱼得水。"跟着《中国编辑》学做编辑。"我暗下决心。

这几年，《中国编辑》一直是我的枕边书。工作中每有困惑，我都主动去书中寻求解答。在《中国编辑》营造的编辑家园中，编辑同人如切如磋，如琢如磨，共同精进。浸润其间，我逐渐爱上了编辑这个职业，并开始编辑一段有益有味的时光。

灯塔长明，引路导航

期刊编辑的日常，就是选题策划、组稿审稿、编辑加工、传播推广等活动。各个环节穿插交会，循环往复。日子久了，我偶尔心生怨叹："这日子，真是琐碎又庸常！"心绪芜杂时，我常去《中国编辑》的世界里静心，体味老一辈编辑家的编辑精神，学习出版界专家学者的编辑理念，借鉴编辑同行的实战经验。

《中国编辑》的代发刊词《我们是中国编辑》一文，我品读的次数最多。每读一次，都是一次心灵的洗礼。

"中国编辑，我们的名字，我们的岗位，我们的荣誉，我们的责任。

"身为中国编辑，我们深知责任重大。振兴中华离不开出版，繁荣出版离不开编辑。

"我们要求自己做精神食粮的生产者、先进文化的传播者、民族素质的培育者、社会文明的建设者。

"我们默默奉献，好比无人看重又无法离开的空气；我们为人作嫁，好比燃烧自己、照亮别人的蜡烛。

"我们没有显赫的地位，却有穿越时空的翰墨芬芳；我们没有殷实的财富，却有寄托心灵的文化殿堂……"

这篇美文出自著名出版家刘杲先生笔端，明白晓畅而又激情磅礴，既是一幅编辑的自画像，又是一封编辑的"自白书"，生动诠释着编辑职责和编辑精神，提振着中国编辑的职业自信。《中国编辑》创刊之年的六位封面人物——张元济、叶圣陶、邹韬奋、陆费逵、胡愈之、赵家璧，就在这殷殷之情、切切之意中跨出书页向我们走来。他们以书刊为阵地，以笔墨为武器，诠释着老一辈编辑出版家救亡图存、兴国安邦、启迪民智的家国情怀。

编辑活动总是踏着时代的节拍前行，那么新时代的编辑出版者又该拥有怎样的品格和情怀？读原新闻出版总署署长柳斌杰的《中国出版家的传统与情怀》一文，我醍醐灌顶。文章“摘要”中写道：“出版家应具有敬畏经典的文化情怀、尊重知识的学术情怀、勇担社会责任的职业情怀、关爱生命的人文情怀、深明大义的家国情怀、命运与共的人类情怀、追求真理的科学情怀，以守正创新、开拓奋进的精神风貌，再创中国出版新辉煌，再续中华文明新篇章。”这七种情怀的凝练总结高屋建瓴，为编辑从业人员锻造个人品格指明了方向。

编辑总是为人作嫁，时常因找不到自己的存在感而郁郁不乐，该怎么破？翻阅《中国编辑》，我豁然开朗。曾在科学出版社工作的马学海在《成熟在三十五岁》一文中说：“工作就是如此，像一场旷日持久的跑步训练，疲惫时你总希望结束这一切，但终于有一天，你发觉自己已经具备了出众的体格，拥有了别人拿不走的抵抗力，你除了对它充满感激之外，别无选择。”中国编辑学会副会长乔还田在《锻造高素质编辑队伍的思考》一文中说：“编辑能够与这个时代各领域最有思想、最有学问的人打交道，常与智者对话。编一本书、约写一篇文章，对于用心用情用力的编辑来讲，是增长学问、提升素养的良好机会。”说得真好！其实，为人作嫁，何尝不是为己作嫁？成人之美，往往也能成己之美。跳出单一视角，便觉天宽地阔。

做编辑，就注定要与作者打交道，若双方在文稿加工中难以达成共识，该怎么破？《读者》杂志社社长宁恢在《云萍偶遇 针芥相亲——编辑、作者关系杂谈》一文中分享："大多数情况，二者的合作并不会如瞌睡碰到枕头般称心遂愿……作者、编辑所缔结的这段'文字姻缘'，云萍偶遇的成分居多，一本书将两个禀性各有偏殊，看法不尽相同的个体撮合起来，委屈、牢骚自然是难免的了……"这一份直达心底的共情，悄然化解了我心中的不悦。人民教育出版社总编辑韦志榕说："心有所畏，方能编有所成。"这"畏"是敬畏——敬畏文字、敬畏职业、敬畏作者、敬畏读者。是啊，若互怀"敬畏"之心，编辑与作者之间，应该更易实现"情投意合"吧！

一份理解、一席开解、一句鼓励，《中国编辑》如灯塔长明，为初出茅庐的我引路导航，给予我奋进的力量。

灯塔守望，见证成长

习近平总书记说："无论从事什么劳动，都要干一行、爱一行、钻一行。"质朴之言，深得我心。在编辑工作中，我以"工匠精神"自勉，充分调动脚力、眼力、脑力、笔力，在文山字海里冲锋陷阵，拔节成长。

我常在办公室与论文"死磕"：纠结于字句是否干净利落、结构是否精巧合理、标题是否简洁凝练、论述是否条分缕析……因为我深知，守土应有责，守土须尽责。只有"锱铢必较"，编辑才能磨炼编校技艺、把控编校质量。

我常在学术会议的现场奔忙：了解学术动态，组稿约稿，与专家学者建立联系……因为我深知，学界关注的热点、难点是办刊方向的指引，专家学者的优质稿件是办刊质量的保证。只有抓住源头活水，期刊才能向外借力、向内聚力。

我常在图书馆的书海徜徉：为作者核查文献、为自己学习充电……因为我深知，阅读可以拓展一个人生命的广度和厚度，我们读过的书，最终会让我们遇见更好的自己。只有习得诗书满腹，编辑才能内蕴底气、外扬光芒。

自从结识《中国编辑》，我就常常说“我是一名中国编辑”。我把《中国编辑》作为资源库、百宝箱、智囊团，时常将自己与其中的人、事、理对标，自我省思、自我激励。慢慢地，我少了抱怨、多了热爱，并惊喜地发现：编辑时光，其实有益又有味！

这有益有味，来自编校工作给予我的丰厚滋养。能成为一名编辑，何其有幸！因为没有哪一份工作能像编辑这样，是在不断地向内输入。在与论文“死磕”的过程中，我逐渐养成了精益求精的工作态度，练就了辨识优劣的明眸慧眼，积攒了海纳百川的知识储备。在与专家学者打交道的过程中，他们广博深厚的学术修养、独到精微的眼界见识、科学严谨的治学态度、谦逊平和的人格魅力，无不潜移默化地影响着我。与优秀的人同行，多么幸运！

这有益有味，来自作者给予我的情绪价值。面对来自全国甚至世界各地的学界精英，有时我能雪中送炭，有时我能锦上添花。虽然他们在前台闪耀，我在幕后鼓掌，但功不唐捐，我的付出常常被认可，善意常常被反哺。这种认可和反哺，是一种高能量的情绪表达：可能是他们寄来的一本著作，扉页还精心题了字；可能是他们路过我所在的城市时，会前来小聚；可能是他们每有成绩时，不忘与我分享；也可能只是他们一句真心的托付——“文章交给你，我放心”。

这有益有味，来自期刊给予我的正向反馈。比如，期刊影响因子的节节攀升，编校的论文被权威期刊转载或者被多次引用和下载……这时，我常由衷地感慨：用心去耕耘，春暖花自开。那个我嫌弃过、埋怨过的职业，它早已融入我的血脉——我忧其忧、喜其喜，与其同频共振、荣辱与共；它早已成为我生命中心心念念、无法割舍的一部分。

这有益有味，来自我自身对生命的细腻体悟。比如，在熬夜赶工期的那个通宵，我发现：凌晨三点，街道上真的会响起清洁工人扫马路的沙沙声；凌晨五点，天空真的会泛起鱼肚白，侧耳细听，还真的有小鸟的啾啾声。我蓦然欣喜，原来，小时候作文中常用的套话是最真实的言语。人间烟火气，最抚凡人心。感受生命的流动，能体悟到一种熨帖人心的柔性力量。这力量，能增进我在编辑工作中“咬文嚼字”的专注力、“见微知著”的洞察力，以及能把板凳坐冷、文字煮热的定力。

2024 年 5 月，湖北省期刊协会举办“湖北高校期刊编辑国庆 75 周年演讲赛”，我在决赛现场向广大编辑朋友提问：“在伟大祖国 75 周岁生日之际，我们编辑从业者该如何表达对祖国母亲的感恩与祝福？”随后，我坚定作答：“我觉得，坚守本职、尽善尽美，就是最好的表达。俗话说，爱岗就是爱国，做好自己的本职工作就是最大的爱国。作为编辑，我们对祖国也许从未言爱，实则处处是爱——爱在我们校正的每一个标点里，爱在我们重绘的每一个图表里，爱在我们核实的每一篇文献里，爱在每篇文章最后‘责任编辑’的落款里。”场下热烈的掌声让我热泪盈眶，我知道，这掌声既是送给我的，也是广大的编辑朋友送给他们自己的，因为我们都是中国编辑，我们都深深地爱着这份职业！

时光匆匆，一晃五年过去了。从初入编辑之门的慌张迷茫到如今立志深耕编辑责任田的从容坚定，《中国编辑》一路陪伴，一路守望，见证着我的成长。“跟着《中国编辑》学做编辑”，我初心不改，久而弥坚。

读《中国出版》，书香飘满一方小城

张吉响

今年，我八十岁了，是一个从旧中国走过来的人。

我的一生爱读书，爱买书，爱藏书。

八岁，我上学读书。

六年级的作文课上，老师以《我的理想》为题，让同学们写作文。我便写了开一家书店的理想。我的那篇小小作文，老师居然当成了范文，一字一句读给全班同学听。整个教室里，一片悄然无声，安静到了极点。那时，我就像今天的“网红”一样，被包围在层层叠叠的赞赏目光里。多么高兴啊，我第一次博得了那么多同学的羡慕和喜爱。

1989 年，凭借着两千元资金，我租赁了一爿橱窗，创办了一家小小书屋。整个书屋逼仄而简陋，几本期刊吊在内侧的墙壁上，一张桌子都放不下，令人唏嘘。人蜗居一隅，只能侧着身子，憋闷蠕动，彳亍迎客。

那个时期，满目疮痍，百废待兴，遍地书荒，一派凄凉。多少读者如饥似渴，却买不到一本字典、一册《唐诗三百首》，古今中外的名著更是难得一见。算是半个文化人的我，眼观八方，多方寻觅。恰逢我国出版业日渐繁荣，我购得的图书实用、通俗、紧跟时代，所以，小小书屋很快就站稳了脚跟，赢得了不少读者的认可。每天，橱窗玻璃前人声鼎沸，涌动着熙熙攘攘的人群。大家口口相传，我的书屋声名鹊起，无数读者纷至沓来，小小书屋日渐红火，热闹非凡。

2005年，我的书店转至“河北一集”的主楼门脸位置。这里曾是辛集市一家重点企业的商场，由于经营不善突然宣布破产，商铺欲公开拍卖。最终，我以最高价竞得，这家破产商场成了我的书店。这个地方寸土寸金，有800平方米的三层营业大厅，可遇而不可求。自此，我结束了多年租用店铺的历史，有了真正属于自己的可以安家立业的书店。高高耸立的书店大楼，已成为我的不动产，升值几倍。拍得以后，曾有人找上门来，希望租赁或联营。如若出租楼面，唾手可得的租金远远高过卖书的微小利润。经营图书，在某种意义上说是“赔本赚吆喝”。然而，我知道：我是农民的儿子，是从乡间最底层走出来的。创办书店，绝不仅仅是为了赚钱，更为了传播文化的终极目的。让农民读好书、多读书，应该是一家有作为的书店责无旁贷的追求和担当。

2010年，《中国新闻出版报》（2015年更名《中国新闻出版广电报》）、《中国出版》杂志社举办了“深化改革，加快发展，建设新闻出版强国”主题征文活动。我根据自己开书店的经历，撰写了《农村图书发行突破症结走出困境的思考——一位民营书店经营者来自农村第一线的报告》征文。不料想，我的征文居然在全国获得了优秀奖。《中国出版》首发后，中国人民大学复印报刊资料《出版业》期刊又全文转发。《中国新闻出版报》记者孙海悦采访了我，发表人物专访《写着对联办书店——访河北省辛集市科技书店经理张吉响》，该文介绍我创办书店、不断成长并引领一方文化的历程，引起了不少读者关注，得到了社会的广泛认可。

自此，《中国出版》一刊成为我经营书店的必修课，常读不止、常翻不断。在图书馆里，我静静捧读《中国出版》文章；在邮政局里，我年年订阅《中国出版》杂志；在微信群中，我常常交流与《中国出版》有关的信息；在知网上，我不断搜寻着《中国出版》的资讯……《中国出版》，俨然已成为我的书店前行的“准星”，时时刻刻为我校正、定向。

2018 年，是庆祝改革开放 40 周年的年份。12 月 19 日，《中国新闻出版广电报》出版了 60 版的特大篇幅纪念专刊，我忝列其中，与当当网、新知集团的领导，同刊一版，比肩而立，也算几分光荣吧！在这一期里，我发表小文《坚持“进”与“不进”》，主要是介绍我的书店坚守农村基层、服务农民、办好实体书店的事。

这些年，我经营书店，研究书店，分析书店。我以《中国出版》为参照，陆陆续续撰写并发表了 60 余篇关于农民读书用书的系列文章：《农村到底需要哪些图书》《农业科技图书要有的放矢、突出重点》《农村“买书难”的症结在哪里？》《“三农”图书出版、发行，路在何方？》《怎样改变农村一般图书销售疲软现象》《让农民多读书、会读书、读好书》《皮革图书助我一爿书屋长成书店大楼》《八招求变：做实做深农村民营书店》……

近几年，我以我发表的文章为底本，进行了增删，辑成书稿《我开书店三十年》，共 60 余篇文章，38 万余字。中国新闻出版研究院院长魏玉山和中国新闻出版传媒集团董事长马国仓分别以《一名基层民营书店人的心声》和《张吉响们，加油》为题，为我的书稿撰写了序言。

开办书店的日子是我一生最快乐的时光。个人爱好、特长与事业不期而遇，使我如虎添翼、水到渠成。凭借着发自内心对文化的挚爱，我享受着一个真正的完美快乐人生——想着自己想做的事情，做着自己愿做的事情，用书店、用文化、用感恩改变着周围的“生态”，改变着小城的面貌，也改变着自己的命运。我收获了人生的最大富足——切切实实和读者交朋友、堂堂正正为家乡服务，袅袅书香中俯拾着晚年幸福的花朵，遍地芬芳，这是一件多么幸福的事情啊！

我的书店是第一批跨入中国书业的书店，是改革开放给了我开办书店的机遇。今天发展成有如此历史的书店，这在河北省不是很多。我没有任何外部资源，完全凭一己之力，一步一个脚印，一程一行汗水，摸爬滚打，砥砺前行，终于能够置店买屋，形成如此规模，成一方文化。辛集市作为一个小小的县级市，在书业鼎盛时期，大大小小的书店近六十家。而今，物竞天择，大浪淘沙，有的因非法经营被取缔；有的被电视台曝光，改换门庭；而更多的是入不敷出，退出书业。能够持续经营，并坚守文化、传播书香的，已是屈指可数。2021 年 5 月，《出版人》杂志社记者张艾宁从北京前来我店采访，6 月在该刊发表了《一位古稀老人和他三十年的书店》一篇文章。她感叹道：“在华北农村，还能找到 30 年前的书店吗？”目前，我已加入北京中小型书店的“书萌”微信群。其中有人讲，您是“40 后”的老前辈，太厉害了。其实，也就是我的年岁大一些，经历的事情多一些罢了。

三十六年了！至今，我的小小书屋走过了三十六年，已长成了800平方米的巍巍书店大楼。书香飘满小城，飘遍大地，谱写出我一生一世的依恋。《中国出版》已不仅是一本杂志，更像一位经年老友、默契知音，与我朝夕相处，厮守为伴。《中国出版》以优美而灵动的文字浸润着我的生命，以宽容且友善的温情慰藉我的心灵，伴我走向金秋，走向明天。

读《农村百事通》，工作更轻松

周振龙

我从事基层新闻宣传工作已有十余年，每年采访撰写的新闻报道有近百篇，经常刊发在各级媒体上，赢得了单位领导和同事的一致好评。大家普遍认为，我的报道语言平实、形象生动，且贴近乡村基层，地气非常足。这让我深感欣慰。这些成绩的取得，离不开几位“得力助手”的支持，它们不断为我充电蓄能，及时解决我工作中遇到的各种难题。而在这些帮手中，给我印象最深刻、让我受益最大、使用起来最得心应手的非《农村百事通》莫属。

我工作的乡镇地处大汶河南岸，灌溉条件优越，是一个农业大镇。这些年镇上逐步发展起了以设施蔬菜和蔬菜制种为重点的主导产业，尤其是近年来，随着乡村振兴政策的深入落实，当地的蔬菜产业更是实现了较快发展。作为基层新闻采编人员，我们紧随产业发展步伐，时刻关注并记录着农村发生的“新鲜事”。比如，当有的村庄建起了冬暖式蔬菜大棚基地时，我们会第一时间进行采访报道；有的村庄创新使用科学的种植技术，实现了高产高效，我们也会及时总结其成功的经验，推广普及使用；有的村庄出现了几十年如一日专注育种的

“土专家”，我们也会千方百计地把他的经历写出来，以供其他人参考学习。

2012 年，我刚开始从事新闻采编工作时，因为比较缺乏“三农”相关知识，在与群众座谈交流时偶尔会闹出一些笑话，这既影响了采访效果和稿件质量，也打击了我工作的自信心。比如，以前我总认为蔬菜只要长势好，就一定能实现高产高效，完全没有考虑市场需求；以前我总认为黄瓜制种都是蜜蜂自然授粉的，从未考虑到人工授粉的情况；等等。这些误解反映了我当时对农业实践认识浅薄。后来，单位的同事及时提醒我，一定要提前了解采访对象的相关知识，做好采访前的知识储备工作。他向我推荐了几种常看的阅读刊物，其中就有《农村百事通》，这是我第一次接触这位“工作挚友”。

多次采访碰壁后，在后来的工作中，我养成了经常翻阅书籍刊物的习惯，尤其是在面对“三农”领域的采访任务时，《农村百事通》成了我的首选资料来源。每次面对新的采访主题，我都会根据采访主题的基本情况，在《农村百事通》中找一些相关的信息和案例，并及时做好采访笔记，这样就确保了我在采访中的主动权，既便于询问采访对象的具体经验和真实想法，又能保证采访文稿形象生动、更接地气。

记得在 2019 年，我接到一个采访创业典型人物的任务。她是一名“90 后”女性，高中毕业后，扎根村里发展大棚蔬菜种植，几年下来，成了当地小有名气的大棚蔬菜种植能手。为了做好这次采访，我做足了前期准备工作。通过《农村百事通》杂志的《农百访谈》栏目，我阅读了《走进乐平嘉绿农业有限公司》等文章，深入了解了袁新民扎根农业发展的创业历程。同时，我还研读了《蔬菜防寒有方法》《冬季棚菜防病害》《冬季大棚保暖试试这仨方法》等文章，掌握了有关大棚蔬菜种植的基本常识和技术要点。采访过程中，我掌握主动、循循善诱，确保采访顺利进行。

多年来，《农村百事通》犹如一位老挚友始终相伴在我的工作和生活中，既给了我埋头苦干的知识和力量，又给了我抬头看路的信心和勇气。它服务“三农”的宗旨，让我越来越融入这片生我养我的乡村故土；它丰富多彩的专栏，让我在工作和生活中越来越得心应手；尤其是“一看就懂、一学就会、一用就灵、一点就通”的内容特色，让我在与广大群众交流沟通时，更加“像个地道农村人”。

每次到村里开展新闻采访，村两委干部及广大群众都非常乐意跟我打交道，因为我除了完成采访任务之外，有时候还会热情地提供帮助。例如，有的村希望结合自身的发展变化来完善村规民约，便请我“参考参考”；有的村在召开村民议事会时，习惯让我帮忙审核议程和材料；甚至有些村在邀请农技人员进行种植技术培训时，还会请我在现场与技术人员同台讲解。我想，这一切都得益于《农村百事通》的陪伴和帮助，“开卷有益”的理念在我身上体现得淋漓尽致。

近年来，在《农村百事通》杂志的滋养下，无论是我的工作能力还是个人阅历都取得了显著的进步。我欣喜地见证了这本杂志自身的蓬勃发展。创刊四十多年来，《农村百事通》不仅得到了广大读者的肯定与支持，还先后荣获多项国家级荣誉。这一切成就源于其扎根农村、服务大众的理念和信念，以及倾心“三农”、全心为民的执着和坚守。这些特质不仅使它赢得了广泛的信任和支持，也让我有了积极推荐和支持它的充分理由。在全镇各村新时代文明实践场所建设中，我义不容辞地将《农村百事通》作为农家书屋阅读刊物的首选，向各村进行了推荐和推广。这一举措得到了各村党员干部和群众的普遍支持，因为《农村百事通》值得信任，值得陪伴，值得亲近。

但愿身在情长在

——给《青年文摘》的一封“情书”

王湔璋

我对《青年文摘》的感情，用“钟爱”二字形容毫不为过。大概在儿子三四年级时，我初次接触《青年文摘》就爱不释手——喜欢在街边的报亭购买杂志的感觉，簇新的、泛着油墨香的杂志捧在手上，有种心满意足的喜悦。每次拿到刚出刊的杂志，我总会迫不及待地细细读完，随即开始盼望着下期快点儿出刊。

十几年来，在一次次的愉快阅读中，我受益良多，感悟亦多，时常想参加《青年文摘》的编读互动，却终未落笔。近两年因人事繁杂，上班也不再路过地铁口的小报亭，竟落下了许多期未读。最近忽然重拾“旧情”，不禁感慨：好杂志就是好杂志，还是那样经典的配方，还是那般隽永的味道，读了就再也放不下。

恰逢征文活动，这次我终于拿起笔，为钟爱的《青年文摘》写下这封“情书”。

关于作文

曾看过一则消息，称2024年几乎所有的高考作文题《青年文摘》都曾涉及。对此我并不惊讶，因为早在2014年我就亲历过。儿子高三时，老师每周都要出一些热点题眼，让学生自己去收集相关内容摘抄下来，作为写作素材。《青年文摘》中的《青年一代》《今日视点》《尘世走笔》《个人立场》《名人故事》等栏目特别好，内容都是围绕社会热点展开讨论。比如《不要吝惜向陌生人施以慈悲》一文，当时社会上正在热议“老人摔倒扶不扶”，文中告诉我们：“城市公共区域的安宁与美好，不仅仅靠警察等人来维持……慈悲是一种群体共识，并且在需要的时候能够得到支持。”诸如此类，文中提出的问题往往不会直接给出答案，而是从各个维度阐述，让读者去思考、去领悟。后来儿子因为摘抄本出色，让理科成绩更好、偏科严重的他在家长会上得到了语文老师的特别表扬，引得其他家长纷纷向我“取经”，询问摘自何处。更神奇的是，《青年文摘》2014年5月下刊登了《不讲“规矩”才可怕》一文，那一页放在儿子备考案头足足一星期的时间，而2014年北京卷的高考作文正好是“老规矩”！儿子怎么写的不得而知，但那年他的高考语文成绩很是不错。因为这个缘故，后来几年我都会多买份《青年文摘》分享给亲朋好友家中备考的孩子。

如今的《青年文摘》更是为考生们备下了作文大餐，如《为什么读〈青年文摘〉就能写好高考作文》《在这里触碰最美的中文——名师读本期〈青年文摘〉》《跟着名家学写作》《高分作文联盟》……如果家里有中学生的话，不妨读一下《青年文摘》吧。

关于共情

有部热播的高考题材电视剧《大考》，让我回想起儿子幼时，我也像剧中吴家俊的妈妈一样，在书桌边监督他学习。当然儿子不像吴家俊因为艺考而与家长斗智斗勇，而是像《青年文摘》刊登的张抗抗写的《什么时候开始都不晚》中幼时的儿子，是个“得过且过、学习不努力的懒孩子”。那时我和他爸爸秉持不抛弃不放弃的理念，耐心陪着他慢慢长大，默默期待他学习主观能动性的萌芽。儿子初二时，我们惊喜地发现他对物理怀有极大的兴趣，便以此为契机不断鼓励他学好物理。因为物理成绩领先，他重拾了学习的自信和能动性。内心有了明确的方向后，儿子读本科、读研究生都选择了他热爱的物理专业。《青年文摘》刊登有很多这种励志文章，不仅让孩子明志，也指导、鼓舞为人父母的我们。比如《一个农村的孩子能走多远》一文，我把它分享给了一位亲戚——彼时他的儿子正读高二，由于学习缺乏原动力，让父母日日愁苦——鼓励这位亲戚对孩子不要失望、不要放弃，最终他的儿子同文中的主人公一样，走出家乡，求学深造。

除了正能量，《青年文摘》还带给我无数美的享受。我喜欢“六神磊磊”那篇《唐诗里最美的四种植物》：“它证明了唐诗完全可以没有田园宅男、没有边塞愤青、没有咏古骚人……这就是红叶的气质——它可以无比深情，也可以无比正大、平和、醇美……”这篇美文让我对红叶和“六神磊磊”的喜爱一发而不可收，不仅追寻出处买了《六神磊磊读唐诗》，深入领略大唐精彩绝伦的诗歌江湖和幽默风趣的“六神体”，还把这本书推荐给八十多岁的老父亲和喜爱诗词的朋友，与他们一同重温最风雅、最曼妙的唐诗记忆。

关于青春

《青年文摘》的《青春风铃》栏目，总能触及我心底最柔软的角落，那里洁白纯粹、岁月静好；而《成长笔记》和《至爱亲情》栏目，或是唤醒我成长岁月的琳琅回忆，或是让我想起与亲人之间的温暖点滴……

比如,《像所有年轻过的一代》里，主人公对他的人生是有思路的："一年之内""过雅思""去一个陌生的地方""业精于勤荒于嬉"……满是自我鼓舞的人生规划，一如我们的青春岁月;《在我生命中奔跑来去的男孩女孩》里的画面似曾相识，又不完全相同，引得我也文思勃发，拿起笔照葫芦画瓢写下属于自己的《在我生命中奔跑来去的男孩女孩》……

作者"刮刮油"的文章总是幽默诙谐，篇篇都让人回想起年少时的诸多可笑之举——和《你可不能白玩啊》中写的一样，谁不是带着作文任务出去玩的啊？记得有一次我在朋友圈发了人民公园菊花展的照片，有中学同学马上回复："回家记得写作文哟，哈哈……"《一场游戏一场梦》中"泡泡糖咽下就会把肠子粘住"的童年认知，让人捧腹大笑。但笑过之后不禁反思我们这代人该如何教育孩子，才能避免犯父母当年的错误。或许要和孩子多沟通交流，坦诚相待，希望他能"尽量通过自己的阅读建立科学观和知识体系，以便在我瞎说八道的时候及时纠正，将我扳倒"。

关于远方

我超爱看《青年文摘》的彩页专栏《流行 ID》，不知是"超爱玩的糖”的文字让我有了游世界的冲动，还是因为本身喜欢在路上而爱上了“超爱玩的糖”的故事。记得那一年，我跟随《流行 ID》按图索骥去了泰国小镇华欣。我在火车站的站台座椅上悠闲小憩，感受浓郁的热带风情；每当火车离站时，工作人员会摇响站台旁挂着的铃铛，如同浪漫电影中的桥段。《流行 ID》有一期“青城山”专题。作为成都人，我常去青城山和老友喝茶、聊天，或许因为总是当天往返，始终没有旅游的感觉。而“超爱玩的糖”的青城山之旅独辟蹊径，硬是在吃住行游上提供了不一样的体验，让我有了下次“走她走过的路，看她看过的风景”的冲动。后来，我干脆把《流行 ID》整理出目录索引，每去一个地方前先细读“超爱玩的糖”的旅行攻略，再前往体验。

其他方面

《青年文摘》中的《好学有方》专栏“授人以渔”，长期阅读可以让读者成为学习的大人。栏目曾刊登《聪明人是怎样看〈甄嬛传〉的》一文，我读完如获至宝，立即给苦于论文的儿子打电话，将“主动预测”和“从差距中学习”的学习方法告诉他，相信这会对他的论文撰写大有裨益。当天下午，我还网购了文章所出自的《心中有数——生活中的数学思维》一书。感谢《青年文摘》这位良师益友，它总能把新思想、好书籍带到我的生活中。

《青年文摘》还是年轻人的“爱情军师”。有个朋友曾对我吐槽，她给她侄女介绍了几个男朋友，双方不见面只网聊，但聊着聊着就没了下文。恰好我在《青年文摘》的《爱情讲义》栏目看到“恋爱中聊天的四个原则”：少问多说、多说自己；客观陈述事实；适当表达感受；谨慎评价对方。我把文章分享给了朋友，希望为女孩的恋爱提供助力……

除了文字美好,《青年文摘》连插图都很给力，特别是《青春风铃》《成长笔记》栏目，光看精美的插图就让人感受到满满的青春气息，心情也变得明媚无比。

不管时代如何变迁,《青年文摘》在我眼里始终是优秀的。它适合所有人群，年过五十的我每次拿到新一期的《青年文摘》，都会从《今日视点》栏目看起，然后是《青春风铃》《成长笔记》，接着是《悦读会》……每一页文字，或叩动心扉，或引人深思，或引人发笑，为我的生活注入一束光亮。

但愿身在情长在，期待与这束精神之光相伴终老。

《辽宁青年》：一本杂志，一生相随

张淑清

1987 年的春天，读初中一年级的我去镇里的图书室借阅书籍时，第一眼就发现了柜台上摆放着的《辽宁青年》。我数了数有七八本，三十二开的杂志四四方方，贴在胸口上非常方便携带，外面衣服一遮，就可以行走天下。

我喜欢这本杂志的主要原因是它的内容精彩绝伦。只用“精彩”形容未免有些单薄，它的魅力很大一部分在于“绝伦”。但凡与《辽宁青年》杂志结缘的，都会有一个共同感受：思想性高。它的思想性像一团熊熊燃烧的烈火，燃烧了我的整个青春年华。

最吸引我的，是杂志中的名人故事——讲述一些人如何成为社会的一面旗帜、一个标杆、一座山脉、一条滔滔不绝的江河——这样的人生历程总能牢牢抓住读者的内心。编辑们能从读者的角度，挖掘和提炼每一篇作品，既有名家手迹，也不乏寂寂无闻者的真情叙述。

我曾被一篇文章打动，一位边防军人为了女友的幸福着想，狠心提出分手，但相爱四年的大学女友怎能说忘就忘。女友不远几千里，坐火车、乘客车，甚至搭马车，风尘仆仆来到高山哨所。指导员叫他来见见女友，而得知消息的他躲在山里不回来。指导员只好领着他女友去找他，结果他避而不见。伤心的女友准备返程，他才站到通向山外的唯一路口，哭得撕心裂肺。后来女友在车里收到了他的信息，才知晓了一切。女友涕泪横流，回复他说，在选择他的那一刻起，无论富贵还是贫穷，她都决定一生一世陪伴他，生死相依，不离不弃，否则那就不叫爱。至于结局，自然是有情人终成眷属。我当时读得热泪盈眶，仿佛身临其境，感受到了那份忠贞不渝。

《辽宁青年》杂志不单有励志故事、名人名言、乡村烟火、生态文学、个人成长录，也有学生作品、诗歌园地，是一本内容丰富、充实饱满的杂志。父母并不反对我读课外书，反而十分支持。父亲有一个大木头箱子，里面有很多书，大部分是长篇小说，也有一些小人书，有的书封皮破了，父亲就用胶布粘贴好。值得庆幸的是，父亲有爱读书的习惯，所以从不干涉我读课外书。我从初一上学期接触《辽宁青年》，直到高中乃至现在，我依旧订阅这本杂志。

我就读的中学距离家十几里，所以我住校吃食堂。每周六骑自行车回屯，父亲会给下一周的生活费和学杂费，母亲则会置办一瓶油炸咸菜，包好饺子让我带回学校。食堂的大锅饭菜实在难以下咽——玉米粥稀溜溜的，酸菜是用豆油熬的，没有荤油，腥味很足。不吃的话就得挨饿，只能硬着头皮吃。同桌崔某家境优裕，不吃食堂，她常把带的多余饭菜给我。我没拒绝，省下的饭钱都用来买《辽宁青年》——几乎每期都买（那时候这本杂志一年 12 期）。我读初三时，家里条件好起来了，父亲承包屯里的一片葡萄园，收入不错。父亲一高兴，就多给了我一些生活费，我立刻去图书室订阅了全年的《辽宁青年》。可以说，《辽宁青年》几乎不离身，它常常住在我的书包里，甚至睡觉时都被我枕在头下。

读书期间，我的课桌上这本杂志必不可少。成长路上遇到挫折时，第一件事就是翻开《辽宁青年》，读着别人发愤图强、积极向上的故事，心也就释然了，心境也变得开朗，格局慢慢打开。高考落榜后，我消沉过，想到弟弟还得上大学，父母的身体也不好，也就放弃了复读。此时翻阅《辽宁青年》，读到一个女孩，车祸中失去双手，用脚锻炼着吃饭、梳头、做家务、写字、读书，最终成了一名畅销书作家——我眼眶湿润了。人生不只有读书一条路走，世上之路千万条，不必死守读书这座独木桥。

我揣着《辽宁青年》奔赴远方打工，去过海岛、酒店，当过保姆、打字员，做过市场营销、广告策划等等。我用劳动赚钱，心是干净的，钱也是干净的。无论走到哪里，《辽宁青年》都和我生死相依，它成了我生命中的一盏长明灯、一块引路石、一束光。它教我在低谷时，不气馁、不屈服、不倒下，顺利走出低谷；它提醒我，做人低调、谦卑、不张扬，要保持善良之心，懂得感恩。

网络时代，碎片化阅读盛行，《辽宁青年》这本创办七十多年的杂志在经济上也受到了冲击。为了生存发展，杂志需要推广扩大订阅量。彼时，我在一家房地产公司做文员，出于对《辽宁青年》的深爱，我向身边的人推荐了这本杂志，成效颇为显著。很多很多人，包括我的文友、同事、朋友，大家对《辽宁青年》的印象都特别深刻——它是一个时代的背影、多座城市的精神丰碑——于是纷纷订阅。我又发动市作协的会员进行推广，一传十，十传百，《辽宁青年》走进市里的许多中小学校，成了师生的“必读书”。

多年前，我是《辽宁青年》的忠实读者，在我的日记本上，一页一页记载着《辽宁青年》杂志里的名人名言名句。初中三年，我参考这本杂志的内容和风格，洋洋洒洒地写了三本厚厚的日记体小说。

十六岁那年，读了《辽宁青年》杂志上的文章，我跃跃欲试，也写了几篇“豆腐块”。那时没有网络，只能用笔写稿子。我按照《辽宁青年》杂志留的地址，到邮局买了信封和邮票，整理妥当后投进了邮筒。等啊，盼啊，想着杂志社那道门、那扇窗后面，一定有一位编辑在看我的稿子。不久后，我在学校的教室收到了传达室的老大爷送来的一封信——退稿信，编辑热情洋溢地回复我，提出对作品的意见和建议。虽然没发表，有点儿遗憾，不过也很荣幸，能收获编辑老师的指导。从那时起我就暗暗较劲，一定要让自己的文章登上《辽宁青年》。时隔近二十年，我再次向《辽宁青年》投稿，不日收到该杂志编辑的回复——终于，我的小散文《月亮落在树梢上》发表了！从此一发而不可收。迄今为止，我有将近三十篇小文章在《辽宁青年》刊发。

从最初的《辽宁青年》的一个“铁粉”读者，到眼下的常驻作者，我深有体会的是杂志人对社会、对文学、对人生、对自然、对城市、对乡村、对一草一木、对世界的一腔热爱与情怀。

《辽宁青年》是影响我一生的杂志。我想过，不管这本杂志走向哪里，我都会矢志不渝地爱着它——不为别的，只因它赋予我的精神高度，只因它是我灵魂的伴侣。

注重语言运用规范　强调优秀文化传承
——基于《咬文嚼字》的阅读感想

郭晓霞

被誉为“语林啄木鸟”的《咬文嚼字》，从创刊以来，一直以“咬书咬报咬刊，咬天下该咬之错；嚼字嚼词嚼句，嚼世上耐嚼之文”这种独特的方式，践行着“宣传语文规范、传播语文知识、引导语文生活、推动语文学习”的宗旨，彰显了其规范语言、传承文化、创新传播的坚定理念。

我初入职从事编辑工作时，就有先辈推荐阅读《咬文嚼字》，说这个刊物虽小，但内容范围大，其中涉及的语文内容包罗万象，涵盖字音、字形、字义、词义、句子、修辞、语言运用、文学文化知识等，对于提升编校能力和专业素养很有帮助。于是，《咬文嚼字》就成了我的良师益友，每次读后总是感觉助益良多。我深切体会到，这本期刊不仅有助于我对文字、语言的准确把握，更重要的是让我了解到了文字背后的文化渊源、文化传承。这真是一本集趣味性、知识性、文化性于一体的实用手册，它让我真正理解了许嘉璐先生这句话的深意：“小刊物，大眼光；小文章，大手笔；小角度，大视野。”由此，我对这本刊物产生了独特的理解、尊重和信任，也认为这本刊物给我带来了诸多启发。以下我想分享《咬文嚼字》的具体优点。

一、讲传承。《咬文嚼字》最初的办刊宗旨就是规范语言运用，其原主编郝铭鉴曾说："并不是我们个人有什么特殊的爱好，更不是存心对谁找碴儿寻隙，而是要通过规范语言运用，呼唤良好文化习惯的回归，更好地继承中华文化的优秀传统。"这段话就明确了办刊目的是规范语用，形成良好文化习惯，继承中华文化的优秀传统。我想，这里谈到的继承本质上就应该是践行文化传承理念。

有人说："传承文化如传递熊熊火炬，世代燎原。"仔细阅读《咬文嚼字》，就会明显感觉从形式到内容都蕴含着一种传承思想，列举以下两个方面：

一是秉承"小切入、大传承"的办刊传统。从内容来看，《咬文嚼字》主要是通过查错纠错来解字释义，进而达到规范语用、传承中华优秀传统文化的目的；从栏目设置来看，栏目多从小角度切入，但是内容剖析蕴含大道理。比如 2024 年第 10 期《微型讲坛》栏目中《说"杯棬"》一文就是聚焦《屏风竟然有这么多种类》一文内出现的"杯椿"一词，辨析究竟是"杯棬"还是"杯椿"。文章作者寻根探源，考察历史文献对该词的援引和使用，深挖字词背后的文化内涵，最终得出"将'杯棬'误作'杯椿'，应是形近致误"的结论。这看似在辨析字词正误，实则通过严谨考据揭示了字词背后的文化根源与传承脉络。

二是坚守敢"咬"敢"嚼"的办刊风格。近三十年来，《咬文嚼字》的纠错始终表现出一种不忌讳名人名家、不畏惧权威新闻出版机构的"风骨"。它"咬"过《人民日报》《北京青年报》《半月谈》《演讲与口才（学生读本）》等著名报刊，“咬”过以中央电视台为代表的多家权威电视台，还“嚼”过图书出版社的名著、巨作。我想，一本期刊以“纠错”这种独特的方式来经营，并不是沽名钓誉；相反，正是传承和发扬了实事求是、敢于说真话、勇于传递正能量、善于宣传思想文化的主旋律精神。

习近平总书记指出：“没有文明的继承和发展，没有文化的弘扬和繁荣，就没有中国梦的实现。”传承是一种重要的文化现象，涵盖了经验、知识、思想和价值观的传递。只有讲传承才能在瞬息万变的时代中保持传统文化的连续性。期刊出版，本就是文化传承的一种实践。一本期刊能够做到将原初风格几十年不变地传承下来，需要每代办刊人思想统一，始终不忘办刊宗旨，牢记守护规范、传承优秀文化的使命，意志坚定地沿着规划好的正确道路持续走下去。这种数十年如一日的坚守，本身就是对守护文化根脉、践行传承使命最生动的诠释。

二、善创新。创新是发展的第一动力。在发挥传统方法优势的基础上，《咬文嚼字》打破了思维定式，从封面设计、栏目设置到内容选篇上都表现出一种“敢为天下先”的创新勇气，以一种别样的风格积极探索适合自身发展的新道路、新模式。

比如《咬文嚼字》的封面设计，无论是元素选取还是技术设计，都别出心裁。我们来看它近三年的封面，很有新鲜感：2022 年以食品为元素，2023 年取材于蔬菜，2024 年则是聚焦于植物。食品、蔬菜、植物等都能成为刊物的创作灵感和元素。插图选用别具匠心，将语言文字与图片巧妙自然结合，取图文并茂之意；排版布局精巧奇妙，利用图文的形式，既从内容上为读者呈现了基本的知识信息，又从形式方面凸显了设计的独特思维，给人一种知识无处不在的感觉；色彩搭配均衡协调，色彩轻重和浓淡会根据内容的不同而有所调整，给人一种清新明朗的视觉体验；整体上各种元素的呈现和谐自然。这种设计创新可谓一种集知识性、独特性、系统性、丰富性、可读性于一体的智慧彰显。

栏目设置同样体现了创新。《咬文嚼字》的大部分栏目名都很有个性，这也许正是它的独特风格的一种表现。较为突出的特色就是，大多栏目紧紧围绕“纠错”来设计：《文章病院》，主要纠正图书、报刊中出现的差错；《十字街头》，主要纠正商品上的说明文字、旅游景点介绍等语言文字的错误；《追踪荧屏》，主要纠正电影、电视、网络短视频中出现的差错；《锁定名人》，主要纠正名人名作中出现的差错；《正音室》，主要纠正拼音错误；《借题发挥》，主要纠正文章标题中的错误。除此以外，为了针对性解疑释惑，专门设置了咨询式的栏目《热线电话》；为了能给读者及时提供新词新语，设置了《时尚词苑》《网言网语》等栏目。

不仅栏目设置别具一格，栏目内容也是新颖独特，所选条目始终表现出一种“新”的特点。比如 2024 年第 1 期《时尚词苑》栏目中《可爱有趣的“显眼包”》一文，选取“显眼包”这个在网络平台上频繁出现的词，探讨“显眼包”在社会上传播流行的合理性，认为“显眼包”符合语言的一般结构原则，是“有生命力的存在”。这个条目内容就比较新颖，在大众对网络语言是否规范、是否可用的质疑声中，选取类似的条目辨析，不仅及时解答了人们的疑惑，更给出我们一个忠告——不是所有的网络语言都不可用，需要我们区别对待。对内容的敏锐性、对时事超强的洞察力、对争议的析辩匡正，正是《咬文嚼字》的创新点，也是获得社会广泛关注的关键所在。

三、重考证。优质内容是期刊生存发展的核心竞争力，是期刊高质量发展的重要支撑。《咬文嚼字》之所以能多次获得中国出版政府奖·期刊奖提名奖，成为全国“百强期刊”，内容建设是核心要素之一。确保内容优质，除了做好选题策划、选取好的稿件外，我想也离不开编辑部的编校内功。仔细阅读该刊内容，你就会发现一个很重要的规律——每个问题都要经过对多种文献的综合考证、辨析，最后才得出什么是规范的、什么是正确的。比如对《“将进酒”中“将”的读音》考证，文中引用了多种文献，甚至还引用了叶嘉莹先生一段视频中的内容，来辩证“将”在这里究竟是读“qiāng”还是“jiāng”。这种做法在几乎每个“纠错”栏目都有体现。季羡林先生就曾指出考证的重要性：“检验材料可靠不可靠的手段颇多，其中最重要的就是考证。”“考证工作不是可有可无，而是非有不可。”这些话虽是针对做学问研究的，但是对于编校工作同样可取。

语言文字是个复杂的系统，虽有其自身的发展规律，但在发展中也会有变化，会有新的疑难产生。为了做好语用规范工作，编辑不仅要及时更新知识储备，还要树立精益求精、质疑求真的考证精神。几十年来，《咬文嚼字》一直以严谨、规范、高质量的样貌呈现在读者眼前，我想，这与编辑工作者精于考辨求证、捍卫内容质量的态度是分不开的。

紧跟《人民教育》，学做真正的教育人

秦超

教育是一项系统工程，由细节组成，要想做好教育，就要抓住教育的细节，将细节做到极致；教育还是一门很深的学问，需要有持之以恒的毅力去坚持做好这件事；教育还是有温度的事业，需要付出极大的热情和激情；教育更是一项渡人的工作，需要教师具备博大的教育情怀。这些品质的形成，离不开示范引领。笔者始终紧跟《人民教育》前进的步伐，从中不断汲取理论知识的养料，加强对教育的理解，形成对教育的认识，进而提升自己的教育教学能力。

《人民教育》创办于新中国成立之初，是教育部主管、中国教育报刊社主办的全国性教育刊物，连续入选《中文核心期刊要目总览》。期刊聚焦国家教育大政方针，尤其是基础教育领域，是宣传国家教育文件精神、探讨教育中的理论和实际问题、介绍外国教育情况的重要平台，是中小学校长、教师提升思想业务素质的实用参考，也是为区域教育教学工作提供指导的主要阵地。期刊栏目齐全，设计精美，每一期杂志都针对教育中的难点问题进行解读，为教育工作者提供了极大的帮助。

笔者始终以《人民教育》的品质锤炼自身的教育教学品质，不断反思总结教育经验，拓宽自己的教育事业。在阅读《人民教育》的过程中，笔者深刻地体会到什么才是真正的教育人。

做有理想信念的教育人

一个真正的教育人，要有崇高的理想信念，将教育作为人生的最高理想去追求，并始终为之付出努力，真正实现立德树人的根本任务。《人民教育》就是一本有坚定理想信念的杂志，凡是教育领域的事，都是《人民教育》关心的事。正是这份信念使《人民教育》从创办之初到今天不断蓬勃发展。

《人民教育》的常设栏目有《智库》《治理》《人民谈》《课程与教学》《阅悟》《灼见》《研究》《全球》《立德》《评价》《德育》等，每一个栏目都精选最新的教育研究成果，力求带给读者全新的思考。例如，听评课是教师日常教研的重要工作，但由于教师认识、方法技术上的差异，听评课的效果差异很大。《人民教育》2010 年第 9 期刊发的《好课就是“完美无缺”吗——谈“课堂教学评价表”的改革》一文很好地解决了教师的困惑。文中写道，“课堂教学评价表”存在一些问题：评价内容过多、相互交叉重复且过于空泛；评价内容没有重点，缺少针对性和特色；评价缺少教育理想及教育理论的支撑。同时，文中提出课堂设计过程中应关注针对性、校本性、选择性和开放性四个要素。这种立足课堂、将课堂教学评价做到极致的研究就是教育人应该具备的品质。

特别是当前物质极大丰富的时代，如何始终坚守教育初心，扎实做好教育中的每个细节，并在成就学生发展的同时实现自己的教育理想信念，是教师始终应该思考的问题。

做有专业底蕴的教育人

《人民教育》始终坚持教育的专业性。阅读《人民教育》专业栏目的文章，不仅能够获得专业理论方面的提升，还能了解到不同区域成熟的经验和做法，这对教师理解教育教学、改进教育教学方法影响深远。笔者尤其喜欢阅读《人民教育》专题策划的文章，这些文章通常具有思路灵活、方法新颖、可操作性强等特点，能极大地提升教师的专业素养。

例如，作业是提升教育教学质量的重要抓手，但是如何设计指向核心素养的学科作业，作业的类型有哪些，作业质量如何评价，这些都是一线教师非常关心的问题。为此，笔者认真阅读了《人民教育》2021年的《高质量作业管理》专刊的文章，该文章从作业研究、区域作业管理举措、学校提升作业质量探索、教师提高作业实效经验四个方面进行了介绍，提出了项目式作业、分级作业、长周期作业、差异化作业、高阶思维作业等作业类型；同时，详细说明了非书面作业、作业时间的管理、作业如何实现“减负提质”、作业负担监控机制等关键问题，为一线教师更好地进行作业设计指明了方向。

一直以来，笔者始终坚持阅读《人民教育》，用专业的视角反思日常教育教学中遇到的问题，像《人民教育》一样提升自身的教育专业水平。

做有引领价值的教育人

“教育就是一个人带着一群人追求卓越的过程。”这“一个人”就是教师，这“一群人”就是学生。然而，学生最终能否实现卓越发展，与教师的能力和素养密不可分。从期刊的影响力来说，《人民教育》在基础教育界一直引领教育改革发展的潮流；对教师来说，《人民教育》更是教师发展和专业成长的领航者。笔者通过《人民教育》杂志，不断更新教育理念，丰富自己的教育策略，训练自己的专业技能，不断实现专业提升。

《人民教育》的引领价值体现在很多方面，其中最具代表性的就是近几年每年都会发布的年度基础教育报告。我会详细阅读并学习其中的先进经验，并结合自己的教育教学，不断反思改进。例如，《人民教育》发布的《2022 中国基础教育年度报告》主要包括“2022 中国基础教育政策分析”“2022 中国中小学教育新进展新趋势”“2022 中国基础教育典型案例”，其中笔者重点关注的是基础教育典型案例。例如，浙江省宁波市四眼碶中学的“实践性作业打开学生‘智慧天窗’”、江苏省南京市晓庄小学的“长程作业助力减负增效”、华东师大二附中的“‘N 个百分百’五育融合育人模式”、北京市第十八中学的“把项目化学习作为建构学生经验与社会联系的载体”、江苏省苏州市实验小学的“开展常态化、生活化、系统化的劳动教育”、浙江省杭州市建兰中学的“基于 AI 技术提供个性化教学”、四川省成都市龙泉驿区洛带中学的“以‘最近发展区’理论重构五育融合课程”、北京理工大学附属中学的“谈心谈话‘4+1’，搭建沟通‘心’桥梁”等，这些案例都是各个学校基础教育改革发展智慧的结晶，读后能带给人关于基础教育的深层次思考。

作为新时代的教师，必须要用扎实的学识、丰富的教育理论、先进的教育教学方法、有趣的课堂活动设计对学生进行一定的示范引领，助力学生不断向上向善成长，实现师生的教学相长。

做有教育情怀的教育人

一个真正意义上的教育人，必须是具备教育情怀的人，即心系每一位学生，发展每一位学生，不区别对待学生，让学生在知识的沃土上茁壮成长，最终实现人生价值。《人民教育》就是一本富有教育情怀的杂志，笔者也是通过阅读《人民教育》理解什么是教育情怀、如何践行教育情怀的。

《人民教育》不仅关注城市教育，也关心偏远山区乡村教育，致力于促进教育公平，为区域平衡教育资源提供借鉴；《人民教育》不仅关注通识学科教学，对职业教育也高度关注；此外，《人民教育》尤其重视特殊学生融合教育。例如，《人民教育》2019年第23期刊发的《每个孩子天生都渴望成长——江苏省常熟市特殊教育实践的教育启示》一文提到了“重新理解特殊孩子的自我体验”“对特殊家庭的认知，有助于我们重新理解人与家庭的关系”“特殊孩子的能力底线就是特殊教育的起点”“特殊孩子的特殊心理需求也是特殊教育的起点”“特殊教育的宗旨，是让特殊孩子在接受完特殊教育后，能够尽可能地融入现实社会，实现其自身的价值”。这些观点读完让人倍感温馨，也促使每一个教育人重新认识教育、定位教育。笔者读完最大的感触就是：教育是培养“大写的人”的事业，而“让人成为人”是教育的起点和最终的落脚点，要让每一位学生都迸发出积极向上的力量，促进学生在各类实践中实现人生价值。

通过阅读《人民教育》的文章，笔者坚定了自己的教育理想信念，丰富了自己的教育理论，升华了自己的教育情怀，激发了自己的教育热情，更强化了自己的责任担当。今后，笔者将继续阅读《人民教育》，与《人民教育》一起在教育的原野中成长，奔向教育的诗和远方。

千金方，灵丹药：《河北教育》杂志助我成长

张晓军

我踏上三尺讲台已经七个年头了。七年来，伴随我成长的不仅有学生、同事和家人，还有一位默默无声却至关重要的朋友——《河北教育》杂志。在学生问题使我困惑不已时，它是我的心理导师；在教学中遇到难题时，它是我的良师益友；在工作压力令我几近抑郁时，它是我的精神支柱。

工作初期，如何有效管理班级让我感到手足无措。面对各种问题时，我往往分不清轻重缓急，处理方法捉襟见肘，致使班级管理显得混乱无序。每周一的例会上，学校领导总是明里暗里批评我们班的纪律问题，这让我感到“压力山大”，甚至一度陷入轻度抑郁。然而，一天中午，我在杂志中读到一段话，如同醍醐灌顶：“作为一名教师，只有让每一个学生都得到充分的爱和尊重，才能管理好一个班级，才能让孩子们在自由的天空下放飞天性、健康成长。”这段话犹如救命稻草，让我找到了解决问题的良方——那就是“爱”与“尊重”。

爱是治愈一切的良药。面对学生的错误，我首先调整心态，告诉自己：“犯错是孩子成长过程中不可避免的一部分，作为老师，我要学

会包容他们、关心他们，允许学生犯错并给予改正的机会。”我决心用更多的爱和耐心去管理我的班级，每天都怀着必胜的信念，准备用“爱”去浸润班上那些“小淘气”。由于我所在的学校是一所农村小学，部分家长对孩子的学习和成长关注不足，这给了我一个突破口。

我了解到班上一个特别调皮的孩子家境贫困，父母离异，他和患有痴呆的奶奶一起生活，早餐常常随便应付。得知这一情况后，我每天都多带一份早餐，偷偷叫他到无人的办公室，让他安心吃早餐。有时，我也会在他常去的煎饼摊等他，给他买煎饼。经过一段时间的交流和关怀，这个孩子在我的爱心感召下打开了心扉，每周都会给我写一封虽然字迹歪歪扭扭但充满感激之情的信，表达了对我的感谢和努力学习的决心。从那以后，班上的“孩子王”被我用爱的力量感化，学习成绩也有了很大进步。对于其他几个调皮的孩子，我也用不同的方式表达我的关爱，一一引导他们。

我仿佛找到了开启班级温情管理模式的钥匙。我每天早早到教室，与孩子们交流，关心每一位学生。天气冷了，我也会摸摸他们的小手，提醒孩子们多穿衣服；如果发现哪个孩子穿得太多，我也会提醒他们在教室里脱下外套，以免出汗过多影响健康。本着遵循中医“三分饥和寒”的理念，引导和关心每一个孩子。令人惊讶的是，那个冬天，班里没有一个孩子因为感冒生病而耽误课程。不知是爱的力量太过神奇，还是孩子们突然间懂事了，班级的纪律面貌焕然一新，得到了领导和同事们的认可。同时，我也收到了执教生涯中第一面由家长亲自送来的锦旗。

尊重是引导学生的良方。苏霍姆林斯基曾深刻指出：“教育的核心，就其本质来说，就在于让儿童始终体验自己的尊严感。”相反，伤害学生的自尊心不仅会阻碍他们的进步和发展，甚至可能毁掉他们的未来。班里孩子们迥异的性格，或许正是他们未来成就事业的支撑和亮点。

我的班级里有一位从外校转来的新同学，家长在送他过来的第一天就告诉我，他们的孩子性格特殊，不善于与人交流，有些自闭，甚至带有暴力倾向。我当时心里一沉，心想：“这无疑是一位难以应付的‘挑战者’，我该如何面对呢？”果不其然，第一天他就给了全班一个下马威。因为前座同学的垃圾不小心掉到了他的座位上，他不顾同学的解释，直接动手打了对方，幸好没有造成严重伤害，最终事情得到了和平解决。

通过熟读杂志，我深知尊重是开启我与孩子心灵沟通的最佳方法。于是，我总是和这个孩子私下沟通，从不当众批评他。我选择在操场上或空无一人的办公室里，耐心地开导、引导他，帮他分析有此类行为会给他带来什么样的后果，并告诉他面对问题、发生矛盾时，应该如何去解决。后来，经过几次家访，我了解到他内心的不满源于父亲长期的暴力压制。之后，我成功地说服了他的父亲，引导他父亲学会欣赏和关心孩子，改变以往的暴力教育方式，帮他们增进了父子感情。终于，孩子的心结慢慢地打开了。在全班同学面前，我也从不吝啬我的鼓励，一一讲述着他的优点，希望同学们理解他、帮助他，为他树立自信。从此，他开始慢慢改变自己，也能够与同学友好相处。我现在清晰地记得他在作文里写道：“老师，有您真好，您是我生命中的一道光，让我有了活下去的勇气和希望。有您，我才步入了正途……”就这样，在我的关爱和尊重下，他与我成了好朋友，性格变得开朗了，成绩也越来越优异。我也因此收获了人生中第二面珍贵的锦旗。

通过阅读学习《河北教育》，我体会到，尊重孩子的内心世界，保护他们的个性，是我应该毕生遵循的教育理念。

作为一名教师，教书育人是我的职责所在。在教学生涯的初期，我在备课时常常难以准确把握教学的重点和难点，也不太懂得如何优化教学设计。这导致我在课堂上的思路不够清晰，问题的设置和课堂的过渡常常出现疏漏，缺乏灵活的教学智慧来突破教学中的难点。在这个过程中，《河北教育》杂志的教学版块成为我深入研究和学习的对象。

自教学生涯起步以来，我便专注于高年级的教学工作。记得在五年级上学期第三单元“民间故事”的教学中，学校安排我上一节展示课。我决定尝试以大单元教学为设计方向，围绕“双主体，双养成”的语文教学要素来开展教学。第三单元的教学任务是“了解课文内容，创造性地复述故事”。面对此教学任务，我感到十分棘手，不知如何指导学生。在我陷入困境之时，一篇题为《统编教材民间故事单元如何教》的文章为我带来了灵感。我深入研读了文章中的“课堂展示”“议课现场”“专家指导”三个模块，它们详细阐述了教学方法和思路。例如，以“创造”为核心来把握语文要素，以“变换”为途径来落实语文要素，以“学生”为根本来提升语文要素。这些观点让我如同发现了新大陆，兴奋不已。经过仔细研读和分析，我优化了自己的教学设计，并在学校上了一节展示课《猎人海力布》。这节课不仅得到了全校老师们的一致好评，也让我在教学上迈出了重要的一步。

心怀感激，感谢每一次的相遇和陪伴。在工作压力非常大的时刻，我总是静静地拾起我的“灵魂伴侣”——《河北教育》。无论面对多么棘手的问题，或是心情多么沉重，我总能在它的篇章中找到安宁。它伴随我度过了三千多个日夜，引导我稳步前行、不断成长。

爱是治愈学生的良药，尊重是引导学生的良方。我想说的是，《河北教育》也是我的“千金方”和“灵丹药”。在它的陪伴下，我愿继续倾注我全部的爱心，守护着我深爱的学生们。

一个普通乡村小学教师与《吉林教育》的二十年

吴俊功

看到第三届“阅读新时代”主题征文活动启事，我的内心感到无比激动。看着珍藏在书柜里已经保存了二十多年的《吉林教育》，记忆的闸门打开，我仿佛一下子回到了二十多年前刚毕业时从教的那个村级小学。

《吉林教育》是由吉林省教育厅主管、吉林教育杂志社主办的综合性教育期刊，内容涵盖各级各类教育。它是吉林教育人自己的刊物，有着悠久的办刊历史，伴随着每一个吉林教育人的成长。我作为一名普通的乡村小学教师，有幸和《吉林教育》一起走到现在，今天回想起来，受益良多，感慨万千。

我于 1998 年 8 月中师毕业后，走上了小学教学工作岗位。我的工作单位是一所偏僻的村级小学，学校有 100 多名学生和十几位年龄很大的老师，设施非常简陋。学校的图书室都是一些老掉牙的书籍，我每日的课余生活可谓极其枯燥乏味。当时学校订阅了几种报刊，其中那本每个月由邮递员远道送来的散发着油墨香味的《吉林教育》深深地吸引了我。《吉林教育》杂志是一本综合性杂志，内容涵盖党和国家的教育方针、政策，教育的重点、热点问题剖析，教育、教学改革的典型经验，教材、教法的策略研究，非常贴近我这样一个新老师的教育教学工作。每每杂志送到，我都会第一时间拿来，然后一口气看完——坚持阅读《吉林教育》已经成为我的必修课。我会从中摘录有助于教学的内容，以备授课时的不时之需。虽然有些东西当时还不是很理解，但那时我已与《吉林教育》结下了不解之缘。

春去秋来，《吉林教育》已陪伴我度过了二十多个年头，我通过《吉林教育》这块芳草地，源源不断地吮吸着教育教学的各种营养。有了《吉林教育》，我在教学中不再那么迷茫，而是渐渐成长起来。回首来路，我发现它已成为我生命中不可或缺的朋友。

扉页上的《新星风采》栏目让我对全省各地的优秀教师有了进一步的了解。1999 年第 5 期中长春市第一实验小学的肖景新老师，1999 年第 6 期中蛟河市实验小学的韩红花老师……她们作为师范院校毕业生，参加工作后虚心求教，钻研并掌握最新的教学方法和教育动态，不断探索新时期的育人方法，肯钻研、敢实践，在自己的工作岗位上取得了突出的成绩。从她们的成长经历中，我找到了答案，更找到了自己工作和努力的方向。我也暗暗立下决心，自己要加倍努力，将来成长为像她们那样的优秀人民教师。

《刊中报》栏目是我最喜欢的。栏目里的文章主要讲述教师生活中的酸甜苦辣，总能在我结束忙碌的工作后，带给我一丝清新的感觉。1999 年第 6 期刘郁萍老师的《我家轶事》这篇文章，我读了一遍又一遍，文中写道："其实，是我们的心安于教育事业，我们才乐此不疲啊！"这句话让我印象深刻。作者和她爱人作为教育战线的"夫妻兵”，经过不懈努力，生活上有了改善，工作上也取得长足进步。她的故事告诉我，只要努力，就会取得事业上的成功。真的很感谢这篇文章，我跟作者情形一样——我和我爱人均是教师，我也是一个农村孩子，这些年经过我们的努力，我们已经在市区买房，孩子也在市区非常好的学校读书，我爱人成为一位优秀的学校领导，我由于工作突出也被安排到基层学校担任负责人。

《当代班主任》栏目也是我比较喜欢的。2000 年第 4 期程兆会老师的《爱心·耐心·信心·热心·专心》这篇文章，让我知道了作为一名教师要有“五心”：要有面向全体学生的爱心，要有引导学生进步的耐心，要有转化后进生的信心，要有指导活动的热心，要有抓住班级工作的专心。当时，我接手了一个成绩全镇倒数的班级，班里作业没几个人写，留守儿童特别多……怎么办？那时我是班主任，读到这篇文章就犹如在黑暗中找到了指路明灯，它让我认识到自己的不足，为我今后的班级管理指明了方向。按照文章中的方法，我将班里的各项工作管理得井井有条。我还多次被评为优秀班主任，我班的成绩也在全镇名列前茅。

在 1999 年第 6 期《小学教研》栏目下，我还看到了窦桂梅老师在吉林市第一实验小学任教时写的《识字教学之我见》这篇文章。文章分为三部分：汉字学习的重要性，当前的识字教学现状，以及自己对识字的观点。窦桂梅老师认为识字教学应该按照事物的认识规律，遵循先教象形字，次指事字，再会意字，最后形声字的教学程序。这篇文章也让我看到了当年窦老师深厚的语文教学功底和对语文教学孜孜不倦的探索精神。2002 年初，窦桂梅老师从吉林市第一实验小学调入清华大学附属小学，现任清华大学附属小学党总支书记、校长，并有着语文特级教师、教育专家等多个头衔。在教育教学改革中她勇于尝试，不断研究探索，成为全国基础教育战线的一面旗帜。她的书我购买了很多。《回到教育的原点——窦桂梅教育教学管理精华》让我学习和了解了她的教育教学观、学生观，以及她关于语文教学和学校管理的理念和实践；《我的教育视界》则记录了她游学英国、美国、乌克兰、韩国、日本的所见所闻所思，让我们近距离了解了这五个国家的教育状况，开阔了教育视野。

有了《吉林教育》的帮助，我不仅能有效解决教学中遇到的各种疑难问题，还能及时掌握前沿教学方法并付诸实践。这些知识和技能的提升，使我与学生的互动更加和谐，也直接推动了教学成效的提升——在我担任教师期间，所带班级成绩常年位居全镇前列；即便后来担任村小校长，我校的教学质量依然在区域内保持领先地位。

自从与《吉林教育》相识，我就有了写作的愿望。每每写完，我就发送出去，期盼自己的文字能够变成铅字。很幸运，偶尔有文章发表，着实让我兴奋不已，也激发了我对教育教学更大的兴趣。我的文章最初是在校刊上发表的，如今国家级刊物也刊登我的文章了。现在，读书看报已经成为我每日的生活常态——晚饭后，我再也不为无聊而苦恼，沏一杯清茶，细细品读《吉林教育》等刊物上的每一篇美文，不仅得到了消遣，同时也充实了自己。

自从认识了《吉林教育》，我的教育教学技能得到了突飞猛进的发展。我在第五届吉林省教育社区教育博客大赛获三等奖，在 2012 年被《辽源教育》评为年度优秀撰稿人，在县基本功大赛中获得一等奖……

此外，我所设计的教案多次获省级优秀奖。由于教学成绩突出，我曾在县教学观摩研讨会上做典型经验介绍。

为了进一步提高自己的教育水平，我还自费订阅了《青年教师》《教师博览》《小学语文教师》《幼儿教育》《学前教育研究》《教育文汇》等刊物，它们对于提高我的教育理论水平起到了不可估量的作用。

这些年，我笔耕不辍，编写了集子 4 本，发表文章 60 余篇，还获得了多个荣誉称号。今天，对于我的成长，我要感谢《吉林教育》——是《吉林教育》给我提供了一把打开知识宝库的钥匙，是《吉林教育》为我提供了向教育高峰不断攀登的能量。

中学化学教师专业成长的优质催化剂

——我眼中的《中学化学教学参考》

李焱

《中学化学教学参考》（以下简称《中化参》）创刊五十余年，而我自 1991 年大学毕业便与《中化参》结缘，至今已有三十三年。从一个懵懂青涩、初出茅庐的新手教师，到一个基本胜任的熟手教师，再到如今有少许成绩、略有研究意识的教师，《中化参》始终陪伴在我身边，从未缺席过。它宛如一款优质催化剂，助力我在教学研究中不断地超越自我，在专业道路上稳步成长。

初为人师，《中化参》引导我开启专业成长的新起点

大学毕业，我先回到了家乡一所极偏僻的职业中学任教，两年后被调到县一中。于我而言，《中化参》可称为我师傅之外的“第二师傅”。我除了搬着小板凳跟着师傅一堂一堂地听课，还如获至宝地阅读我当时订阅的唯一化学期刊——《中化参》。20 世纪 90 年代的《中化参》还是季刊，每年只有 4 本，虽然栏目和内容也不及今日丰富，但对于当时在一个小县城教书的我来说，已经是相当前沿了。《论述》

《基础知识》《教学》《解题方法》《实验》《解题研究》等栏目，每一个都贴近当时的教学实践，可谓“脚踏实地”。每季的杂志拿到手后，我都要反反复复地认真阅读每一篇文章，领悟其中的思想和内涵。就这样，我的教学技能日渐提升，我的化学教学理念，尤其在实验教学方面，很快受到县教研员的关注，他推荐我参加 1997 年的省评优课。我也不负众望，获得了那一届省评优课一等奖的第一名，也因此进入了省会城市的一所名校，在教师专业成长路上迎来了一个新起点。

成长路上，《中化参》引领我仰望教学改革的星光灿烂

《中化参》不仅脚踏实地躬耕于一线教学实践，也始终以“前导性”作为办刊方针之一。在中学化学教学改革的进程中，《中化参》通过专家引领、主题培训、实践交流、案例展示等多种形式，带领中学化学教师领略化学教学改革的星光灿烂。

2011 年，《义务教育化学课程标准（2011 年版）》正式颁布。《中化参》于 2012 年开启了“全国新课程中学化学思维课堂的研究及实践成果交流”活动。截至 2024 年，该活动已举办了五届。在这项活动中，《中化参》邀请了著名院士、课程专家、教材专家、优秀教研员和一线优秀教师，结合教学实际分析化学教学改革中存在的问题，探寻解决问题的良策。该活动受到广大教师的欢迎和赞美。基于“中学化学思维课堂”的研究，《中化参》主编王军翔于 2018 年撰文《以“思维发展”为核心构建中学化学教学的“理”与“实”》，深刻剖析“思维课堂”的内涵及其有效策略；2020 年，王主编又连续以“中学化学教育的重构”为主题，以高远的站位、开阔的视野、新颖的观点、翔

实的资料、严谨的逻辑撰文 6 篇，在中学化学教育界引发了广泛关注和高度赞誉。这些都很好地诠释了一句话——一个好主编就是一本好期刊！

2022 年 4 月《义务教育课程方案（2022 年版）》和《义务教育化学课程标准（2022 年版）》正式颁布。仅仅在两个月之后，《中化参》便发表了 4 篇由国家化学课程标准研制专家组核心成员、山东师范大学毕华林教授带领他的研究生团队撰写的有关课标解读的专题论述；之后，又陆续发表了课标组专家、大学教师、一线教研员等从不同维度、不同层面解读新课标内涵及提供新课标落地策略的研究文章，为全国初中一线教师尽快领会新课标的主旨精神和内涵，掌握这一轮初中化学课程改革的方向提供了借鉴。

根据《义务教育课程方案（2022 年版）》和《义务教育化学课程标准（2022 年版）》，义务教育教科书进行了全面修订，并于 2024 年秋季在全国范围内投入使用。《中化参》又是一场及时雨，从 2024 年 8 月开始陆续刊登毕华林教授及其研究生团队，以及人教社教科书编写团队王晶、李俊、郭震等人撰写的对不同版本初中化学教科书的深度解读，引领广大初中化学教师深刻认识教科书框架体系的建构、课标精神在教科书中的体现、核心素养在教科书中的落实等，同时也为老师们提供按照新课标授课的有效策略。

总之，《中化参》始终站在中学教学改革的前沿，用它脚踏实地的作风引领一线教师在教学和教研的路上不断前行，使广大教师既能汲取一线教师的实践经验，又能享受众多大家高屋建瓴的精神盛宴，它如灿烂的星光照亮了教师们专业成长的道路。

积淀分享，《中化参》助力我实现“美美与共”的专业愿景

《中化参》不仅是一本引领教师专业成长的期刊，也为教师专业成长搭建了一个广阔的交流分享平台。在《中化参》的引领下，我自己也逐渐成长为一名勤于实践、酷爱读书、热爱研究、笔耕不辍的化学教师。

2019 年到 2022 年，我连续四年受《中化参》约稿，每年带领我的教师团队撰写《中考化学复习备考研究》。每次开始这项任务的时候，我和团队成员都要召开几次头脑风暴会议，对每个主题、每个专题、每个热点问题、每个教学策略进行充分的研究和讨论，然后再写出来与全国初中化学教师进行分享。这四年的稿件都受到了广大读者的好评。

为提高广大一线教师的写作水平，更好地交流分享教师的个人实践经验，《中化参》2022 年到 2024 年连续组织了三届“中学化学教学研究与教研论文写作研修活动”。每次活动的内容都非常丰富，从教学研究的内容、方法到写作的策略，可以说是手把手教给一线教师如何做研究、如何基于研究进行写作。在 2023 年的第二届活动中，我应邀做了《实践 + 学习 + 反思——基于团队研修的写作之路》的分享，将自己多年的实践经验和写作历程毫无保留地与全国化学教师进行交流，深受好评；并于 2023 年 9 月，应北京市石景山区教研员莘赞梅老师之邀，与莘老师工作室的成员再次分享。

《中化参》还利用期刊公众号，开创了《编者说编》《作者说写》《读者说读》的栏目，很好地增进了编者、作者与读者之间的有效交流与对话。

由于多年笔耕不辍，我于 2022 年获得了“《中化参》创刊 50 周年优秀作者”称号。五十年，对于《中化参》这样一本优秀的期刊而言，用缪徐老师的话说正是“而立之年”。期待《中化参》继续脚踏实地做好中学化学教师的引领者，为我国基础化学教育事业作出更大的贡献。最后，以一首《定风波》送给《中化参》：

教诲行舟路几重,《中化参》引沐春风。妙理华章皆满卷，瞻盼，前沿智慧聚其中。助力杏坛花绽处，朝暮，钻研汲取意无穷。专业提升凭此力，长忆，育人大道步从容。

墨香相伴，一路前行
——我与《河北教育》的故事

韩景宝

在我的书房里，一本本整齐摆放的《河北教育》杂志，如同一位位忠实的伙伴，见证着我的成长与蜕变。每当我轻轻翻开那泛黄的页面，记忆的闸门便缓缓打开，那些与《河北教育》相伴的日子如同一幅幅绚丽多彩的画卷，在我的脑海中徐徐展开。

初遇：点亮心灵的那束光

那是一个阳光明媚的午后，我怀着对教育事业的憧憬，踏入了学校的图书馆。在琳琅满目的书籍中，一本封面简洁大方的《河北教育》杂志吸引了我的目光。我好奇地拿起它，轻轻翻开，一股清新的墨香扑面而来。

那一期的杂志中，有一篇关于创新教育方法的文章，深深地触动了我。作者用生动的案例和深入浅出的分析，阐述了如何在课堂上激发学生的创造力和想象力。我仿佛被一道闪电击中，心中产生了强烈的共鸣。那一刻，我意识到，这本杂志将成为我教育之路上的一盏明灯。

从那以后，我开始定期借阅《河北教育》杂志。每一期的内容都如同一个宝藏，等待着我去挖掘。我如饥似渴地阅读着每一篇文章，汲取着其中的智慧和力量。那些先进的教育理念、生动的教学案例、感人的教育故事，让我对教育事业有了更深刻的认识和理解。

相知：携手同行的伙伴

随着时间的推移，我与《河北教育》的关系越来越密切。它不再仅仅是一本杂志，而成为我工作和生活中不可或缺的伙伴。

在教学中，每当我遇到困惑和难题时，我总会第一时间想到《河北教育》。我会在杂志中寻找答案，借鉴其他老师的成功经验。记得有一次，我在教授一篇文言文时，学生们对其中的一些字词理解起来非常困难，课堂气氛沉闷。我感到十分苦恼，不知道该如何打破这种局面。

回到办公室后，我随手拿起一本《河北教育》，翻到了一篇关于文言文教学方法的文章。作者介绍了一种通过故事导入、角色扮演等方式让学生更好地理解文言文的方法。我如获至宝，决定在下次上课时尝试一下。

果然，当我采用了这些新的教学方法后，学生们的积极性被充分调动起来，课堂气氛变得活跃起来。他们不仅对文言文产生了浓厚的兴趣，而且对字词的理解也更加深刻了。那一刻，我对《河北教育》充满了感激之情。它就像一位良师益友，在我最需要的时候，为我提供了帮助和支持。

除了在教学上给予我帮助，《河北教育》还成了自我提升的平台。杂志中经常会刊登一些关于教师专业成长的文章，如教育科研方法、教学反思技巧等。这些文章让我认识到，作为一名教师，不能满足于现状，而要不断地学习和进步。

相伴：共同成长的见证

在与《河北教育》相伴的日子里，我见证了它的不断发展和进步。杂志的内容越来越丰富，形式越来越多样，质量也越来越高。它不仅关注教育教学的热点问题，还深入挖掘教育背后的人文价值，为广大教育工作者提供了一个广阔的交流和学习平台。

而我自己也在《河北教育》的陪伴下，不断地成长和进步。我从一名初出茅庐的年轻教师，逐渐成长为一名经验丰富、深受学生喜爱的骨干教师。我的教学方法更加灵活多样，教学效果也越来越好。我所带的班级在各项考试和比赛中都取得了优异的成绩，我也多次被评为优秀教师。

回顾这些年的成长历程，我深知这一切都离不开《河北教育》的陪伴和支持。它就像一位默默耕耘的园丁，用自己的智慧和汗水，培育着一代又一代的教育工作者。而我，也将继续与它携手同行，在教育的道路上不断探索和前行。

未来：续写精彩的篇章

时光荏苒，岁月如梭。转眼间，我与《河北教育》已经相伴了许多年。在这漫长的岁月里，我们一起经历了风风雨雨，共同见证了彼此的成长和进步。

展望未来，我充满信心。我相信，在《河北教育》的引领下，我将继续在教育的道路上绽放光彩。我会更加努力地学习和工作，不断提升自己的教育教学水平，为培养更多的优秀人才贡献自己的力量。同时，我也希望《河北教育》能够继续保持自己的特色和优势，不断创新和发展，为广大教育工作者提供更加优质的内容和服务，成为教育领域的一面旗帜。我期待着与《河北教育》一起，续写更加精彩的篇章。

在我的生命中，《河北教育》是一本永远读不完的书，是一位永远值得信赖的伙伴。它用墨香浸润着我的心灵，用智慧启迪着我的人生。在它的陪伴下，我将坚定地走在教育的道路上，为实现自己的教育梦想而努力奋斗。

于墨香间，邂逅新疆的万种风情

——读《新疆人文地理》杂志

徐永秀

“不到新疆不知中国之大。”新疆，这片广袤无垠的西北大地，凭借雄浑壮丽的自然风光与丰富多彩的人文底蕴，宛如华夏版图上一颗熠熠生辉的璀璨明珠。而《新疆人文地理》杂志，恰似一把精巧钥匙，为我开启了通往这片神秘土地的大门，引领我在悠悠墨香中领略新疆的万种风情——每一次阅读都是一场触动心灵的奇妙旅程。

一地一风景，一花一尘缘。我既是这本杂志的忠实读者，也有幸是它的创作者之一。我常以指尖笔墨，书写岁月温暖、光阴馥郁与心间念想，在字里行间游走，感受无尽美好。“山川异域，风月同天。”杂志中自然之美的呈现，犹如一幅幅波澜壮阔的画卷，在眼前徐徐铺展。

比如，杂志 2024 年第 2 期的《行走哈密东天山　体会十里不同天》这篇散文是写天山的，作者孔祥智以细腻的笔触勾勒其巍峨身姿："东天山宛如一座天然氧吧，让人情不自禁地尽情深呼吸，全身心沉浸其中，悠然欣赏由雪峰、松林、草原、沙海交织而成的绮丽风光，尽情感受大自然的舒适与宁静。松树塘至巴里坤一带绿草如茵，谷地间松杉葱郁，丛林漫坡，夏日草原景致美不胜收。连绵山脉仿若沉睡巨龙，横卧大地，山顶皑皑白雪在阳光照耀下，闪耀着圣洁光芒，仿若仙境。山间云雾缭绕，恰似大自然这位丹青圣手以最轻柔的笔触晕染而就。”

赛里木湖被称作“大西洋的最后一滴眼泪”，那独有的“赛里木湖蓝”，令人心醉神迷。郝沛《俯瞰天山脊梁上的高山湖泊——赛里木湖》（《新疆人文地理》2024 年第 2 期）一文，就详细描述了赛里木湖的美丽景色：“湖面纯粹而深邃的蓝色，仿若一块巨大的蓝宝石，镶嵌在大地之上。湛蓝天空、洁白云朵、远处银白雪山，毫无保留地倒映湖中，与澄澈湖水相融交织，让人难辨究竟是天空之蓝倾落湖中，还是湖水之蓝浸染了天空。微风拂过，湖面涟漪层层、波光闪烁，那灵动的蓝色仿佛在欢快跳跃、深情歌唱，诉说着千年来的悠悠岁月故事。”跨页的高清图片里，赛里木湖在晴空下蓝得夺目，周边草地如茵、远山环绕，将其动人心魄的美直观展现。读到此处，我仿若身临其境，清新湖风拂面而来，这极致美景深深震撼了我的内心，也让久居城市的我，对天地间的壮美有了更为深切的感悟。正如“湖光秋月两相和，潭面无风镜未磨”所描绘的意境，湖水颜色随四季变幻，时而湛蓝如宝石，时而碧绿似翡翠，每一次变化都让我对大自然的神奇创造力惊叹不已。

阅读这些文字，我仿若亲身站在那片土地上，感受微风轻拂、阳光炽热，内心满是对大自然鬼斧神工的敬畏。这不仅是视觉的盛宴，更是心灵的震撼，让我对广袤天地间的壮美有了更深切的认知。

“百里不同风，千里不同俗。”《新疆人文地理》为我呈现了一场场精彩纷呈的文化盛宴。讲述维吾尔族人民过古尔邦节时，欢乐氛围扑面而来：文字上，描述人们身着盛装齐聚清真寺，举行盛大礼拜仪式，之后家家户户分肉，彰显出团结友爱、乐善好施的精神；配图里，人们脸上洋溢着虔诚与喜悦，色彩鲜艳的传统服饰格外引人注目，生动地还原了节日的热闹场景。描绘蒙古族那达慕大会时，文字尽显豪迈：赛场上骏马飞驰，骑手如离弦之箭奋勇争先，似有“骁腾有如此，万里可横行”的磅礴气势；摔跤手们以力量与技巧相互较量，展现出坚韧不拔的意志。图片精准捕捉到赛马时风驰电掣、摔跤手肌肉紧绷的瞬间，将那达慕大会的热闹与激情展现得淋漓尽致。

透过杂志的图文，我深入领略到各民族文化的独特魅力，切实体会到民族文化传承的强大力量，从而收获了对多元文化的尊重与包容。我深刻认识到，正是这些丰富多彩的民族文化，共同铸就了博大精深的中华文化。

“以铜为镜，可以正衣冠；以古为镜，可以知兴替。”新疆的历史遗迹承载着千年的岁月沧桑，《新疆人文地理》引领我穿越时空，探寻历史的足迹。提及楼兰古城，“黄沙百战穿金甲，不破楼兰终不还”的豪迈诗句在耳边回响。这座曾经繁华一时的古城，如今虽只剩断壁残垣，但通过风化的城墙、干涸的河道，我们仍能想象出它昔日的辉煌。古丝绸之路上，驼铃声声，商贾往来，不同文化在这里相互交融碰撞，书写下无数传奇故事。交河故城，这座世界上最大、最古老且保存最完好的生土建筑城址，宛如一部无言的史书。漫步其间，古老的街巷、宏伟的宫殿遗址，仿佛都在静静诉说昔日的车水马龙与繁荣昌盛。

对历史遗迹的探寻，让我触摸到新疆厚重的历史，明白今日的繁荣是建立在先辈们不懈奋斗的基础之上的。我由此收获了强烈的历史责任感。

这本杂志的装帧设计更是锦上添花，十分引人注目。封面通常选取最具代表性的新疆自然风光或人文景观照片，色彩鲜明浓郁，瞬间便能抓住读者的目光。内页排版布局精巧用心，文字与图片自然穿插，留白恰到好处，既避免了页面的拥挤，又增添了整体美感。字体选择与内容风格相得益彰，讲述历史时选用古朴典雅的，描绘自然风光时选用清新灵动的。配图的色调与对比度经过精心调试，高清质感带来强烈的视觉冲击。

生命中的千山万水，我们终要一一作别，但这本杂志中的美好，令人难以忘怀。无论是旅游、拍摄、读书还是创作，深情之处，抬眸皆是精彩，回首尽是温暖。

《新疆人文地理》已然十分精彩，但我仍满怀期待，希望杂志未来能增添对新疆新兴文化现象的报道，比如现代艺术在新疆的蓬勃发展、新疆特色文创产业的崛起等，以此展现新疆在新时代的创新活力。在内容深度上，针对一些复杂的历史文化问题，可邀请更多不同领域的专家进行深度剖析与观点碰撞，为读者提供更全面、更深入的思考视角。此外，还可进一步强化与读者的互动，通过线上线下相结合的活动，如举办新疆主题摄影展、文化讲座等，让读者更深入地参与到对新疆文化的探索之中。

《新疆人文地理》以其如椽巨笔，绘就新疆的壮美山河，书写多彩人文，回溯厚重历史。它不仅是一本杂志，更是一座连接新疆与世界的文化桥梁。愿它在未来的岁月里持续绽放光彩，为我带来更多关于新疆的精彩篇章，引领我不断耕耘、探索这片神奇的土地。

时代潮声如雷，笔墨编织光阴
——《天下网商》杂志读后感

黄天然

2003 年，在杭州的湖畔花园，一个网站诞生了。

人们逐渐认识到，互联网商业世界的幕布已被掀开一角，里面是一个广袤无垠的新天地。

一本杂志的意义，或许就在于捕捉和梳理时代变迁的蛛丝马迹。相较于书籍，杂志的报道像是散落的斑斓碎片，人物的故事、品牌的沉浮、企业的兴衰，共同折射出社会的倒影和世界的经纬，拼合出属于一代人的神韵形貌。

曾有人这样形容一本杂志的力量——当时代列车飞驰而来，我们可以用它看清历史的轮廓。

《天下网商》便是这样一本杂志。它诞生在互联网经济浪潮崛起的 2010 年，如今已走过十四个年头，从电商平台自草莽而起、野蛮生长，到互联网商业万紫千红、百舸争流，奔腾的变革如同浩荡洪流，重塑了每一个人的日常生活，甚至观念和思想。

在这样惊天动地的新时代中，《天下网商》用笔墨将每一缕阳光编织成值得珍藏的岁月，不断挖掘着互联网商业浪潮里的新鲜宝藏。我翻动书页，读着那些饱含热情的篇章，其中既有媒体日复一日的坚持和守望，也有企业家、创业者年复一年的韧性和拼搏，这些精神力量都浓缩在这每月一刊的八十多页纸张中。

《天下网商》总共分为六个栏目：《封面报道》《观察》《访谈》《视界》《面孔》《圈子》。在这本杂志中，我们经常可以看到互联网行业的先锋力量、深度剖析的商业案例、图文并茂的数据分析，以及编辑团队与一线创业者、投资人之间的深度对话与思维碰撞。

从0到1，荣耀从何而来

《对话创始人》是《天下网商》2024年最重磅的新栏目，也是让我最为期待的内容。有谚云："于高山之巅，方见大河奔涌；于群峰之上，更觉长风浩荡。"该栏目聚焦全国消费市场各细分领域中经营规模达数亿元乃至数十亿元的"冠军"品牌，与企业家进行深度对话，从他们的经验中汲取商业智慧，聆听消费改变世界的最强音。如果说市场是一块有限的蛋糕，这些企业家并不是从有限蛋糕中夺食的幸存者，而是凭借敏锐洞察力捕捉新机遇，以创新之力践行"从0到1"的智慧，在空白处开辟全新市场疆域的人——他们以"从无到有"的创造，为世界烘烤出新的蛋糕。也正是这一群人的努力，悄悄改变了我们的生活面貌。

在《李涛：从户外生活中发现商机，品牌年销售突破5亿元》的创始人故事中，"85后"理工男李涛发现了轻量充电装备的市场空白，利用中国硬件开发和供应链的独特优势，与创始团队发明了全新户外电气泵。这个新“神器”开辟出了一个巨大的蓝海市场，产品在全球160多个国家和地区供不应求，不仅让人们的户外生活更智能，也为企业带来了超过5亿元的营收。他说，创业者就是这个时代的“达·芬奇”，创业的精神就是希望用不一样的东西去影响更多的人。

在《唐国海：71岁浙商持续创新，打造年营收30亿元上市公司》的故事中，年过古稀的唐国海依旧活跃在行业一线，将航海家开辟新大陆一般的企业家精神贯穿整个职业生涯。他联合德国、美国的团队，攻克关键技术，让公司的智能床产品出现在2022年北京冬奥村。如今，他创建的舒福德智能科技（杭州）有限公司的海外市场营收已经占据八成，比市场需求更先一步的布局，让他吃到了新市场的头一杯羹。

每次在《天下网商》中读到这样的故事，我内心都倍感震撼。这些企业家娓娓道来，揭秘成功密码——对需求的敏锐洞察、大胆的探索、敢于创新的精神以及中国供应链系统的支撑……多种因素和时运加成，让他们成功抓住了时代的脉搏，成就了不寻常的自我，也带给人们更美好的生活。

波澜起伏，瞭望潮水的去向

温斯顿·丘吉尔曾说：“你能看到多远的过去，就能看到多远的未来。”过去数十年互联网世界的变革，为中国企业的财富增长造就了一段黄金时代，在市场的电光石火间，谁能洞悉其中的内在逻辑，谁就能看清潮水的去向。

《天下网商》另一个令人印象深刻的版块是《封面报道》，它就像是互联网商业的瞭望塔，为读者传递行业最新风向。

《“企二代”接班，从走到聚光灯下开始》一文中提到，如今“企二代”成了行业中的重要群体。年轻的继承者们为商业世界吹来了一阵阵新风，带来了提升品牌价值的“新解法”。“麻辣王子”二代张子龙、“朱炳仁·铜”二代朱军岷、“洁丽雅”二代石晶——这三人都是守正出奇的品牌创新代表。在内容电商崛起的当下，三人都抓住了新流量的势能，找到了品牌焕新、触达年轻人的新路径。

在《第一批跟着淘宝出海的商家，已经尝到了甜头》一文中，编辑部通过对电商平台和一线商家的调查走访，敏锐洞察到当前电商平台商家向海外拓展市场的新趋势。在跨境出海浪潮下，一批“先吃螃蟹”的服饰生产类中小商家，通过低成本策略“探索式出海”，走出国门，将品质服饰和原创设计推向世界。他们的故事，也将启迪更多商家打造第二增长曲线。

《天下网商》杂志与奔腾不息的互联网商业同行，向读者展示每日在广袤纵深的中国消费市场上演的新故事、涌现的新机遇。笔墨将其中的历史性瞬间定格成行、编织成册，勾勒出这个时代奋斗者的群像和风云变幻的巨浪。

《天下网商》名字正如其名，胸怀“天下”，记录“网”的无边浩瀚、“商”的无限价值。

三赠“笑缘”

——我与《幽默与笑话》的快乐记忆

凌大

老朽今年虚岁九十，现为南京市人，是《幽默与笑话》最老的铁杆粉丝。之所以敢以“最老”自诩，不是因为老朽的耄耋年龄，而是因为从《幽默与笑话》创刊伊始，老朽便是其最忠诚的读者，至今二十五年矢志不渝；由于这份最忠诚的喜爱，还成为时间最久、年纪最大的热心作者和推广者，因此，堪称“老老铁粉”。

我常热心地将我心中的“宝贝”——《幽默与笑话》赠送给亲友，其中有三次赠书经历至今仍在我的记忆中熠熠生辉。

一赠亲属成“玫瑰”

2002年春节，我到阔别已久的故乡探望表哥，随身携带着一本《幽默与笑话》，以便闲暇时阅读。表哥和家人见到这本杂志，起初只是随手翻翻，但很快便被其中精彩的内容吸引，每天一有空就争抢着聚精会神地阅读。当他们看到这期杂志上恰巧刊载我写的相声《马年说“马”》时，更加爱不释手，反复阅读。在我离开故乡之时，他们还请求我把这本杂志留下来，并请我帮助他们订阅全年的杂志。我帮他们订阅之后，他们全家都非常高兴。此后，《幽默与笑话》便成了他们全家的“宝贝”，也成了我们电话聊天时聊得最多的话题。而我，正所谓“送人玫瑰，手留余香”，从中体会到了赠送别人优质精神食粮的快乐。

二赠病友当“笑疗”

2007 年冬天，我胃部不适，经检查有恙，需要住院手术治疗。住院期间，老伴儿将刚收到的最新一期《幽默与笑话》送到医院给我看。我当时胃很难受，坐立不安，可每每看到杂志上的漫画和笑话，就会大笑起来，身体的疼痛似乎也随之减轻了许多。两天后，同病房住进一位年轻的大学生，他的病情虽然不重，却要忍受疼痛。他不经意间看到我床边的杂志，便随手拿起来翻阅，说了一句：“很好看，很吸引人。”刚阅读时他的脸上还带着痛苦的表情，但当他渐渐被里面丰富多彩又幽默生动的内容所吸引时，便忘却了病痛，脸上的表情渐渐舒展，整整两个小时很少再见到他龇牙咧嘴的样子。

第三天我要出院了，见他如此喜爱，就主动把杂志送给他。他紧紧握住我的双手，非常感动，连声说：“谢谢大爷！”我回答：“不足挂齿。”他又说：“您这是‘雪中送炭’，不仅有助于我‘医疗’，还帮助我‘笑疗’……”小伙子的“幽默”逗得我哈哈大笑。我说：“笑一笑，十年少！笑一笑，百病消！笑是不花钱的良药。”

他问我在哪儿能买到这本杂志，我对他说，如果喜欢可以自己到邮局订阅，每期出版后都可以在第一时间送到家。他听了很高兴，表示一出院就马上去邮局订阅。

三赠乘友作珍藏

2011 年夏天，我去澳大利亚看望在墨尔本上大学的外孙，顺便去那里旅游观光。在飞往澳大利亚的航班上，我翻阅带在身边的最新一期《幽默与笑话》。我身边坐着一位老年旅客和他上中学的孙子，见我看得津津有味，孩子便礼貌地借去浏览。当老者询问我“高寿”时，我说七十六岁，他说他七十岁了，平时也很喜欢看杂志，此行是去澳大利亚墨尔本看望早已在那里成家立业的女儿……我俩越谈越投机。祖孙俩称赞这本杂志图文并茂，引人入胜，质量上乘，老少咸宜……我见这一老一少都很喜爱，就“忍痛割爱”把杂志赠送给他们，爷儿俩一再感谢。他们说，要将这本杂志珍藏起来，作为我们萍水相逢的纪念，让这种同胞之间的真挚友情留存在彼此的心中。

《幽默与笑话》犹如强力而精美的磁石，吸引新老读者，被许多人当成宝贝。在我“三赠”杂志的过程中，我切实体会到读者对于这本杂志的喜爱。

我不仅是《幽默与笑话》的长期订户和忠实读者，也是踊跃投稿的作者。从创刊伊始我便开始投稿，二十五年来，承蒙编辑厚爱，我除发表 20 多篇“豆腐块”外，还有 17 个相声段子在该杂志刊登。我深为自己的作品能给他人带来快乐而感到满足和自豪。

我与《幽默与笑话》从相识，到相伴、相知，可谓“历史悠久”“情深意长”。我将在有生之年不遗余力，竭诚为办好《幽默与笑话》奉献绵薄之力。祝愿该刊越办越好！

全民阅读